関西学院大学研究叢書第132編

〈生きる方法〉の民俗誌

朝鮮系住民集住地域の民俗学的研究

島村恭則

関西学院大学出版会

写真A 石堂川河岸のバラック集落（1961年3月、奥が[A地区]、手前が[B地区]。第1章第3節参照）。西山夘三氏撮影。

写真 B 石堂川河岸のバラック集落（1970年6月、[B地区]）。西山夘三氏撮影。

写真 C 石堂川河岸のバラック集落（1956年5月、[A地区]）。西山夘三氏撮影。

写真 D 石堂川河岸のバラック集落（1961年3月、[A地区]）。西山夘三氏撮影。

写真 E 集落内の様子（1961年1月、[A地区]）。西山夘三氏撮影。

写真 F　大津町商店街（1961年1月。第3章第2節参照）。西山夘三氏撮影。

写真 G　集落内の寄せ屋（1961年1月、[A地区]。第3章第2節参照）。西山夘三氏撮影。

口絵写真は、すべて、「NPO法人西山夘三記念すまい・まちづくり文庫」所蔵。
また、写真Aと写真Dは、『昭和の日本のすまい――西山夘三写真アーカイブズから』
（NPO法人西山夘三記念すまい・まちづくり文庫編、創元社、2007年）より転載した。

〈生きる方法〉の民俗誌
―― 朝鮮系住民集住地域の民俗学的研究

目　次

序　章　問題と方法 ——————————— 13

　　はじめに..13

　　第1節　朝鮮系住民をめぐる研究の課題......................14
　　　　（1）　朝鮮系住民とは何か　*14*
　　　　（2）　朝鮮系住民をめぐる研究の課題　*18*

　　第2節　〈生きる方法〉の民俗誌..........................22
　　　　（1）　「生き方」の「生活誌」　*22*
　　　　（2）　「生きていく方法」の「民俗自然誌」　*29*
　　　　（3）　〈生きる方法〉の民俗誌　*31*

　　第3節　民俗学と朝鮮系住民............................34

　　第4節　フィールドとしての朝鮮系住民集住地域................39

　　第5節　問題の確認と本書の構成..........................42

第1章　都市福岡と朝鮮系住民 ——————— 53

　　第1節　都市福岡の概況...............................53

　　第2節　都市福岡と朝鮮系住民..........................57

　　第3節　集住地域の概況...............................61
　　　　（1）　バラック集落　*61*
　　　　（2）　団地　*71*

第2章　バラック集落の形成と〈生きる方法〉——— 81

　　第1節　1945年の博多港..............................81

　　第2節　バラックの建築と集落の形成......................84
　　　　（1）　帰還見送り　*84*
　　　　（2）　バラックを建てる　*85*

（3）　電気と水道 *90*

　第 3 節　闇市 91

　　　（1）　闇市の発生 *91*
　　　（2）　密造酒製造と養豚 *93*
　　　（3）　闇市の終焉 *96*

　第 4 節　コリアンポリス 97

　第 5 節　朝聯 100

第 3 章　1950 年代以降のバラック集落と〈生きる方法〉　― 105

　第 1 節　バラック集落で生きる 105

　　　（1）　バラック集落 *105*
　　　（2）　住民たち *113*

　第 2 節　生業の諸相 121

　第 3 節　南北住みわけ 134

　　　（1）　南北の対立 *134*
　　　（2）　住みわけの進行 *136*

　第 4 節　住民間の関わりあい 139

　　　（1）　連帯と葛藤 *139*
　　　（2）　階層性 *142*

　第 5 節　外部からのまなざし 144

第 4 章　集住団地への移転と〈生きる方法〉　――――― 153

　第 1 節　［X 団地］ 153

　　　（1）　［A 地区］の立退き交渉と［X 団地］の建設 *153*
　　　（2）　協定成立と入居プロセス *156*
　　　（3）　「総聯の団地」 *161*
　　　（4）　生活の展開 *164*

　第 2 節　［Y 団地］ 167

　　　（1）　［B 地区］［C 地区］の立退き交渉と［Y 団地］の建設 *167*
　　　（2）　入居と生活の展開 *170*

第3節　［Z団地］... 173
　（1）［D地区］［E地区］［F地区］［G地区］の立退き交渉と［Z団地］の建設　*173*
　（2）［Z団地］への入居　*174*
第4節　団地外からのまなざし..................................... 179

第5章　住まいをめぐる〈生きる方法〉 ── 187

第1節　団地の増改築... 187
　（1）［X団地］における増改築　*187*
　（2）［Y団地］における増改築　*199*
　（3）［Z団地］における増改築　*207*
第2節　団地建替え... 208
　（1）［X団地］の建替え計画と交渉過程　*208*
　（2）［Y団地］の建替え　*216*

第6章　寄せ場としての集住地域 ── 225

第1節　築港寄せ場... 225
第2節　寄せ場の景観... 227
第3節　人夫出し飯場... 239
第4節　日雇労働者の語り... 243
第5節　階層性... 251
第6節　「隠れ場所」としての集住地域............................. 254
第7節　野宿者の発生... 258

第7章　〈生きる方法〉と「民族文化」「民族的アイデンティティ」 ── 267

第1節　〈生きる方法〉と「民族文化」............................. 268
第2節　〈生きる方法〉と「民族的アイデンティティ」............... 281
第3節　〈生きる方法〉と「民族祭り」............................. 287

結　語──総括と展望 ──────────────── 297

第1節　総括 297

第2節　展望 300

　(1) 〈生きる方法〉と「伝承」　*300*

　(2) 「民俗」と「民族」　*303*

文献一覧 ──────────────────────── 307

●図目次

図1-1	福岡県福岡市	54
図1-2	朝鮮系住民集住地区の分布	62
図1-3	福岡市における朝鮮系住民集住地区の立退きと代替団地への入居等関係図	63
図1-4	旧［A地区］、旧［B地区］の様子（2006年8月現在）	64
図1-5	1964年当時の［A地区］、［B地区］	65
図1-6	旧［C地区］の様子（2006年8月現在）	67
図1-7	1961年当時の［D地区］	68
図1-8	1961年当時の［H地区］	71
図1-9	現在の［H地区］（2006年8月現在）	72
図1-10	［X団地］（2005年11月現在）	74
図1-11	［Y団地］（2005年11月現在）	75
図1-12	［Z団地］（2005年11月現在）	77
図3-1	［A地区］住宅配置図（1955年）	107
図3-2	［B地区］住宅配置図（1955年）	109
図4-1	無断建築物除却状況（1981年3月1日現在）	175
図5-1	ある住戸の断面図（［X団地］）	197
図5-1′	ある住戸の断面図（［X団地］）〈説明用〉	197
図5-2	ある住戸の平面図（［X団地］）	198
図5-2′	ある住戸の平面図（［X団地］）〈説明用〉	198
図5-3	［X団地］完成当初の住戸平面図（1959年）	199
図5-4	新［X団地］立面図	213
図5-5	新［X団地］配置図	214
図6-1	築港寄せ場「タチンボ」地点	229
図7-1	チェサ（祭祀）のマニュアルに記載されている供物の配置図	276

●表目次

表4-1	朝鮮系住民集住団地一覧	178
表5-1	各団地における主な増改築の内容	194

●写真目次

写真 1-1	［A地区］があった場所	66
写真 1-2	［B地区］があった場所	66
写真 1-3	［C地区］があった場所	67
写真 1-4	［E地区］があった場所	70
写真 1-5	［F地区］があった場所	70
写真 1-6	［G地区］があった場所	70
写真 1-7	［H地区］の様子	72
写真 1-8	［X団地］の様子	73
写真 1-9	［Y団地］の様子	76
写真 1-10	［Z団地］の様子	76
写真 3-1	［H地区］の様子	111
写真 3-2	［H地区］の様子	111
写真 3-3	［H地区］の様子	111
写真 3-4	［H地区］の様子	112
写真 3-5	［H地区］の様子	112
写真 3-6	［H地区］の様子	112
写真 3-7	闇市時代からある焼肉屋「玄風館」	127
写真 3-8	「玄風館」の内部	127
写真 3-9	大津町商店街一帯の再開発によってつくられた商業施設「博多せんしょう」	127
写真 3-10	「博多せんしょう」周辺（旧大津町商店街付近）にある朝鮮系食材店	128
写真 3-11	「博多せんしょう」周辺（旧大津町商店街付近）にある朝鮮系食材店	128
写真 4-1	［X団地］入り口付近	160
写真 4-2	［X団地］	160
写真 4-3	［X団地］	160
写真 4-4	［X団地］の町内放送用スピーカー	163
写真 4-5	［X団地］内にある福岡朝鮮初中級学校附属幼稚園	166
写真 4-6	［X団地］内の公衆浴場「平和湯」	166
写真 4-7	［Y団地］の「本館」部分	168
写真 4-8	［Y団地］の「本館」部分	171
写真 4-9	［Y団地］集会所	172
写真 4-10	［Z団地］の様子	177
写真 4-11	［Z団地］店舗棟	177
写真 5-1	［X団地］の様子	189
写真 5-2	［X団地］の様子	189

写真5-3	「建増し」部分の内部	189
写真5-4	第2次増改築によって設置された風呂場	190
写真5-5	2階に設けられたバルコニー	190
写真5-6	2階に設けられたバルコニー	190
写真5-7	「建増し」側の玄関	191
写真5-8	「本館」側の（旧）玄関	191
写真5-9	「建増し」部分	191
写真5-10	2戸1化連結部分	192
写真5-11	「本館」平側および妻側に張り出し増築をしたケース	192
写真5-12	「建増し」平側にさらに増築をしたケース	192
写真5-13	「建増し」妻側1・2階部分に張り出し増築をしたケース	193
写真5-14	「建増し」妻側1・2階部分に張り出し増築をしたケース	193
写真5-15	「建増し」妻側1・2階部分に張り出し増築をしたケース	193
写真5-16	「建増し」妻側	195
写真5-17	「本館」および「建増し」妻側の1・2階部分に張り出し増築をしたケース	195
写真5-18	「建増し」妻側2階部分に張り出し増築をしたケース	195
写真5-19	［Y団地］の様子	202
写真5-20	［Y団地］の様子	202
写真5-21	第2次増改築によってつくられた風呂場	202
写真5-22	「建増し」に張り出し増築されたシャワー室（1階）	203
写真5-23	「建増し」に張り出し増築されたシャワー室	203
写真5-24	「建増し」に張り出し増築されたシャワー室	203
写真5-25	「本館」妻側相当部分に増設された浴室（1階）とバルコニー（2階）	203
写真5-26	「建増し」に設置された物干し用バルコニー	204
写真5-27	「建増し」部分	204
写真5-28	「本館」側玄関	204
写真5-29	「建増し」部分	205
写真5-30	「建増し」側に外付け階段を設置し、2階にも玄関を設けている	205
写真5-31	「建増し」側に外付け階段を設置し、2階にも玄関を設けている	205
写真5-32	「建増し」側に多数の小部屋を設けているケース	206
写真5-33	「建増し」側にさらに張り出し増築をしている	206
写真5-34	妻側相当部分にさらに張り出し増築をしている	206
写真5-35	妻側相当部分にさらに張り出し増築をしている	207
写真5-36	［Z団地］の様子	208
写真5-37	［Z団地］店舗棟	209
写真5-38	［Z団地］店舗棟	209
写真5-39	［Z団地］店舗棟	209
写真5-40	［X団地］の建替え工事期間中に使用する「建替促進住宅」	217

写真 5-41	取り壊し工事が進む［X 団地］（2005 年 8 月）	217
写真 5-42	建築中の新［X 団地］（2006 年 1 月）	217
写真 6-1	築港寄せ場「タチンボ」地点	228
写真 6-2	築港寄せ場「タチンボ」地点	228
写真 6-3	日雇労働者を対象とした「夏祭り」のポスター	232
写真 6-4	日雇労働者のイメージ画	232
写真 6-5	築港寄せ場「タチンボ」付近	233
写真 6-6	タチンボ付近にある人夫出し飯場	233
写真 6-7	タチンボ付近にある人夫出し飯場	233
写真 6-8	タチンボ付近にある人夫出し飯場	234
写真 6-9	［X 団地］内の簡易宿所「かどや旅館」	234
写真 6-10	［X 団地］のすぐ隣りにある人夫出し飯場	234
写真 6-11	［X 団地］のすぐ隣りにある人夫出し飯場	235
写真 6-12	日雇労働者を主な顧客とする「レンタルルーム」	235
写真 6-13	「仕事人の店」	235
写真 6-14	人夫出し飯場	236
写真 6-15	タチンボ付近にある港湾荷役業者	236
写真 6-16	港湾荷役業者の看板	236
写真 6-17	「労務者募集」の看板（［X 団地］内）	236
写真 6-18	「作業員スタッフ募集」の看板	237
写真 6-19	「働らく人募集」の看板	237
写真 6-20	「作業員募集」の貼り紙	237
写真 6-21	「作業員募集」の看板	238
写真 6-22	「作業員大募集」の看板	238
写真 6-23	「一般作業員大募集」「各種有資格者大募集」の看板	238
写真 6-24	［X 団地］に隣接する木造アパート	239
写真 6-25	アパート入居者募集の貼り紙	239
写真 6-26	福岡競艇場（「福岡ボート」）	241
写真 6-27	築港寄せ場の一角（道路壁面）に描かれた落書き	253
写真 6-28	築港寄せ場の一角（道路壁面）に描かれた落書き	253
写真 7-1	在日大韓基督教福岡教会	280
写真 7-2	LB 氏宅に掲示されている宗族や「朝鮮民族」の歴史についての解説ポスター	283
写真 7-3	「三・一文化祭」のポスター	290
写真 7-4	「三・一文化祭」の様子（2003 年 3 月）	290

凡　例

(1)　本文中で用いる人称代名詞のうち、「かれら」は男女双方に相当するものとして、「彼ら」は男性のみを示すものとして用いる。

(2)　話者の語りの引用において、引用文の本文中に引用者（筆者）による註記を付す場合、括弧内にそれを記して挿入する。ただしその際、煩雑になることを避けるため、「――引用者註」という文言は原則として割愛する。

(3)　朝鮮系住民の「世代」について、朝鮮半島で出生し、その後日本列島へ移住してきた者を「朝鮮系住民第1世代」、第1世代の子で日本列島において出生した者を「朝鮮系住民第2世代」、第2世代の子で日本列島において出生した者を「朝鮮系住民第3世代」とする。なお、話者についてのデータの記述にあたっては、集住地域の住民で、朝鮮系住民である場合に限って、「朝鮮系住民」および「世代」の表記を省略する場合がある。

(4)　本書では、事例中の人物を原則としてアルファベットのランダムな組み合わせによって表記する。この組み合わせは、当該人物の実際の氏名やイニシャルとは全く無関係に設定するものである。また、事例の記述にあたっては、プライバシー等の問題に配慮し、論旨の展開や実証性に支障がない範囲でシチュエーションに改変を加えている場合がある。

(5)　本文に挿入した文献註における著者名の表記は、日本系著者と欧米系著者については姓のみを、韓国系および中国・台湾系の著者については同姓者が多いため姓と名の両方をそれぞれ記載した。ただし、日本系著者についても、同姓者がある場合には姓と名の両方を記載した。

(6)　本書に掲載する写真のうち、とくに断りがないものについては、すべて筆者が現地調査の期間中（2002年5月～2006年1月）に撮影したものである。

(7)　本書に掲載する図表のうち、とくに断りがないものについては、すべて筆者が作成したものである。

(8)　巻末の文献一覧は、五十音順で記載してある。

序章

問題と方法

はじめに

　在日朝鮮系住民（朝鮮半島に対する日本の植民地支配を直接・間接の要因として日本に移住し定着した朝鮮半島出身者およびその子孫）をめぐっては、かれらを「朝鮮民族」として捉えた上で、その「民族文化」や「民族的アイデンティティ」のあり方について問う研究がさまざまな学問分野で数多く蓄積されてきた。
　ただし、それらの研究には次のような問題がある。
　①　文学作品を対象として議論を展開するものやもっぱら哲学的な思惟をめぐらせるものが多く、在日朝鮮系住民の生活をフィールドワークによって研究したものはあまり見あたらない。
　②　フィールドワークによって在日朝鮮系住民の生活を研究した数少ない研究にあっても、そこで対象とされるのは「民族」運動に熱心な人びとや自らの「民族的アイデンティティ」について比較的強い問題意識を持っている人びとであることが多く、「ごくふつう」の在日朝鮮系住民は調査研究の対象とされにくい傾向がある。
　③　またそこでは、在日朝鮮系住民の生活の中からある特定の要素（「民族文化」「民族的アイデンティティ」に関するもの）だけを抜き出して分析する傾向が強く、生活それ自体を直視したものは少ない。
　本研究は、このような研究状況をふまえ、在日朝鮮系住民の生活について、民俗学の方法によって記述・解明しようとする研究である。もっとも、

ここでいう民俗学とは、人びとの生活の中から「民間伝承」「習俗」「民俗資料」「民俗事象」などと呼ばれている事象だけを取り出してその変遷や起源を究明したり、あるいはそれが持つ何らかの機能や意味を解釈したりするといった類の研究のことではない。

1930年代に柳田國男によって民俗学が体系化されると、そこで示された体系の内容は多くの民俗学研究者に多大な影響を与えることとなったが、その過程で、民俗学研究の対象は「民間伝承」「習俗」「民俗資料」「民俗事象」などと呼ばれる事象だけであるとする考え方が広まり、それにともない「人びとの生活」そのものは民俗学研究の視野から遠ざかってしまうという結果がもたらされた。

しかし、本研究が研究方法として採用する民俗学は、そのような「民間伝承」「習俗」「民俗資料」「民俗事象」などと呼ばれる事象のみを対象とするような民俗学ではなく、人びとの生活それ自体を直視しようとする立場の民俗学である。

本研究は、このような意味での民俗学の方法により、在日朝鮮系住民の生活についての実証的研究を行なう。研究対象とするフィールドは、福岡県福岡市の在日朝鮮系住民集住地域である。

第1節　朝鮮系住民をめぐる研究の課題

(1) 朝鮮系住民とは何か

本研究でいう在日朝鮮系住民とは、日本帝国主義による植民地支配を最大の要因として日本列島に移住した朝鮮半島（済州島を含む）出身者およびその子孫に対する総称として筆者が設定した用語である（島村2003a）。この場合、在日朝鮮系住民には、朝鮮籍者、韓国籍者に加え、かつて朝鮮籍もしくは韓国籍で、のちに日本国籍を取得（「帰化」）した者や、朝鮮籍者、韓国籍者と日本国籍者との間に生まれた子やその子孫をも含めることとする。[1]

在日朝鮮系住民に近似する概念としては、1948年の南北分断以前の歴史にもとづく「在日朝鮮人」、韓国籍者のみを対象とした「在日韓国人」、南北分断によって朝鮮半島に二つの国家体制が存在することに由来する「在日韓国・朝鮮人」、高麗の英語表記にもとづく「在日コリアン」、朝鮮（とりわけ南部地方）の古称である「韓」の語を用いた「在日韓人」などの用語がこれまでの研究史の中で用いられてきた。

　しかし、これらの用語は、近代国家体制の枠組みの中で設定された概念であったり、並存する二つの国家のうちのどちらか一方の立場から設定された概念であったりするという問題を持つ。とくに、これらの用語では、日本国籍取得者や、朝鮮籍者・韓国籍者と日本国籍取得者との間に生まれた子およびその子孫といった人びとは対象とされにくい。これらの用語は、国籍の変更に関わる動態性を表現しにくいのである。

　このような国籍変更に関わる動態性を考慮に入れない概念設定は、朝鮮・韓国籍から日本国籍への移行を行なう者が1年間に1万人を超えている現在、実態から遊離したものといわざるをえない。

　また、近年の人文社会諸学における「名づけ」と「名のり」の政治力学に関わる批判的考察（鄭暎惠2003）や文化本質主義に対する批判的考察（戴エイカ1999、島村2001a）をふまえるならば、当該概念がさししめす対象を、固定された揺るぎない自明の実体として表象するような概念設定のあり方は、現実から乖離した硬直したものとして批判されなければならない。

　こうした問題を解決するために、筆者が設定している概念が「在日朝鮮系住民」である。この場合、「在日朝鮮系住民」の「朝鮮」とは、近代国家としての「大韓民国」や「朝鮮民主主義人民共和国」の名称を意味するものではなく、「朝鮮半島」と同義の地理的な概念である。また、「系」とは、国家、国籍、民族といった概念では把握しきれない生活の流動的な実態や多様性を把握するために設定した概念である。そして「住民」も、国民や民族という概念の中に収まりきらない人びとの動態、多様性を把握するために設定した概念である[2]。

　もっとも、こうした概念設定を行なっても、問題がすべて解決するわけではない。たとえば、地理的概念としての「朝鮮」は、国家・国籍・国民・民

族の相対化の視点としては一定程度有効であろうが、しかし、それは絶対的な有効性を持つものではない。なぜなら、「朝鮮」も近代的な地理概念から自由ではないからである[3]。

　また、「系」「住民」の語を用いたとしても、その用語設定の趣旨が忘れられて、用語だけが一人歩きするようになった場合、従来の「在日朝鮮人」「在日韓国人」「在日韓国・朝鮮人」「在日コリアン」「在日韓人」と同様の、固定的な、硬直した概念へと変質してしまう危険性もある[4]。

　しかし、これは「在日朝鮮系住民」という概念のみが持つ問題ではなく、あらゆる概念がはらむ危険性というべきであり、この危険性を永久に回避できる概念設定は不可能だと考えるべきである。したがって、その不可能性を認識しながら、「概念」という知的産物の特性についての配慮を怠ることなく、概念の硬直化を回避する努力を継続する必要がある。

　こうした認識を前提とした上で、本研究では、現時点において、これまでの「在日朝鮮人」「在日韓国人」「在日韓国・朝鮮人」「在日コリアン」「在日韓人」といった概念がはらんでいた硬直性の乗り越えを可能にする新たな概念として、「在日朝鮮系住民」を用いることとする。

　ところで、ここで設定した「在日朝鮮系住民」という概念は、従来用いられてきた他の諸概念と同様、研究者が学術研究の文脈で設定した概念である。これに対して、この概念によってさししめされる当事者たちは、自らをどのように呼称してきたのか。

　この点についての学術的記述や分析はこれまで皆無であるが[5]、筆者の調査によれば、当事者の自称として頻繁に用いられるものには、「チョソンサラム（チョソン＝朝鮮、サラム＝人）」「ハングクサラム（ハングク＝韓国、サラム＝人）」「チョウセンジン（朝鮮人）」「カンコクジン（韓国人）」「ザイニチ（在日）」などがある[6]。

　この場合、「チョソンサラム」には用いられ方が二通りある。一つは、国籍に関わらずに、広く朝鮮半島出身者とその子孫を意味するものとしての用法である。

　もう一つは、朝鮮民主主義人民共和国（北朝鮮）の在外公民としての「チョソンサラム」である。この用法は、朝鮮民主主義人民共和国を本国とする民

族団体「在日本朝鮮人総聯合会」（以下、本書では「総聯」と略記する）系の人びとが日常的に用いている。

　次に、「ハングクサラム」は、韓国籍を有する朝鮮半島出身者およびその子孫をさすものとして用いられる。大韓民国（韓国）を本国とする民族団体「在日本大韓民国民団」（以下、本書では「民団」と略記する）系の人びとが用いる用語である。

　また、「チョウセンジン」は、「チョソンサラム」の日本語訳にあたるもので、これも「チョソンサラム」同様、国籍に関わらずに、広く朝鮮半島出身者とその子孫を意味するものとして用いられる場合と、朝鮮民主主義人民共和国の在外公民の意味で用いられる場合とがある。

　「カンコクジン」は、「ハングクサラム」の日本語訳にあたり、韓国籍を有する人びと、すなわち民団系の人びとの自称として用いられている。

　この他、「在日朝鮮人」「在日韓国人」「在日韓国・朝鮮人」「在日コリアン」といった用語が、当事者によって用いられることもなくはないが、それは、学術研究やジャーナリズムでのこれらの用語の使用状況に通じた人びとや、民族団体の幹部や活動家、知識層の人びとによるもので、従来は、一般の生活者が生活レベルで用いることはほとんどなかったといってよい。

　ただし、近年では、朝鮮半島生まれの第1世代から見て孫の世代にあたる第3世代の若者たちを中心に、「ザイニチ（在日）」という用語がしばしば用いられるようになっている[7]。これは、「在日朝鮮人」「在日韓国人」「在日韓国・朝鮮人」「在日コリアン」といった用語の中に用いられている「ザイニチ（在日）」の語を自分たちへの呼称として用いるようになっているという現象である。この場合、「在日」の語は、今日、マスコミなどにおいてもたびたび用いられるようになっており、そうした状況が当事者の間にも影響を与えた結果であるとも考えられる。

　「ザイニチ（在日）」の語が用いられる場合には、この語の下に、具体的な「朝鮮人」「韓国人」「韓国・朝鮮人」「コリアン」といった言葉を接続させず、「在日」の下にどの語がくるかは曖昧なままにして用いられていることが少なくない。これは、ある意味では、用語のさししめすものを固定的に捉えることを回避する効果を持っており、実際、当事者たちによって、そうした効果を

期待してこの語が用いられる場合もあるようだ。

　以上のような語彙のうち、筆者がさきに設定した学術用語としての「在日朝鮮系住民」に最も近いものは、国籍に関わらずに、広く朝鮮半島出身者とその子孫を意味するものとして用いられる「チョソンサラム」、および同様の用い方もなされうる「ザイニチ（在日）」であろう。

　「チョソンサラム」の語は、朝鮮半島生まれで日本に移住してきた第1世代、その子どもたちの世代である第2世代を中心に、広く、かつ日常的に用いられてきた語彙であり、「ザイニチ」はそれ続く第3世代を中心に、広く用いられはじめている語彙であるが、筆者は、これらの語彙にほぼ重なる語として、「在日朝鮮系住民」という概念を設定するものである。学術用語は、あくまでもエティック（対象外在的）に設定されるという宿命を帯びざるをえないが、しかし、できうる限りエミック（対象内在的）な概念との近接性を維持して設定されるべきであろう。

　この観点からしても、筆者による「在日朝鮮系住民」という概念設定は一定の妥当性を有するものと考えるものである。

　なお、記述が必要以上に煩瑣になることを避けるため、以後の論述では「在日朝鮮系住民」の語から「在日」を省略した「朝鮮系住民」という用語を用いることとする。もちろん、その意味するところは、日本列島に暮らす朝鮮系住民、すなわち在日朝鮮系住民である。

(2) 朝鮮系住民をめぐる研究の課題

　朝鮮系住民についての学術研究は、敗戦後になって開始され[8]、歴史学や社会学を中心に多くの成果が蓄積されてきた。このうち、早い時期に研究が開始されたのは歴史学で、すでに1950年代から朴慶植や姜在彦らによる研究が提示されている。彼らやそれに続く研究者たちの研究では、日本帝国主義による朝鮮系住民への支配・抑圧や、それに対する朝鮮系住民による抵抗の歴史が、政治史、経済史、あるいは運動史、教育史などの諸領域にわたって取り上げられてきた。

　具体的には、関東大震災における朝鮮系住民虐殺、強制連行、さまざ

な朝鮮系住民差別などについての歴史（姜在彦 1957、朴慶植 1965、金賛汀 1982、樋口 1984、山田昭次 1995）や、そうした抑圧、支配、差別に対する抵抗運動の歴史（朴慶植 1979、1989）、朝鮮学校などにおける民族教育の歴史（小沢 1973）、あるいは朝鮮系住民に関する社会経済史（河明生 1997、西成田 1997）、さらには地方における朝鮮系住民の社会経済史（内藤 1989）などについて、実証的な資料にもとづく研究が積み重ねられてきた。また、それらの成果をふまえた上での通史的叙述もなされている（金賛汀 1997、樋口 2002）。

　これらの研究によって明らかにされた知見は、日本における朝鮮系住民史を理解する上で不可欠の情報であり、専門分野を問わず、朝鮮系住民研究にアプローチする上では必ず参照しなければならない先行研究となっている。

　もっとも、これらの研究で朝鮮系住民をめぐる歴史のすべてが明らかにされたのかというと、そうではない。これらの歴史研究は、〈抑圧と抵抗〉の歴史、それも制度や運動の面での歴史の叙述が中心であり、朝鮮系住民の日常的な生活についての論及はほとんど行なわれていないという問題がある。〈抑圧と抵抗〉の歴史をめぐる理解の深化は、もちろん朝鮮系住民研究にとって避けて通ることのできない課題である。しかし、一方で、制度や運動を中心とした〈抑圧と抵抗〉史の枠組みに収まりきらないさまざまな生活事象への視野の拡大も歴史研究にとって必要な課題であろう。

　こうした問題については、近年になって、歴史学内部からも自己批判や課題克服への試みが提出されるようになってきた（外村 1999）。たとえば、従来の朝鮮系住民史研究では扱われることのなかった、朝鮮系住民自身の手になる小説、エッセー、新聞記事などを資料にして朝鮮系住民の社会史的研究を展開した外村大（2004）や、戦前期大阪在住の済州島出身者たちの歴史に生活史の視座から接近しようとした杉原達（1998）らの研究がそれである。これらの研究は、社会・経済史的背景をおさえながら、同時に人びとの日常生活へのアプローチを志向したものである。

　しかしながら、これらの研究で対象とされるのは主として戦前期の状況であり、また、考察の対象とされる資料は、あくまでも文献史料である。この点で、民俗学的研究と直接対応するものではないが、その志向性は、民俗学

的問題意識にも接続しうる内容となっている。今後、民俗学との協業を視野に入れながら、こうした方向の歴史学的研究が蓄積されてゆくことが期待される。

次に、歴史学と並んで研究の蓄積が顕著な分野は社会学と文化人類学である。朝鮮系住民研究の場合、両学の境界は曖昧であることが多いので、ここでは一括して扱うこととするが、その上でそれらの主な業績をあげてみると次のようなものがある。

すなわち、アンケート調査や生活史調査によって、「民族文化」や「民族的アイデンティティ」の持続と変容、およびそれらと密接に関わる「民族間結合」のあり方などについて分析した研究(福岡・辻山1991、福岡1993、福岡・金明秀1997、谷編著2002、任榮哲2005、二階堂2007)、「民族文化」としての服飾や食習慣を取り上げ、そこに見られる「民族的アイデンティティ」について分析しようとした研究(金由美1998、黄慧瓊2003)、祖先祭祀や墓制、巫俗、宗教を取り上げ、「民族文化」の変容や「民族的アイデンティティ」について考察した研究(紀1990、西山1993、孝本1993、孝本1994、陳大哲1996、李仁子1996、松原・玄丞恒1996、梁愛舜2004、飯田2002)、社会福祉研究の立場から朝鮮系住民の高齢者の生活実態を把握しようとした研究(庄司・中山1997)、教育社会学から「民族教育」や「民族的アイデンティティ」をめぐる問題を取り上げた研究(申鉉夏・権藤1982、馬越1989、高橋・石沢・内藤1996)、済州島出身者およびその子孫が構成する親族ネットワークや同郷集団を事例に「民族的アイデンティティ」のあり方などを分析した研究(小川・寺岡1993、小川・寺岡1995、寺岡2003、高鮮徽1996、高鮮徽1998、李仁子1999、伊地知2000)、コリアタウンや「民族祭り」を取り上げて「民族的アイデンティティ」のあり方について検討した研究(五味田1996、飯田2002、小川2003)などである。

これら社会学的・文化人類学的研究の最大の特徴は、その多くが「民族文化」や「民族的アイデンティティ」のあり方(持続と変容など)について考察するものであるところにある。これらの成果が、朝鮮系住民をめぐる現状について基礎的データの一部を提供していることは間違いない。ただしそこには問題もある。それは、朝鮮系住民の生活の現場を直視した場合、かれら

の生活が「民族文化」や「民族的アイデンティティ」という枠組みだけで把握しきれるかどうかははなはだ疑問であるという点だ。こうした疑問が発生してくる背景には次のような事情がある。

　①　これらの研究で調査・研究の対象とされるのは、「民族」運動に熱心な人びとや自らの「民族的アイデンティティ」について比較的強い問題意識を持っている人びとであることが多く、「ごくふつう」の朝鮮系住民は調査・研究の対象とされにくかった。

　②　これらの研究では、朝鮮系住民の生活の中からある特定の要素（「民族文化」「民族的アイデンティティ」に関するもの）だけを抜き出して分析する傾向が強く、人びとの生活を可能な限り総体的に捉えようとするモノグラフ的な調査・研究は、ほとんど行なわれてこなかった[9]。

　今後は、以上2点の問題を克服した、より柔軟で総体的な調査・研究を行なう必要があるといえよう。

　以上のような歴史学的研究、および社会学的・文化人類学的研究に加え、近年、いわゆるカルチュラルスタディーズやポストコロニアルスタディーズの視点を取り入れた研究も多く生み出されるようになってきている（金泰泳1999、原尻2000、金明美2000、李孝徳2001、姜尚中編2001、四方田2001、洪貴義2001a、洪貴義2001b、金友子2002、高柳2002、姜尚中2003、鄭暎惠2003、姜尚中2004、宋連玉2005、ソニア・リャン2005a、ソニア・リャン2005b、高和政2005）。

　それらの最大の特徴は、「民族」や「文化」をめぐる政治性、権力性への着目という点にあるが、そこでの議論の多くは、文学や映像など二次資料の分析によって組み立てられており、フィールドワークによって得られた一次資料、とりわけ日常生活に密着して構成されたモノグラフにもとづく研究は皆無に近い。カルチュラルスタディーズ、ポストコロニアルスタディーズの視点の有効性を活かしつつ、人びとの日常的な生活をフィールドワークによって実証的に明らかにしようとする研究の展開が、現在の朝鮮系住民研究に求められている課題であるといえよう[10]。

　以上、既存の朝鮮系住民研究の動向を整理してみた。そこで見出された問題をふまえると、今後の朝鮮系住民研究の課題は次のようになる。すなわ

ち、これからの朝鮮系住民研究は、問題関心を「民族文化」や「民族的アイデンティティ」だけに特化させることなく、朝鮮系住民の生活の現場に降り立ち、かれらの生活それ自体を持続的なフィールドワークによって明らかにしていかなければならない。

第2節 〈生きる方法〉の民俗誌

　前節では朝鮮系住民をめぐる研究史と課題について整理した。本研究は、そこで示した課題をふまえ、朝鮮系住民の生活の現場に降り立ち、その生活に民俗学の方法による接近を試みるものである。
　その場合、本研究では、記述・考察の枠組みとして、「〈生きる方法〉の民俗誌」という概念を設定する。以下、本節では、この「〈生きる方法〉の民俗誌」について、それが意味するところを論じる。

(1)「生き方」の「生活誌」

　日本の民俗学の体系化は1930年代に急速に進んだ。柳田國男は、1934年に『民間伝承論』を、1935年に『郷土生活の研究法』を刊行し、彼の構想する民俗学の学問体系を提示している。そこでは、民俗研究の目的、意義、歴史、それに民間伝承の変遷過程を比較研究によって明らかにする方法論（重出立証法）が示され、また民俗研究の対象となる具体的事象の例示も行なわれた。『民間伝承論』と『郷土生活の研究法』は、近代日本において内発的に形成された学問としての民俗学について、その全体像を示そうとする意欲的な概論書であった。[11]
　ここで示された民俗学の体系は、当時の民俗学研究者たちにきわめて大きな影響を与えた。その後の民俗学のあり方は、そこに示された民俗学体系の内容によって大きく規定されていったといってよい。ただ、その過程で問題も発生した。それは、柳田によって示された民俗学体系（民俗学の「方法」

や「対象」など）が、民俗学研究者たちの間で、民俗学の唯一の枠組みであるかのように受けとめられてしまったという問題である。たとえばそこでは、民俗学研究の対象となる具体的事象について、柳田の示した資料分類案[12]の中で取り上げられているような事象こそが民俗学の調査・研究対象であり、それ以外の事象は民俗学が扱う範疇とは無関係であるかのような受けとめられ方がなされるようになってしまったのである[13]。

　これは、柳田によって構想された民俗学の形式化、矮小化、縮小再生産といえるものであるが、こうした状況は、近年に至るまで見られた、あるいは部分的には現在においても見られるところのものとなっている[14]。

　もっとも、そうした状況の中にあっても、このような研究対象に対する硬直した態度とは距離を置こうとしたすぐれた民俗学研究者がいなかったわけではない。その研究者とは宮本常一である。宮本は、自らの民俗学研究の歩みについて回顧した文章の中で、以下のような記述を行なっている。

　　［A］　昭和13年3月には近江の湖北の山村を訪れた。雪に埋もれた山間の人たちの生活を見たいためであった。そのほかにも一晩泊まりの旅は多かったが、そうした旅の中でいわゆる民俗的なことよりもそこに住む人たちの生活について考えさせられることの方が多くなった。人びとの多くは貧しく、その生活には苦労が多かった。苦労は多くてもそこに生きねばならぬ。そういう苦労話を聞いていると、その話に心をうたれることが多かった。そうした人々の生きざまというようなものももっと問題にしてよいのではないかと考えることが多かった。つまり民俗的な調査も大切であるが、民衆の生活自体を知ることの方がもっと大切なことのように思えてきたのである。　　　　　　　　　　　　　　（宮本1993a：94-95）

　　［B］　百姓たちと生活をともにし、その話題の中からその人たちの生活を動かしているものを見つけてゆこうとすると、項目や語彙を中心にして民俗を採集するというようなことはできにくくなる。何となく空々しい気持ちになる。それよりも一人一人の人の体験を聞き、そしてその人の生活を支え、強い信条となったものは何であっただろうか、生活環境はどうい

うものであったのだろうかということに話題も眼も向いていく。

（宮本1993a：152-153）

　[C]　島にはそれぞれの生き方があった。そうした島々の生活誌というようなものをまとめておく必要を強く感じた。人はある一つの島に住みつく。それが漁民なら漁業に力をそそぐ。その漁業も古いものなら網漁が多い。そしてその網もテグリ網のような小さいものが主になる。地引網の流行は東から西の方へひろがっており、釣漁は内海沿岸に都市が発達して盛んになる。

　海岸に定住するようになると塩を焼き畑を拓き、農業をはじめる。陸から島に来て土地を拓いた人びとの畑にはきまった形のあるものは少ないが、海から陸上がりして畑を拓いた場合には土地を平等分割して拓いた例が少なくない。そしてそういうものが村の性格をきめていくことになる。私にとっては民俗誌よりも生活誌としてまとめることが適切であるように思える。

（宮本1993a：158-159）

　[D]　実は私は、昭和30年頃から民俗学という学問に一つの疑問を持ちはじめていた。ということは日常生活の中からいわゆる民俗的な事象をひき出してそれを整理してならべることで民俗誌というのは事足りるのだろうか。神様は空から山を目印におりて来る。そういうことを調べるだけでよいのだろうか。（中略）いろいろの伝承を伝えてきた人たちは、なぜそれを持ち伝えなければならなかったのか。それには人びとの日々いとなまれている生活をもっとつぶさに見るべきではなかろうか。民俗誌ではなく、生活誌のほうがもっと大事にとりあげられるべきであり、また生活を向上させる梃子になった技術についてはもっときめこまかにこれを構造的にとらえてみることが大切ではないかと考えるようになった。

（宮本1993a：192-193）

　[E]　人間はそれぞれのおかれた状況の中で、自分たちにとって未来を信じ、張りのある生活をたてようと努力する。（中略）一人一人が何に張

り合いを感じ、何に一生懸命になったかをほりおこしていくことが、民俗学の重要な課題の一つではないかと思う。つまり生きた人間の姿をとらえることだと思う。

　当時私はただ民俗的な事象のみを求めてあるいたのだったが、今よみかえしてみると、そこに今日よりはめぐまれない条件の中で精いっぱい生きている人たちの姿を見出して、もう少しそういうことに目を向け、「屋久島民俗誌」ではなく、「屋久島生活誌」にまでほりさげて書くべきだったと思う。
　　　　　　　　　　　　　　　　　　　　　　　　（宮本 1974：309）

　上の引用文のうち、［A］から［D］までは『民俗学の旅』（初版は 1978 年）に、［E］は著作集所収版の『屋久島民俗誌』「あとがき」（1974 年）に記されたものである。そして［A］は 1930 年代後半についての、［B］［C］は第二次大戦直後についての、そして［D］は 1955 年頃についてのそれぞれ回想である。また［E］は 1943 年刊行の『屋久島民俗誌』の記述に対する反省として、1974 年に同書が『宮本常一著作集』第 16 巻に収められる際に記されたものである。
　これらの記述に従えば、宮本は 1930 年代後半にはすでに「いわゆる民俗的なこと」についての「民俗的な調査も大切であるが、民衆の生活自体を知ることの方がもっと大切」（［A］）だという認識を持っていたことになる。ここでいう「いわゆる民俗的なこと」とは、［B］にあるような「項目や語彙を中心にして」採集される「民俗」のことで、これはすでにこの当時『郷土生活の研究法』や『民間伝承論』において網羅的に紹介されていた「民俗資料」に相当するもののことであろう。
　宮本が民俗学的な調査を開始したのは 1931 年、24 歳のときであるから[15]、彼は自身の民俗学研究歴のかなり早い時期から、そうした「民俗資料」的「民俗」学観とは異なる、「生活」重視の独自の民俗学観を持っていたということになる。
　さて、こうした宮本の「生活」重視の民俗学は、「生活をうち立てる」「生き方」「生活誌」といったキーワードによって、理解することができる。それらについて整理すると、次のようになる。

①　宮本は、人びとの生活を描き出すとき、しばしば「生活をうちたてる」（あるいは「生活を立てる」「暮らしを立てる」）という表現を用いている。その意味するところは、宮本自身が述べるに、

　　生活を立てるというのは、どういうことなのだろうかというと、自分らの周囲にある環境に対して、どう対応していったか。また、対決していったか。さらにはそれを思案と行動のうえで、どのようにとらえていったか。つまり自然や環境（と——文脈上、引用者補足）のかかわりあいの仕方　　　　　　　　　　　　　　　（宮本2003：86-87）

のことである。たとえば、「生活をうちたてるために、人々はどのような考え方をもち、後からくるものをどのように教育し、また、後からそれをどのようにうけつぎ発展させてきたか」（宮本1987：5）とか、「日本には早くからギブ・アンド・テイクの観念が発達し、またそれがわれわれの日常生活をうち立てていた」（宮本1993b：43）といった記述がなされている。
　②　そして、「生活をうちたてる」ために、人びとはさまざまな「生きていくための手段や方法」（宮本1993b：17）、「手続き」（宮本1968a：73）、「創意工夫」（宮本1967a：56）を用いるとし、それらを用いて「生活を立てる」（宮本2003：86）方法のことを「生活のたて方」（宮本2001：229）、「くらしのたて方」（宮本1993b：23）、「生き方」（[C]）と呼んでいる。その上で、それらこそが民俗学において問われるべきものであるとして、「民俗伝承そのものを見てゆくのではなくて、伝承を保持する人の生き方の追跡に重点」（宮本1968a：73-74）を置いた民俗学研究の必要性を強調している。
　③　さらに、このような認識のもと、上掲[C]の文章にあるように、フィールドにおける「それぞれの生き方」をまとめたものが、「生活誌」であるとしている。
　宮本は、「生活誌」について、次のような説明を行なっている。すなわち、「民俗誌」は「日常生活の中からいわゆる民俗的な事象をひき出してそれを整理してならべ」（[D]）たものであるが、これに対して「生活誌」のほうは、「日々いとなまれている生活をもっとつぶさに見」（[D]）たもの、「一人一

人が何に張り合いを感じ、何に一生懸命になったかをほりおこし」（[E]）、「生きた人間の姿をとらえ」（[E]）た記述のことである。またそれは、[C]にあるように、ある土地に人が来住して生業を営む、その後定住が進む中でさらなる生業の展開をはかる、そこにはそれぞれの土地での「生き方」があり、その「生き方」がやがてその土地の「性格」を形成していく、というような一連のプロセスを明らかにした記述のことでもある。

　もっとも、彼は「生活誌」についてこれ以上詳しい説明はしていない。宮本の著作は膨大だが、管見の限りでは「生活誌」について明確で詳細な概念規定をしている文章は見あたらない。むしろ、彼の「生活誌」の真骨頂は具体的な記述の実践のほうにあるといわねばならない。

　宮本は、[E] で反省しているように「生活誌」以前のいわゆる「民俗誌」に相当する記述も多く残している。しかし一方で、「生活誌」的な記述に及んでいる著述も、相当数、著している。彼の故郷である山口県周防大島の漁村をフィールドとした『周防大島を中心としたる海の生活誌』（宮本 1994。初版は 1936 年）にはすでにその萌芽が見られたし、また、やはり周防大島をフィールドに人びとの「生き方」を記述した『家郷の訓』（宮本 1984b。初版は 1943 年）や、日本各地の「古老」たちの人生史を軸に村に暮らす人びとの「生き方」を描き出した『忘れられた日本人』（宮本 1984a。初版は 1960 年）は、明らかに「生活誌」そのものである[16]。

　それだけではない。従前の「民俗的な事象」の枠に収まりきらない、人びとの「生き方」、あるいは人びとの姿そのものを叙述した『村里を行く』（宮本 1977）、「貧しさ」の中で「生活をうちたてる」ために人びとが生み出すさまざまな「工夫」を取り上げた『庶民の発見』（宮本 1987。初版は 1976 年）、「生きていくための手段や方法」を用いて「人はどのように生きてきたか」を考察した『生業の歴史』（宮本 1993b。初版は 1965 年）などの著作群もまた、「生活誌」の理念を体現した内容となっている。さらに、宮本が監修者の一人として参加し、自身も多く筆を執った『日本残酷物語』（初版は 1959 年～61 年）にも、「貧しき人々」についての「生活誌」として読むことのできる記述が少なからず収載されている[17]。

　ところで、このような宮本による「生活誌」の問題意識と実践は、民俗学

界においてはどのように受けとめられたのであろうか。民俗学では、1970年代以降、「民俗誌」のあり方についての関心が高まり、さまざまな議論が展開された。たとえば、1977年には、日本民俗学会の学会誌である『日本民俗学』が「民俗誌」特集を組んで、「民俗誌」をめぐる課題についての多くの論考を掲載している[18]。しかし、その中で宮本の「生活誌」の持つ可能性に言及したものは皆無であった。また、国立歴史民俗博物館の共同研究でも1989年度から1991年度まで「民俗誌」が主題とされたことがあったが、その成果報告集を見ても、そこに宮本の「生活誌」に言及したものは見あたらない[19]。

　また、民俗誌論を離れたところでも、民俗学界において、宮本の「生活誌」について検討したり評価したりした論考が提出されることは全くなかったといってよい。「生活誌」は民俗学界で受け入れられてこなかったのである。

　これはなぜか。ここでは三つの要因を想定しておく。

　①　宮本自身が「生活誌」の概念規定や「生活誌」をめぐる方法論的な議論を展開せず、回想記や「あとがき」のような文章の中で問題を提起するにとどまったため。

　②　「生活誌」の理念にもとづく実践的記述も、「生活誌」という名称のもとでは行なわれなかったため、それが持つ学問的な可能性が読者としての民俗学研究者に伝わりにくかったこと。

　③　民俗学界の側には、民俗学＝「民俗資料」を研究する学という認識が根強かったため[20]、「生活誌」が民俗学的に大きな可能性を持ったものであることが理解されなかったこと。

　これらの要因が複合して、今日まで宮本「生活誌」は民俗学界でほとんど黙殺に近い状態に押しこめられてきたものと考えられる。だが、人びとの生活の中から「民間伝承」「習俗」「民俗資料」「民俗事象」などと呼ばれている事象だけを取り出して研究するような民俗学のあり方に満足せず、人びとの生活それ自体を直視して考察する民俗学を志した場合、宮本による「生活誌」の志向や実践から学ぶことは多い。この意味で、宮本の構想した「生活誌」の発展的な継承が求められているといえよう。

(2)「生きていく方法」の「民俗自然誌」

　人びとの生活を捉えるための有効な枠組みとしての宮本の「生活誌」だが、しかし、上に指摘したとおり、残念ながら、それは民俗学の方法論的議論の中では共有されることなく今日に至っている。これは非常に惜しいことである。ただ、そうした現状にあるとはいえ、近年の民俗学界の研究動向を見渡すと、1990年代以降、宮本とのつながりを自覚しないところで相当程度に宮本の「生活誌」に通じるような研究実践の萌芽があることにも気づかされる。

　篠原徹は、西日本をフィールドとして長年行なってきた調査研究の成果を「民俗自然誌」（『海と山の民俗自然誌』）としてまとめている。彼の定義では、「民俗誌」は「ある生業を営む人々の社会的集団の生活総体を記述するもの」であり、そのうち、「ある社会集団の生活総体のなかで自然と対峙し伝承され観察して獲得された自然知の体系」を記述したものは「民俗自然誌」とするとしている（篠原1995：4）。そして篠原の「民俗自然誌」では、一貫して次のような考え方がとられている。

　すなわち、従来の民俗学は、同時代において「伝承的文化を現実に行使して生きている人々そのもの」には関心を向けず、「彼ら自身が廃棄するかどうかわからないある種の歴史的資料としての民俗」にばかり関心を集中させてきた。これに対して、「民俗自然誌」では、「農や漁に生きた人々の具体的な技能や自然知」、別言すれば「どうしたら一本釣の漁師になれるのか」「どうしたら山で食べられる野生植物を手にいれ調理できるのか」といった「山や海で暮らす方法」を記述する、というのである（篠原1995：2）。

　また彼は、この「山や海で暮らす方法」のことを「生きていく方法」という言葉に置き換え、自らの「民俗自然誌」で提示するのは、彼の調査が行なわれた「1970年代から1980年代にかけて伝承的文化を担った人々の『生きていく方法』としての生活や民俗である」とも述べている（篠原1995：2-3）。

　さて、この考え方は、篠原自身は自覚していないようだが、宮本常一の問題意識にきわめて近いといえよう。すなわち、「生きていく方法」は宮本のいう「生き方」に、「民俗自然誌」は同じく「生活誌」に、近接した内容であるといえる。

もっとも、篠原自身の主たる関心は「自然知」にある。それゆえに「生活誌」ではなく「民俗自然誌」という名称が用いられているのだが、「民俗自然誌」で提示された「生きていく方法」という視点は、必ずしも「自然知」に関する記述だけに限定して導入される必要はない。篠原個人の関心の所在はともかく、むしろこの視点は、「生き方」や「生活誌」との親縁性からいっても、より広く民俗学一般に導入してゆくべきものであると考える。
　「生きていく方法」についての篠原の説明をもう少し見ていこう。彼は次のようにも言っている。篠原が編者として編集した『民俗の技術』（『現代民俗学の視点』第2巻）の序章の文章である。

　　われわれがこの『現代民俗学の視点』で主張したかった民俗とは、人が自然に向かい合い、技術を駆使し、ことばを練り上げて思想へと高めていく『生きていく方法』である。そこでの民俗学の本願は、「ふつうの人々」が「盛る素材（自然）とその調理（技術）」を用意し、「盛る器（ことば）」を吟味し、「盛られた料理（思想）」を賞味することとは何か、を考えることである。
　　　　　　　　　　　　　　　　　　　　　　　　　（篠原1998：1）

　ここでは、「民俗」＝「生きていく方法」だとする考えが明確に述べられている。そして、もう一つ、注目すべきは、「生きていく方法」が、単なる「技術」のこととはされていない点である。ここでは、「生きていく方法」は、「技術を駆使」する方法や、それとともに「ことばを練り上げ」る方法、さらにそれを「思想」へと高めていく方法の総体だとされている。
　これは、宮本が、「生き方」「生活誌」への注目を主張する際、「生活を向上させる梃子になった技術」（[D]）とともに、「人の生活を支え、強い信条となったもの」（[B]）、「一人一人が何に張り合いを感じ、何に一生懸命になったか」（[E]）、「生活環境はどういうものであったのだろうか」（[B]）といった点などに着目することが重要だとしていることに通じる。[21]
　篠原や宮本のこの見識は、重要である。なぜなら、「生きていく方法」や「生き方」を、狭義の生活技術（たとえば、生業上の個々の技術など）に限定してしまえば、人の生活の総体は捉えられないことになってしまうで

ある。人が生きていく上でさまざまな「技術」は必要不可欠である。しかし、「技術」は、「技術」だけで存在しているわけではない。「言葉」「語り」、さらには心的態度とともに存在し、以って人の生活が成立しているのであり、「生きていく方法」は、そうした生活の総体を捉えるための枠組みなのである[22]。

さて、およそ上に見てきた内容が篠原の「生きていく方法」論の概要である。篠原は、宮本が「生活誌」を厳密に定義しなかったのと同様、「生きていく方法」について、ここで紹介した以上の概念規定は行なっていない[23]。したがって、学術用語として用いてゆくには、まだ十分なものとはいえない。だが、この「生きていく方法」論は、人の生活の総体を捉えようとする研究にあっては、きわめて有効な主張である。

そこで、われわれは次に、宮本常一の「生き方」「生活誌」とともに、篠原徹の「生きていく方法」の問題意識を引き継ぎつつ、「生活」を直視した記述・考察の枠組みをあらためて設定し、その位置づけを明確にする作業に入りたい。

(3) 〈生きる方法〉の民俗誌

ここまでの議論をふまえ、ここでは、「生活論」としての民俗学における「生活」把握の枠組みとして、「〈生きる方法〉の民俗誌」を設定する。本研究の記述・考察の枠組みはまさにこれである。

「〈生きる方法〉の民俗誌」とは何か。まず、〈生きる方法〉であるが、これを筆者は次のように位置づけたい。

○〈生きる方法〉とは、フィールドで生活している人びと、すなわち生活当事者が、自らをとりまく世界に存在するさまざまな事象を選択、運用しながら自らの生活を構築してゆく方法のことである。
○〈生きる方法〉には、生業上の個々の技術など、狭義の生活技術も当然含まれるが、それにとどまるものではない。生活技術とともにある「言葉」「語り」、さらには心的態度もこれに含まれるものである。

○〈生きる方法〉は、静態的・固定的なものではなく、生活当事者が、自らが置かれた状況の中で創出し続けているものである。
○民俗学が研究対象とする「民俗」とは、この〈生きる方法〉のことである。

〈生きる方法〉について定義的に記述すると以上のようになるが、ここでとくに注意したいのは〈生きる方法〉の動態性である。上にあるように、〈生きる方法〉は状況に応じて創出され続けているものである。したがって、〈生きる方法〉は静態的・固定的なものではなく、動態的なものであるといえる。

そしてこのことを示すために、ここでは、一般にどちらかというとその内容が定型化・固定化したものに対して用いられる傾向がある「生き方」や「生活様式」の語[24]ではなく、〈生きる方法〉の語を新たに造語して用いているのである[25]。

「生き方」や「生活様式」と〈生きる方法〉との違いは、次のようなものである。たとえば、人が新たな環境下において生きるためのさまざまな試行錯誤をしているとする。この試行錯誤をわれわれは「生き方」というだろうか。あるいは「生活様式」と呼ぶだろうか。「試行錯誤」の状態とは、まだ一定の「型」をなしていない流動的な状態であるといえよう。このような状態にある生活上の実践は、「生き方」「生活様式」ではなく、〈生きる方法〉という言葉で表現すべきなのである。

この説明からもわかるように、〈生きる方法〉という概念は、生活における定型化以前の状態を掬い取ることのできる動態的概念として設定するものだが、さらにまた、一見、定型化しているかのような生活状態についても、これを動態的に捉えようとする視点を持った概念である。

すなわち、「生き方」や「生活様式」で表現されるような定型的な生活も、微細に見れば、そこに状況に応じた微調整や変化を見出せるのではないだろうか。もとより、筆者は、人びとの生活の中に、定型的な性格が強く見出せる生活というものが存在することを否定するわけではない。しかしだからといって、人間の生活に完全なる定型化・固定化を想定するのは、行き過ぎであろう。〈生きる方法〉という概念は、「生き方」や「生活様式」として把握

されるような生活についても、動態的観点から光を当てることを可能にする概念であると考える。

　さて、こうした〈生きる方法〉という観点から、人びとの生活を記述した民俗誌が「〈生きる方法〉の民俗誌」である。この民俗誌は、さきに見た宮本常一の「生き方」の「生活誌」の理念に連なるものである。ただし、ここでは「生活誌」の語ではなく、あえて「民俗誌」の語を用いる。それは、前述のように、本研究では、「民俗」とは〈生きる方法〉そのもののことであるとする認識に立つからである。

　宮本の場合は、「民俗誌」と「生活誌」を区別していた。それは「民俗」と「生活」とを区別した上で、「民俗」のほうを「民俗資料」として対象化されているような事象に限定して理解する考え方にもとづいている。宮本がこのような考え方をとったことは、柳田國男の民俗学体系が自明のものとしてあった時代においては、無理からぬところであったかもしれない。しかし、宮本のように、「民俗」と「生活」とを分離させてしまった場合、「民俗資料」を扱うのが民俗学であり、「生活」は民俗学では扱えないという認識を生じさせてしまう可能性がある。これでは、民俗学が「生活」を手放すことにつながってしまい、民俗学は「生活」を扱えないやせ細った学問になってしまう。宮本は、「民俗」の語を安易に手放そうとすべきではなかった。彼が行なうべきだったのは、「民俗」を「生活」のこととして再定義することだったのである。

　このことは、次のようにいうこともできるだろう。宮本は、自らが理想とする「生活論」としての民俗学のあり方を示す鍵概念として、「民俗」の語をこそ使うべきだった。小松和彦は最近、「『民俗』はどこにあるのか」という論文の中で、「民俗」とは実体として客観的に存在するものではなく、民俗学研究者各々が、自分が考える民俗学の目的のもとに民俗学的考察対象として設定したものが「民俗」であると述べている（小松 2002：67-71）。その場合、「民俗学とは何か」、「民俗学の目的は何か」、というときのその内容は民俗学研究者それぞれによって異なるものではあろうが、宮本や柳田の場合、彼らが構築した民俗学とは、「社会現前の実生活に横たわる疑問」に「生活の立場」からの研究によって解答を見出すことを目的とした学問であった

（宮本 2002、柳田 1990b、鳥越 2002）。そして、その目的のために柳田は「民間伝承」（柳田 1990a）・「民俗資料」（柳田 1990b）を、宮本は「生き方」「生活」を、それぞれ研究対象として設定したわけであり、その研究対象こそが、小松が言うように、「民俗」と呼ばれるべきものだったのである。

　この意味で、宮本は自らの民俗学において研究対象とした「生き方」「生活」を「民俗」と呼ぶべきだったのであり、彼のいうところの「いわゆる民俗的な事象」（宮本 1993a：192）は「習俗」とでも言っておけばよかったのである。そして、そうした「生き方」「生活」を記述した文献を、「生活誌」ではなく「民俗誌」と呼ぶべきだったのである。もっとも、これは先にも述べたように、当時の民俗学の状況を考慮すれば、ないものねだりということになるだろう。

　さて、本研究の場合、民俗学とは、柳田、宮本同様に、「社会現前の実生活に横たわる疑問」に「生活の立場」からの研究によって解答を見出すことを目的とした学問であり、そのための研究対象としての「民俗」とは、人びとの〈生きる方法〉のことであると考えている。そして、その〈生きる方法〉としての「民俗」を記述する文献を「〈生きる方法〉の民俗誌」と位置づけるものである。

第３節　民俗学と朝鮮系住民

　「〈生きる方法〉の民俗誌」による本書のような研究は、朝鮮系住民研究に新たな地平を開こうとするものである。もっとも、この研究は、単に朝鮮系住民研究に民俗学を導入するというレベルにとどまるものではない。朝鮮系住民を対象とする本研究のような研究は、民俗学自体の進展にとっても大きな意義を持つものである。このことについて以下、論じておきたい。

　1930 年代に柳田國男によって民俗学の基本的な理論枠組みの体系化がはかられて以来、民俗学では長らく、「日本」の文化的構成を本質的に一元的なものとして理解する立場が主流となってきた。たとえば柳田は、「北は

蝦夷の海の利尻礼文から、南は八丈の向ふに或る青ヶ島、更に琉球列島の果の波照間や与那国島に至るまで、何でも元は一つであった民族が村を為し、個々の改定の幾つかを加へつゝ、同じ一つの国語を話している」（柳田1990c：505）と考え、またこの前提に立って重出立証法や周圏論などの方法を用意した。これらは、「日本」を本質的には一つの同質的な民族から構成されていると考える「日本」一元論である。[27]この柳田の枠組みは、柳田以後の民俗学研究者たちにも大きな影響を与えた。したがって、多くの民俗学研究者たちによる著述がこの枠組みに準拠した形で行なわれている。

　そこでは、民俗学とは「民間伝承を素材として、民俗社会・民俗文化の歴史的由来を明らかにすることにより、民族の基層文化の性格と本質とを究明する学問」（和歌森1972）であるとか、「日本民俗学は日本民族が送ってきた伝承生活、また現に送りつつある伝承生活を通じて、日本民族のエトノス（Ethonos）ないしフォルクストゥム（Volkstum）を追求するところに、その学問的目標をおく」（櫻井1957：113）というように民俗学が定義され、あるいは、「民間伝承の変遷を究明することは、日本民族文化の本質を明らかにするための手段であることは、もはや民俗学界で常識となっている」（坪井1986：9）といった言説も生み出された。そして、このような認識が多くの民俗学研究者の間で共有されて今日に至っているのである。

　もっとも、こうした主流の考え方に対して疑念をさしはさむ見解がこれまで全く出現していなかったわけではない。1940年代には山口麻太郎（1939、1949）によって、「民俗資料」をそれが伝承されている場としての村に即して分析すべきだとする「地域民俗学」が提唱されたし、1950年代後半から1960年代にかけては宮本常一（1958、1967b）が、習俗のあり方をめぐる東日本と西日本の差異を問題とする論考を公にしている。しかしながらこれらの問題提起に対する民俗学界の反応は鈍かった。これらの問題提起が行なわれた段階ではまだ柳田の方法論の影響力が強大で、彼らの問題提起が当時の主流派民俗学の枠組みを揺るがすところまでは至らなかったものと思われる。柳田流「日本」一元論の枠組みは強固に維持されていたのである。

　この傾向に転機が訪れるのは1980年代である。柳田流「日本」一元論では、稲作文化を「日本」文化の本質とする考え方（稲作一元論）が根強かっ

たが（坪井 1982）、坪井洋文は稲作一元論に対する独自の畑作文化論を展開し、さらにその延長線上で「日本民俗の多元性」論（坪井 1986）を唱えた。それはいわゆる「坪井マンダラ」とも称される「日本人の民俗世界」についての多元的構図論で、そこでは「日本人の民俗世界」が「稲作民的世界」「畑作民的世界」「漁撈民的世界」「都市民的世界」の四つの構成要素から成立することが論じられている（坪井 1982：227-232）。

　坪井の主張は、民俗学界で一定のインパクトをもって受けとめられた。坪井の多元論が積極的に展開された 1980 年代は、すでに柳田國男の死去（1962 年）から 20 年という年数が経過しており、また福田アジオらによる柳田民俗学の方法論に対する批判作業[28]も相当に進んだ時期であった。そのため、この段階では民俗学界の中に柳田民俗学とは異なる枠組みを受け入れる素地がそれなりに形成されていたものと思われる。

　こうした状況下、坪井のスタンスは他の民俗学研究者にも影響を与えた。たとえば 1990 年代後半以降、赤坂憲雄は多元論的視点にもとづく「東北学」や「いくつもの日本」論を展開するようになっているが（赤坂 1998、赤坂 2000）、その議論には坪井の議論が大幅に取りこまれている。あるいは、直接的なつながりは見出せずとも、被差別部落や都市下層社会などを対象とした多元論に通じるような研究（後出）も、1990 年代以降わずかではあるが登場するようになっている。このように、坪井以後、民俗学では「日本」の文化的構成を一元的なものと捉える考え方は後退していったといってよい。

　ただし、坪井の多元論には克服されなければならない問題も存在している。その第一は、彼は「日本」の多元的構成を言ったが、同時に民俗学の目的を「日本民族文化の本質を明らかにする」（坪井 1986：9）ことだとする考え方を捨て切れなかったという点である。坪井は、多元的構成を論じながら、最終的には「日本」文化本質論に着地しているのである。だが、このような「日本」文化に「本質」があるとする考え方は、彼が批判した一元的な「日本」論とさして変わらない性質のものなのではないか。多元的構成を論じながら「日本」文化本質論に帰着するのは、一種の論理矛盾である。しかし、彼はこのことには無自覚であった。そこには、民俗学のみならず人文社会研究を覆ってきた国民国家イデオロギーの影響を察知できるが[29]、ともあれこう

した論理矛盾については根本的な再検討が必要であろう[30]。

　問題の第二は、彼の多元論は、「稲作民的世界」と「畑作民的世界」についてはともかく、「漁撈民的世界」や、あるいはとりわけ「都市民的世界」については、問題提起の次元にとどまっており具体的内実についての検討は行なわれていないという点である。もっとも、坪井は1987年に亡くなっているのであり、坪井の問題提起をふまえた多元論的研究の批判的かつ具体的な深化は後進に課せられた課題であるといえよう。しかし目下のところ、この課題に正面から取り組んだ研究は現われていない[31]。

　さて、こうしたことをふまえたとき、現時点のわれわれが取り組まなければならない研究とはどのようなものであろうか。それは「日本」文化本質論の枠組みを自明視することなく人びとの多様な生活の実態を直視した調査研究を推し進め、文化本質論に陥らない形での多様性論を展開することであり、またそれを基盤とした新たな民俗学を構築することである。

　このような問題意識からすると、当然、従来の研究成果の再検討、「読み直し」や対象に対する再調査が要請されることになる。と同時に、これまで調査研究が稀薄だった研究対象についても積極的に調査研究を展開する必要もある。既存研究の再検討と新たな対象への取り組みを綜合したところで新たな民俗学を構想することが課題であるといえよう。

　さてその場合、これまで調査研究が稀薄だった研究対象とはいかなるものであろうか。それはたとえば、社会・経済的に「下層」に属する人びと、被差別部落の人びと、あるいは「在日外国人」としてカテゴライズされる人びとの生活などである。総じて民俗学ではこうした対象に対する研究は大幅に遅れている。

　「下層」の人びとについては、赤松啓介が1990年代以降に発表した戦前の大都市スラム住民についてのモノグラフがあるのみであり（赤松1991）、それ以外に研究は全くない。したがってたとえば、現在、公営住宅で暮らす生活保護受給者の生活や都市の野宿者の生活を民俗学としてどのように研究するのかといった議論は全く存在していないのである。被差別部落については、近年、政岡伸洋（2000、2001）や西岡陽子（1998）らが現地調査にもとづく研究を報告しはじめているが、しかしこれもまだ初発の段階にとどまっ

ている。

　「在日外国人」についてはどうか。これに至っては完全な空白である。全くといってよいほど研究成果がない。[32] ないどころか、日本の民俗学においてこの方面の研究は「不可能に近い」とまで考えられてきた。たとえば、宮田登は、アメリカの都市人類学の動向においては「エスニシティへの関心がもっとも強い」のに対し、「日本の都市民俗において、エスニックグループを単位とする研究はほとんど不可能に近いし、まだそうした問題意識は発生していない」（宮田 1986：56）と述べている。

　宮田は、こう述べたあとで、日本の都市民俗学では、地域社会における旧住民と新住民の人間関係や団地空間、都市祭礼などがテーマとして成立すると論じているが、なぜ「日本の都市民俗において、エスニックグループを単位とする研究はほとんど不可能に近い」のかについての論拠は全く提示されていない。

　しかし、「在日外国人」（宮田の表現では「エスニックグループ」）に相当する人びとの生活は、近代日本社会に厳然として存在したのであり、これが民俗学の対象に十分なりうることは、本研究で示すとおりである。そこからすると、宮田の「不可能」発言は、実証的、論理的な根拠にもとづくものではなく、「エスニックグループ」への問題意識の欠如の結果ということになる。

　さてそこで本研究である。本研究は、ここにいう「在日外国人」としての韓国・朝鮮籍者を含めた朝鮮系住民たちの生活を研究対象としている。こうした研究は、民俗学研究史の上ではじめての試みとなる。そしてこの研究は、上に見た、「日本」文化本質論の枠組みを自明視することなく人びとの多様な生活実態を直視しようとする民俗学研究の実践に他ならない。またそれは、そうした実践の蓄積をふまえて将来構築されるべき新たな民俗学へ向けての準備作業としての意味を持つ。本研究が朝鮮系住民を対象として議論を進める民俗学上の意義はこうしたところにある。

第4節　フィールドとしての朝鮮系住民集住地域

　本研究のフィールドは、福岡市の朝鮮系住民集住地域である。本研究で「朝鮮系住民集住地域」とは、朝鮮系住民が数戸から数十戸、場合によっては数百戸規模で一定の空間に集住している地域のことをさす。この場合、朝鮮系住民集住地域は、朝鮮系住民が高密度で集住する集落や団地の形態をとっていることが多いが、加えて、そうした集落や団地の周囲にも、日本系住民との混住という形をとりながら比較的多くの朝鮮系住民の居住が見られることが多い。ここでは、朝鮮系住民が高密度で集住する集落や団地に、そうした空間も加えたものとして朝鮮系住民集住地域という用語を用いる。

　朝鮮系住民集住地域を以上のように定義した上で、次に、朝鮮系住民集住地域とはいかなる特性を持った地域か、一般論のレベルで概観しておきたい。

　現在、日本には百万人を超える朝鮮系住民が生活しているが、その居住形態は、分散居住と集中居住とに分けられる。分散居住は、日本社会のあちこちに、文字どおり分散して生活の場を築いているもので、これは、日本列島上のさまざまな地方出身の日本系住民が[33]、日本社会のあちこちで生活をしているのと全く同様の状況である。一方、集中居住は、朝鮮系住民集住地域に居住空間を持つ居住形態である。

　これまで、大阪市生野区（梁永厚 1975、金賛汀 1985、谷 1989）、東京都荒川区（原尻 1999）、東京都江東区（江東・在日朝鮮人の歴史を記録する会編 1995）、川崎市川崎区（鄭大均 1978、鄭大均 1979）、京都市南区（リム・ボン 2001）、宇治市（金基淑 2000）、神戸市長田区（下中編 1960、外国人地震情報センター編 1996）、広島市西区（広島市 1983）、福岡県筑豊地方（原尻 1989）、下関市（豊田 1985、島村 2003a）などにある集住地域が、学界、マスメディアなどで取り上げられ、比較的知られてきた。しかし、集住地域は、これらに尽きるものではなく、日本列島各地に数多く存在している。その存在が周辺住民にしか知られていないような、数戸程度の小規模なものまで含めれば、かなりの数の集住地域が存在しているものと推測される[34]。

現在、日本列島に存在する朝鮮系住民集住地域の存在様態を大まかにまとめると、次のようになる。

　集住地域は、まず、都市部に存在するものと非都市部に存在するものとに分けられる。都市部では、下町の住宅街や中小工場街、元「不良住宅街」（スラム）など、いわゆるインナーシティ地域、あるいは駅前などの繁華街（敗戦直後の闇市であった場所など）[35]、大工場の周辺などに形成されていることが多い。地形的には、低地、湿地、崖下、谷間、河川敷、港湾、埋立地であることが少なくない。また、被差別部落の一角に形成されていたり、被差別部落との混成状況にあったりする場所も存在する。中心市街地に対する周縁部に位置する場合、火葬場や墓地、刑務所、ごみ処理施設などに隣接して立地している場合もある。住居の形態は、バラック、一般民家の他、行政によって準備された立退き代替団地、改良住宅団地などになっている場合もある。

　非都市部では、山間部の鉱山地帯や、かつて道路やトンネル、ダムなどの工事現場で飯場があった場所、あるいは農村や漁村の周縁部に形成されていることが多い。地形的には、やはり低地、湿地、河川敷、崖下、谷間などが多い。住居形態は、バラックや一般民家である他、行政によって準備された改良住宅団地の場合もある。

　集住地域は、戦前に形成されたものもあれば、戦後に形成されたものもある。戦前において集住地域が形成された経緯は、樋口雄一（2002：64-65）が次のようにまとめている。

① 雇用された会社の社宅、寮および作業所宿舎にその後も住み続け集住地域が形成される。
② 土地の所有者が明確でない場所に、自力で仮小屋を建てて住み始めていく。
③ 日本人が住まなくなった空家、工場跡、古い家などに住み始める。どのケースでも建物は独自に改造、建て増していき大勢で住めるようにする。
④ アパート・長屋などを借りられると、そこを拠点に広がっていく。

朝鮮人が入居すると出て行く日本人もおり、次第に集住集落となっていく。

　また、樋口は指摘していないが、この他、既存の「不良住宅街」（スラム）への流入も多く見られた（朴在一 1957：95-103）。
　こうして形成された集住地域は、戦後になると、植民地支配からの解放による朝鮮系住民の朝鮮半島帰還、あるいは国内での移動が要因となって消滅した場合もある。一方、敗戦直後の国内移動が要因となって、新たな集住地域が形成されるケースもあった。その際も、戦前におけるのとほぼ同様のプロセスで集住地域が形成されていった。本研究でフィールドに設定した福岡市の集住地域も戦後の形成である。
　戦前に形成され、戦後も存続した集住地域の場合、その住民構成は、戦前の状況がそのまま引き継がれたところもあるが、1945年の解放をはさんで、住民の多くが入れ替わっているところも多い。さらに、戦前に形成された地域であっても、戦後に形成された地域であっても、1950年代以降において、朝鮮民主主義人民共和国への「帰国」、経済的成功などを要因とする集住地域外への転出、周辺地域からの新規人口流入などにより、住民構成が大きく入れ替わっている場合も少なくない。
　こうした集住地域の中には、戦後、行政による立退きが実行され、消滅したものもある。その場合、分散居住に至ったケースもあるが、行政によって立退き代替団地が用意され、そこで集住地域が再生しているケースもある。また、80年代バブル経済の時期に行なわれた地上げの結果、集住地域が消滅してしまった事例もある。
　高度経済成長期以降、集住地域から地域外へ転出する者が増加し、人口の減少、住民の高齢化が見られるようになった地域、あるいはそれらが原因で消滅してしまった地域も多い。なお、こうした集住地域の衰退は、全国の各集住地域に「分会」と称する末端組織を置き、組織の体系化をはかってきた総聯にとっては、組織の弱体化につながる危機として意識されている。そのため、1990年代後半以降、機関誌・紙などを通じて、集住地域に見られた住民の結束の記憶を掘り起こし、ノスタルジックにこれを語って肯定的に再

評価してゆこうとするキャンペーンが実施されるようになっており注目させられる。[36]

第5節　問題の確認と本書の構成

　ここまで、本論に先立ち、本研究の問題設定の前提となる、研究史的課題の検討や研究対象についての概観、記述・考察の枠組みの設定などの作業を行なってきた。それらをふまえて本研究の問題の所在を確認すると、次のようになる。

　本研究は、福岡県福岡市の朝鮮系住民集住地域をフィールドに、朝鮮系住民の生活についての民俗学的研究を行なうものである。ここで民俗学というのは、柳田國男が『郷土生活の研究法』の中で、「郷土研究（いまでいう民俗学――引用者註）の第一義は、手短にいうならば平民の過去（この「過去」とは、文脈上、この文章のしばらく後に登場する「親々の生活ぶり、それが今日あるに至った事情」のことと理解すべきである――引用者註）を知ることである。社会現前の実生活に横たわる疑問で、これまでいろいろと試みていまだ釈き得たりと思われぬものを、この方面（民俗学――引用者註）の知識によって、もしやある程度までは理解することができはしないかという、まったく新しい一つの試みである」（柳田1990b：10）と論じた民俗学のことである。

　そしてその場合、本研究で筆者が行なう民俗学研究の根源的な次元での意義は、上の文章に続けて柳田が説いている民俗学の理念――それは根源的な次元において今日においても全く有効である[37]と同一の地平にある。そのことを、柳田の文章中の「平民」「我々平民」「我々」を「日本列島に他の多くの住民とともに暮らしている日本列島住民としての朝鮮系住民」に置き換えた文章を提示することで示しておこう。[38]

　「日本列島に他の多くの住民とともに暮らしている日本列島住民として

の朝鮮系住民」(以下、「朝鮮系住民」とのみ表記)[39]の今までに通ってきた路を知るということは、「朝鮮系住民」[40]からいえば自ら知ることであり、即ち反省である。自分たちのことだけなら、何でもかんでもみな知っているという自惚れはもうとうてい成立たない。なるほど考えてみるとその点もこの点も今までは気づかずにいた。言われてみると答えることのできぬ不審がいくらもある。改めてこれから大いに学ばねばならぬという、いたって謙遜なる心持から、出発して行くべき新たなる捜索である。「朝鮮系住民」[41]の歴史は、実際に書いて残されたものがはなはだ少ない。大多数の家々では、よほど物覚えのよい者でも曽祖父母のそのまた親の名までは知っていない。何か特別に好い事か悪い事か、とにかく変ったことでもしておいてくれぬと、その存在が既にうろんになり、二代や三代はすぐに取りちがえて話をする。ましてやいかにして今ある屋敷に、今あるような家を興し、貧富さまざまの生活方針を立てておいてくれたのかを、最も利害関係の深い者に説明してやることなどは、今までの歴史ではできない。我も人もただ一個の概念によって、過去の「朝鮮系住民」[42]を知ったと思っているだけである。人の心は各々その面のごとく、村を同じくする近隣の親爺同士すら、はや生活の流儀を異にしているにもかかわらず、各自の親々の生活に対しては、誰でも千篇一律の、文学や講談に現われているような、きまり切った型しか考えていない。家につきまた故郷についても同じことで、日本は地方的に久しくいろいろの異なる暮し方をしていた国だが、これまで政治家などの頭にある村なり農家なりは、各人めいめいの限られたる見聞によって、一つの型をこしらえて、それが全国を代表するように思っているのである。千差万別賢愚貧富の錯綜した今日の社会相は、そんな穀物の粒の揃ったもののなかから生れていないはずである。もとよりそのなかにも一定の法則、因果の関係はあるであろうが、それも十分に調べ上げてみてこそなるほどと言い得るので、人に教えられたり書物に述べてあったりすることが、すぐに自分自分の場合にあてはまるかどうかは確かでない。果して外部の先輩が説き立てるような法則が、「朝鮮系住民」[43]各自の郷土にも行われているか否か、改めて自分の力をもって確かめてみるというのが、私たちの仲間の計画であった。

(柳田1990b：10-12)

　本研究は、ここに示された意味での民俗学の一事例研究として遂行されるものである。そしてその際、記述・考察の枠組みとして設定したものが、「〈生きる方法〉の民俗誌」である。本研究は、朝鮮系住民を対象に、この「〈生きる方法〉の民俗誌」の枠組みによる記述・考察を行なうものである。
　次に、本論の構成を提示すると、次のようになる。
　第1章「都市福岡と朝鮮系住民」では、本研究がフィールドとして設定した福岡県福岡市の朝鮮系住民集住地域とそれが立地する福岡市について、概況を記述する。
　第2章「バラック集落の形成と〈生きる方法〉」では、1945年からの数年間、当該フィールドに集住地域が形成される中、住民たちはどのような〈生きる方法〉を実践してきたか、バラック集落における状況を中心にその実態を記述する。
　第3章「1950年代以降のバラック集落と〈生きる方法〉」では、1950年代以降、集住団地への立退き・移転に至るまで（一部は現在まで）の時期に展開された集住地域の生活を、〈生きる方法〉の観点から記述する。
　第4章「集住団地への移転と〈生きる方法〉」では、1960年代以降、バラック集落から立退き代替団地（集住団地）への立退き・移転が行なわれる中で、また団地移転後の生活の中で、〈生きる方法〉はどのように実践されたのか、記述する。
　第5章「住まいをめぐる〈生きる方法〉」では、集住団地での生活の中で、住まいをめぐって実践されてきた〈生きる方法〉の諸相を記述する。
　第6章「寄せ場としての集住地域」では、集住地域住民が展開した〈生きる方法〉と、当該フィールドの持つ「寄せ場」（日雇労働者街）としての性格との関係について検討する。
　第7章「〈生きる方法〉と『民族文化』『民族的アイデンティティ』」では、前章までで記述してきた当該フィールドにおける〈生きる方法〉が、これまでの朝鮮系住民研究で必ずといってよいほど主題とされてきた「民族文化」「民族的アイデンティティ」といかなる関係にあるのか、分析する。

結語では、前章までの記述にもとづき、当該フィールドの朝鮮系住民における〈生きる方法〉のあり方について要約を行なう。また、「〈生きる方法〉の民俗誌」が民俗学の進展に寄与する可能性についても、本研究での知見をふまえた上で展望する。

　なお、最後に、本研究において実施したフィールドワークについて概要を説明しておく。本研究における現地調査は、2002年5月から2006年1月までの間に、断続的に12回実施した。調査は、主として聞き取りおよび短期間の参与観察の繰り返しからなり、1回の現地滞在日数は4日～15日である。また、本書の記述に直接関わるフィールドデータは以上の調査によって蓄積されたものであるが、本研究の問題設定や考察の背景には、1996年以来、朝鮮系住民を対象に日本各地で実施してきたフィールドワーク（島村2000、島村2001b、島村2002a、島村2002b、島村2003a）が存在する。

註

1)　在日朝鮮系住民の形成過程の概要については、島村恭則（2003b）を参照。
2)　なお、「系」については原尻英樹（1998）および川上郁雄（2001）による問題提起が、また「住民」については川上郁雄による提唱がすでに行なわれている。
　　原尻英樹によれば、人間は関係性の束によって存在論的に規定されているが、その関係性は、「他者」との具体的日常的な関わり方の変化によって変化するものであり、また「個」の倫理によっても変化するという。そして「系」とはそうした関係性の束のことをいい、そこでは、「どの『系』に属するか個人の選択の権利が保証され、しかも『他者』との境界線は実線で引かれない。具体的には、日本社会は日系、朝鮮系、アイヌ系、琉球系、イラン系などが交錯するメビウスの帯にたとえることができ」るという。また、ある「系」は実体としてあるのではなく、他の「系」との関係で表象され、ある「系の中もメビウスの帯が交錯している。どこがウチで、どこがソトかわからない球面に、例えば、福岡系、筑紫系、○○ムラ系などが交錯している。これと比べて、従来の『日本人』『朝鮮人』『アイヌ』『琉球人』という排他的概念は、一人一人のうちにある文化的異質性を押し殺し、境界にいると認知される人々を不安にさせているのである」とされる（原尻1998：189-190）。
　　また、川上郁雄は、「ベトナム人」「在日ベトナム人」という概念を批判し、「在日ベトナム系住民」という概念を設定している。その理由は、当該の人びとを同質的

集団とみなす危険性や、「名づけ」の排他性を再生産する危険性を回避するため、また、「ベトナム人」という一見明確な限定から抜け落ちる曖昧性、ハイブリディティ等を考察対象に積極的に組み入れ、そのことによって「ベトナム人」「ベトナム人らしさ」「ベトナム人性」を相対化し、さらにはかれらをとりまく言説、たとえば「日本人らしさ」「日本人性」をも相対化するため、とされる（川上2001：58）。

さらに、川上は、「在日ベトナム系住民」を、国籍などによって規定される法的な視点からではなく、「生活者の視点、地域住民の視点から理解しよう」として、「住民」の語を用いている（川上2001：288）。

筆者の概念設定はこれらの先行研究を受ける形でなされたものである。

3) 地理的概念が近代国民国家の枠組みから自由ではありえないことについては、若林幹夫（1995）、荒山正彦（1996）を参照。

4) この点については、川上郁雄が、「在日ベトナム系住民」について同様の指摘を行なっている（川上2001：288-290）。

5) この場合、宮内洋（1999）は、筆者がいう「在日朝鮮系住民」に相当するような人びとをいかなる用語で呼称すべきかについて正面から主題化し、きわめて真摯な問いかけを行なっている。しかし、宮内も、これまでの学術研究やマスコミがかれらをいかに呼称してきたかの検討にとどまっており、当事者たちが用いている用語についての検討は全く行なっていない。そのため、たとえば、ここで紹介する「チョソンサラム」というような、広くかつごく日常的に用いられている用語については取り上げられていない。

6) この他、済州島出身者およびその子孫（済州島系住民）が用いる自称としては、「チェジュサラム（済州島の人）」がある。また、この語は、済州島以外の朝鮮半島陸地部出身者およびその子孫が済州島系住民に対して用いる他称でもある。さらに、済州島系住民による陸地系の住民に対する他称として、「ユッチサラム（ユッチ＝陸地、サラム＝人。陸地の人）」という用語も用いられている。

7) 学術研究ではなく、エッセーという形で、例外的に当事者による呼称について触れている玄善允（2002）は、近年、「若い人ほど、そして日本人との接触が頻繁で深い人ほど、『ザイニチ』もしくは『韓国系日本人』を自称する率が高くなるのではなかろうか」（玄善允2002：11）と述べている。

8) 戦前においても、朝鮮系住民についての調査は行なわれていたが、それらは学術研究ではなく、行政による朝鮮系住民の管理、統制を目的とした基礎データの調査であった（外村2004：19-20）。

9) ここで、モノグラフとは、研究対象を「多元的かつ総体的に描き出す方法に基づいて書かれた文献」（若林2002：44）のことをさす。この場合、モノグラフは、「無論それを完全に行なうことなど不可能であるにせよ、多面的で総体的な把握を目指」（若林2002：44）そうとするところにその特徴がある。

社会学的・文化人類学的な朝鮮系住民研究で、参与観察にもとづいて生み出されたモノグラフとしては、例外的に、鄭大均（1978、1979）が川崎市の朝鮮系住民集

住地域を対象に行なった記述と、原尻英樹（1989）が福岡県筑豊地方の朝鮮系住民集住地域について行なった記述があるのみで、それ以外には朝鮮系住民についてのモノグラフといえる業績を見出すことは困難である。

10) この他、本論中で取り上げた以外にも、朝鮮系住民をめぐっては、いくつかの学問分野で研究成果を見出すことができる。そのうちのいくつか摘記すると次のようになる。

社会言語学では、朝鮮系住民における言語使用の状況の分析が開始されている（金美善 2001、黄鎮杰 1994、生越 1983、生越 2003、真田・生越・任榮哲編著 2005）。将来的には、民俗学的な生活研究とこれら言語研究との接合も模索されるべきだろう。

地理学には、朝鮮系住民の居住地分布パターンの歴史的変遷とその要因を扱った研究（福本 2004）や、朝鮮系住民によるインナーシティ活性化への寄与を分析した研究（成田 1995）などがある。

朝鮮系住民の作家が著した文学作品についての研究としては、任展慧（1994）、川村湊（1999）らによるものがある。

法学研究の領域からは、参政権問題や国籍取得（「帰化」）の制度に関わる問題を中心とした研究（近藤 2001、浅川 2003）が提示されている。

なお、ここまであげてきた諸研究とは別に、近年、社会学者の金菱清（2008）により、不法占拠地における朝鮮系住民の生活実践を分析した論著が刊行されている。兵庫県の伊丹空港隣接地に形成された朝鮮系住民集住地域の移転補償をめぐり、同地で観察される「生きられた法」について分析したこの研究は、これまでの朝鮮系住民研究には全くみられなかった視点によるものできわめて刺激的である。

11) 柳田國男によって構想された民俗学の思想史的な意義については、鶴見和子（1998）、橋川文三（1977）、神島二郎（1984）、後藤総一郎（1972）、鹿野政直（1983、2002）、川田稔（1985）、藤井隆至（1995）などで論究されている。

12) 柳田國男による「民俗資料」の資料分類案は、『民間伝承論』の第 6 章〜第 10 章（柳田 1990a：365-505）、『郷土生活の研究法』の第 II 部（柳田 1990b：96-243）に記載がある。

13) この点について福田アジオは、民俗学方法論の課題を検討する中で次のように指摘している。（民俗学研究者の間では）「柳田が取り扱った事象と同じものを調査したり、報告したりすれば、それが民俗学であると考えられているように思える」（福田 1984：4）。

14) こうした民俗学における対象認識の硬直化については、小松和彦（2002）や岩本通弥（1998）が批判的論考を提示している。

15) 宮本は、1931 年、故郷の山口県周防大島で病気療養中、雑誌『旅と伝説』への投稿を開始し、それが機縁となって柳田國男からの私信を受け取るようになった（宮本 1993：81-82）。またこの時期には「ふところに手帳を入れて人の集まるところへいっては話を聞き、それを書きとめるようになっ」（宮本 1993：80）ていた。

16) 『家郷の訓』については原ひろ子（1984）が、『忘れられた日本人』については網野善彦（1984）が、それぞれを「生活誌」として位置づける見解を提出している。
17) 『日本残酷物語』の筆頭監修者は宮本常一で、また実質的な編集執筆者も宮本常一であった。そして同書第一部5巻4000枚のうち4分の1にあたる1000枚は宮本一人が執筆しているという（佐野 1996：282）。ただし、同書所収の原稿は、いずれの原稿も署名原稿ではなく編集部が相当に手を入れたものとなっており、同書所収の文章についてその著者を厳密に同定することはできない（佐野・谷川 2005）。
18) 『日本民俗学』113（特集・民俗誌）、1977年。
19) 『国立歴史民俗博物館研究報告』34（共同研究「民俗誌の記述についての基礎的研究」中間報告）、1991年。および『国立歴史民俗博物館研究報告』51（共同研究「民俗誌の記述についての基礎的研究」）、1993年。
20) 民俗学におけるかかる状況については、岩本通弥（1998）による考察がある。
21) 同様のことは、香月洋一郎も、宮本が使った「技術」という言葉についての説明の中で指摘している。「ここでいう技術とは、単に道具の使い方やその普及といった次元のものではなく、むらの立地や土地占有の経緯や秩序、さらにまたそれに規制されるむらの社会関係のありかたや集団としてのその発想までも視野に入れたものになる」（香月 2001：237）。
22) この場合、篠原が行なっている「技術」→「言葉」→「思想」という層序的整理から想起させられるのは、柳田國男が行なった「民俗資料」の三部分類（「有形文化」「言語芸術」「心意現象」の3部からなる分類。柳田 1990b：96-243）である。柳田にあっても、三部分類は、生活の総体を把握すべく設定された分類案であった。このことは、柳田が、『郷土生活の研究法』では「有形文化」「言語芸術」「心意現象」という分類案を示しているが、同様の内容を、『民間伝承論』の「序」においては、「生活外形」「生活解説」「生活意識」として分類し、以って「生活」の総体を把握しようとしていたことからも確認することができよう（柳田 1990b：247-254）。
    本節の冒頭で指摘したように、柳田の資料分類案にもとづく民俗学の体系化は、民俗学研究を硬直化させる方向に向かったが、ただし、生活の総体を3部に分類して把握する考え方自体は、柳田民俗学が生み出した大きな成果であるといえよう。
23) 篠原は、「生きていく方法」についておよそ上掲のように論じた上で、あとは具体的な「民俗自然誌」の調査と記述に専念している。そして、日本列島各地、アフリカ、そして海南島というようにフィールドを拡大し、ついには「開発」と「環境保全」をめぐる民俗学的知見の提示に至っている（篠原編 2004、大塚・篠原・松井編著 2004、篠原 2005）。篠原は、「生きていく方法」という概念それ自体の原理的追究には向かわなかったが、「生きていく方法」という枠組みによって「人と自然の関係性」についての多くの実証的知見を獲得したのであり、この点でも、さきにふれた宮本との共通性がうかがえよう。
24) 国語辞典には、「生き方」を「人生のあり方」、「生活様式」を「生活していく上での一定の形式」とする説明が見られる（『日本国語大辞典』小学館）。

25) 「生きる方法」という言葉は、「生き方」「生活様式」が名詞であるのに対し、「生きる」という動詞に「方法」という名詞を連結させた造語である。ここであえて、「生きる」という動詞を用い、またそれを「方法」という語につなげて連語としているのは、「生き方」「生活様式」という「耳慣れた」言葉との差異化をはかるためである。この「動詞」の使用と、「耳慣れない」連語による差異化によって、既存の「生き方」「生活様式」とは意味するところが異なることに注意を喚起しようとするものである。
26) この「やせ細った学問」の状態が、「古典化」「形式化」（関1998：16）して「しりすぼみ状態」（関1998：16）となり「落日の民俗学」（山折1995）と評されるに至った民俗学の状況に他ならない。
27) ただし、1930年代の民俗学体系化に至る以前の柳田には、漂泊民や被差別民、あるいは「山人すなわち日本の先住民」（柳田1976a：285）などへの強い関心が存在しており、そこでは必ずしも「日本」一元論には収束しない考え方がとられていた（赤坂1994）。
28) 1970年代以降、福田アジオは、柳田國男の民俗学方法論を中心に日本民俗学の方法論をめぐる理論的検討を行ない、その過程で柳田民俗学の相対化を進めた（福田1984）。またそれと呼応する形で、宮田登をはじめとする当時の中堅・若手研究者によっても民俗学方法論をめぐる議論が積極的に展開され、そこでも柳田民俗学の相対化がはかられた（牛島・田中・野口・平山・宮田・福田1975、宮田1978）。
29) 民俗学と国民国家イデオロギーとの関係については、子安宣邦（1996）、小熊英二（1997）、島村恭則（2002c）を参照。
30) この点、坪井の多元論を発展的に取りこんで構成された赤坂憲雄の「いくつもの日本」論の場合は、国民国家イデオロギーに対して距離を取ろうとする姿勢がうかがえる（赤坂1997）。ただし、彼の論は、日本列島上の人びとの生活の多様性を、「多様な生活」「無数の生活」などとは表現せず、「いくつもの日本」として表現している点で問題がある。「いくつもの日本」は、単なる一般向けキャッチフレーズとしての表現にすぎないといえばそれまでかもしれない。しかし彼が、「日本という国は、日本人である人々は、あらたな自画像を描くための試行錯誤へと促されてゆく」（赤坂1998：263）と語るときの、「自画像」を希求する志向は、多元を言いながら、「日本」という「一つ」のイメージ（「多元」からなる「一元」）の生成につながってしまうのではないかという危惧がある。
31) 赤坂の「いくつもの日本」論も、一般論的な問題提起はともかく、具体的な議論については東北をフィールドとした狩猟や焼畑への言及が中心を占めるものとなっており、未だ議論の俎上にのせられていない対象、主題はあまたあるという状況である。
32) 例外的に、かつて大塚民俗学会の機関誌『民俗学評論』に「在日華僑」の盆行事についての事例報告が掲載されたことや（曽士才1987）、民俗学の講座シリーズである『講座日本の民俗学』に「在日朝鮮人」の祖先祭祀と民族的アイデンティティについての概説的な文章が掲載されたことはあった（崔吉城2000）。ただし、どち

らの論稿でもそこで扱う内容が民俗学という学問のあり方とどう関わるのかについての議論は全くなされていない。

33) ここで、「日本系住民」とは、日本国籍者で、近代以降において日本列島のいずれかの地域に出自を持つ人びとのことをさすものとし、行論上、「朝鮮系住民」や、それと同様の用法での「中国系住民」、その他、「外国系住民」は、ここに含めないこととする。一般に「日本人」と呼ばれる人びとは、この日本系住民に相当するといえようが、以下、本書では、上のような定義を付した用語として、「日本系住民」の語のほうを用いることとする。

34) たとえば、筆者は、東京都練馬区、東京都立川市、東京都八王子市、横浜市中区、横浜市南区、横浜市金沢区、静岡市静岡区、名古屋市南区、石川県金沢市、富山県富山市、京都市左京区、京都市伏見区、大阪市西成区、大阪市東成区、大阪府東大阪市、大阪府八尾市、大阪府堺市、兵庫県尼崎市、広島市中区、山口県宇部市、福岡県北九州市の全区、福岡県遠賀郡水巻町、福岡県飯塚市などにおける朝鮮系住民集住地域の存在を現地調査により確認している。しかし、これも全国に存在する朝鮮系住民集住地域の一部にすぎない。

35) インナーシティとは、「都市の中心業務地区をとりまく地域のこと」で、日本の場合、「大都市のインナーシティは、木造賃貸アパートの密集地に重なる」と説明される地域である（宮島編著 2003：51）。

36) 総聯系の新聞社である朝鮮新報社が刊行する総聯系朝鮮系住民向け月刊誌『イオ』では、1996 年の創刊以来、「わがまちウリトンネ」（トンネは、朝鮮語で「まち」「集落」の意）、「ここにもトンポトンネ」（同胞トンネ）などのタイトルのもと、北海道から九州まで各地の集住地域に取材した特集や連載を毎号のように組んでいる。また、機関紙の『朝鮮新報』でも、1990 年代後半以降、各地の集住地域の歴史や概況を記述した記事が多く見られるようになっている。

37) 人文社会諸学における柳田國男の民俗学の独自性と可能性については、佐藤健二（1987、2001）、小松和彦・関一敏編著（2002）を参照。そこでは、柳田の民俗学を現代的文脈において「思い切り読みかえ」（関 2002：47）ることが提案されている。ここで筆者が柳田國男を持ち出すのも、こうした創造的読み替えを企図してのことである。

38) ここでは、「平民」「我々平民」「我々」を「日本列島に他の多くの住民とともに暮らしている日本列島住民としての朝鮮系住民」に置き換えるが、「日本系住民」を対象とする民俗学研究においても、現在、もしこの文章を引用するならば、「平民」「我々平民」「我々」という語を別の語に置き換える作業が必要になる。その場合に用いる表現は、たとえば、「日本列島に他の多くの住民とともに暮らしている日本列島住民としての日本系住民」といったものになるであろう。なお、これらの場合、「朝鮮系住民」であろうが、「日本系住民」であろうが、それらはそれぞれ均質で固定的な人間の集合体として想定されているものではない。「朝鮮系住民」の間の差異、多様性、「日本系住民」の間の差異、多様性を前提とした上での「朝鮮系住

民」「日本系住民」である。「系」の考え方については、本章第1節を参照。
39）　原文では、「平民」。
40）　原文では、「我々平民」。
41）　原文では、「平民」。
42）　原文では、「平民」。
43）　原文では、「我々」。

第1章

都市福岡と朝鮮系住民

第1節　都市福岡の概況

　本書のフィールドは、福岡県福岡市に位置している（図1-1）。福岡市は、福岡県の県庁所在地であり、2002年現在の総人口は133万3389人である（『福岡市統計書』2003年版）。この数は、日本の地方自治体では、京都市の147万人に次ぐ第7位である。1972年以降は、現在、日本に16ある政令指定都市[1]の一つとなっており、九州随一であることはもちろん、西日本を代表する大都市としての地位を築いている。

　現在、総面積340.60km^{2}の福岡市には区制が施行されており、東から西へ向かって、東区、博多区、中央区、南区、城南区、早良区、西区の7つの区が設置されている[2]。このうち、本研究がフィールドとしている朝鮮系住民集住地域は、東区および博多区に位置するものである。

　福岡市は、玄界灘（博多湾）に北面し、背振山地に南面する位置に立地し、また、東南方向には筑豊の炭鉱地帯が控え、約60km東方には、北九州工業地域を擁する北九州市が位置している。

　現在、近代以降の市町村合併、郊外化の進展によって福岡市の市域は広範なものとなっているが、1889年の市制施行段階の市域は、旧「博多」地区と旧「福岡」城下町地区の二地区から構成されるものにすぎなかった。

　「博多」の歴史は古く、とりわけ中世においては東アジア貿易に開かれた港町、自治都市として繁栄を見た。一方、「福岡」は、17世紀初頭に藩主黒田長政によって福岡城が築城されて以後、近世城下町として整備された町で

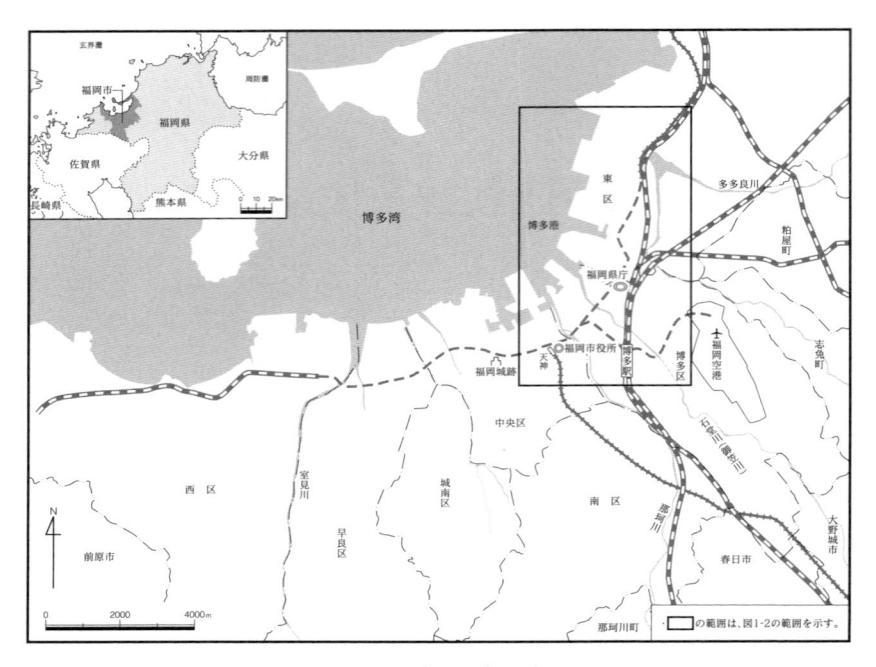

図 1-1　福岡県福岡市
＊国土地理院 1:50,000 地形図「福岡」（1995 年修正）、『ゼンリンデータコムデジタル全国地図』
（2006 年 8 月現在、ゼンリンデータコム）をもとに作成。

ある。近世期の「博多」と「福岡」は、東側が商人町の「博多」、西側が城下町（武士の町）の「福岡」というようにはっきりとした区分がなされており、両者は、那珂川・中洲によって明確に区切られていた。

こうした構造は、「双子都市」という言い方でしばしば表象されているが（森栗 2003：282）、経済人類学者の栗本慎一郎（1983：176-205）は、この空間構造をめぐって、〈光の都市〉と〈闇の都市〉という図式[3]を用いながら、

　　福岡＝武士階級の町＝〈光の都市〉
　　博多＝商人たちの町＝〈闇の都市〉

とする象徴論的解釈を提示している[4]。

さて、以上のような「双子都市」を構成原理としながら1889年に成立した近代都市である福岡市は、その後、市町村合併を繰り返しながら周辺町村を市域に編入してゆく。

　この場合、周辺町村の編入は、福岡市における郊外化の進展と軌を一にしていたといってよい。すでに1920年代から、開業間もない九州鉄道急行線（現在の西日本鉄道大牟田線沿線。南東方向への郊外化）や北九州鉄道（博多・唐津間。現在のJR筑肥線。西方へ向かっての郊外化）などで宅地化が進められ（遠城2005：204-211）、また戦後には、住宅公団、県営、市営の住宅団地、ニュータウンの造成による郊外化が、南区、城南区、西区、早良区など、主として市の南・西方向に向かって進展した（山口編1976：86-105）[5]。

　福岡市域の土地開発に関しては、郊外住宅地化と並んで、博多港の港湾埋立てについても触れておく必要がある。博多港の歴史は、かつてそこが「那の津」の名で呼ばれていた古代にまで遡るが、近代港湾としての歴史は、1899年の開港指定を受けての築港工事、埋立て事業から出発している。すなわち、戦前においては現在の博多埠頭周辺の築港、埋立て工事が行なわれ、戦後においては博多埠頭の東西両方向へ向かって埋立て、埠頭造成が進められた。現在、中央、博多、須崎、東浜、箱崎などの埠頭に、5,000〜30,000t級の大型船用の公共岸壁28バースが用意されている。このうち、箱崎埠頭にはガントリークレーン2基を備えたコンテナ施設が整えられ、また、須崎埠頭は穀物サイロを有する国内有数の穀物埠頭となっている[6]。

　1998年の博多港の輸入総額は4053億円で、内訳は、穀物24％（アメリカ、カナダ、オーストラリアなどから）、日用品11％、動植物用肥料10％、原木7％（カナダ、アメリカなどから）などとなっている。また、輸出総額は4671億円で、内訳は、ゴム製品54％（アメリカ、台湾、シンガポール、韓国などへ）、輸送機械14％（香港、アメリカなどへ）などとなっている（山中1998：43-48）。

　なお、博多港埋立地は、港湾の他に、宅地としての利用もなされており、1960〜70年代には福浜団地（中央区）、豊浜団地（西区）、城浜団地（東区）などの団地群が建設され、また1980年以降も姪浜（西区）、百地（早良区）、香椎（東区）などの各地区で宅地造成事業が展開されている。

福岡市の経済は、「支店経済」として特色づけられている。福岡市は、戦後、国策によって九州地方の管理中枢都市としての機能を担うことになったが、このことと関わって、金融や商業など流通関係を中心とした中央資本の支社、支店も福岡市に集中することになった。中央資本にとっては、北九州市と筑豊地区がそれぞれ九州の工業と資源の一大拠点であり、福岡市は九州市場掌握のセンターとしての意味を持っていた（佐藤誠 1985a：35-43）。

　福岡市の市内総生産額は、6兆5642億5200万円（2002年度）であるが、このうち95％と圧倒的な割合を占めるのは第三次産業であり、事業者数、従業者数でも、それぞれ約90％、約87％が第三次産業で占められている（福岡市ホームページ www.city.fukuoka.jp 2005年12月13日現在）。第三次産業特化型の都市ということができる。こうしたことから、「隣りの北九州市が工業都市であり、労働者の町であるとすれば、福岡市は概して高学歴のホワイトカラーの町である」（檜垣 1985：24）という表現がなされることもある。

　これに対して、福岡市の総生産額に占める第二次産業割合は約10％であり、事業者数、従業者数も、それぞれ10％、12％。製造品出荷額の半数以上が食料品、飲料、印刷物などの軽工業製品である（福岡市ホームページ www.city.fukuoka.jp 2005年12月13日現在）。事業者の大部分は中小企業であるが、それら事業者が分布する工業地域は、「博多の町の東方および南方の堅粕および住吉方面」、東浜埋立地に形成された「臨海工場地帯」にある（山口編 1976：91）。

　以上のような経済構造からなる福岡市は、「雇用不足と低所得に悩む九州各地の農村過剰人口圧力の受け皿であり続け」てきた（佐藤誠 1985a：54）。そしてその場合、「現在でも、サラ金や生活苦に追われた九州各地の人びとが、『福岡に行けば何とかメシが食える』と流入し続けている」というような側面もあることが指摘されている（佐藤誠 1985a：48）。

第2節　都市福岡と朝鮮系住民

　第二次世界大戦の敗戦前、日本が朝鮮半島に対して植民地支配を行なっていた時代には、多くの人びとが職を求めて朝鮮半島から日本列島へ移住してきた（加えて、1939年以降は、日本政府による強制連行も行なわれた）[7]。その数は、1930年代には全国で30万を超え、1944年段階では200万を数えるに至っている。

　このうち、福岡県には、かなり多くの朝鮮系住民（「朝鮮人」）の居住が見られた[8]。たとえば、1924年当時、全九州の朝鮮系住民人口の過半に相当する9,706人が福岡県に居住していたが、その数は、全国的に見て、京阪神、京浜、名古屋地区に次ぐものであった。県内の「朝鮮人」人口はこの後も増大し続け、1933年には3万人、1938年には6万人に達している。

　朝鮮系住民の居住地域については、1920年当時の統計にもとづくと、「八幡市を中心とした北九州工業地帯と嘉穂郡、鞍手郡を中心とした筑豊炭田への集中が明らかであり、県都である福岡市や農村地帯である筑後地区の人口が少ない」（坂本1998：137）ことが指摘されている。この場合、居住地域の産業構造と朝鮮系住民の就労先には統計的な連関が見られ、土工・人夫・日雇といった雑業層はすべての地域に広く存在していたものの、北九州工業地帯では、八幡市において製鉄所の労働者、若松市において仲仕などの港湾労働者が、また、筑豊炭田においては炭鉱労働者の数が多かった。

　こうした状況に対して、福岡市の場合は、行政と商業を中心とした都市であり、工業や炭鉱などの労働の場をほとんど有しなかったため、朝鮮系住民の居住は少なかった。たとえば、1940年当時、福岡県内の「朝鮮人」人口は、11万6273人であったが、このうち、「北九州地域」に36.6％の4万2524人、「筑豊地域」に41％の4万7638人の居住が見られたのに対し、福岡市では5.5％の6,452人を数えるのみである（坂本1998：200-201）。

　以上は1945年以前の状況であるが、日本の敗戦＝植民地朝鮮の解放後には、それまでとは別の状況が現われることになった。1945年の日本敗戦に

よって朝鮮半島が植民地支配から解放されると、日本に居住していた朝鮮系住民の間には、朝鮮半島への帰還の動きが急速に見られるようになった。強制連行によって鉱山や工事現場などで過酷な労働を強いられていた単身者はいうに及ばず、その他の所帯持ちの者も、それまでの居住地を離れ、朝鮮半島をめざして、日本海沿岸の港に向かった。

　福岡市の博多港は、山口県の下関や仙崎、京都府の舞鶴などと並んで朝鮮系住民の多くが帰還のために集結した港である。博多港には、8月15日の日本敗戦＝朝鮮解放とともに、福岡県内や九州各県はもとより、山口、広島、岡山など西日本を中心とした各地から朝鮮系住民が集まってきた。かれらを釜山へ送る正式な帰還船の第1便は、1945年8月22日に出港している（福岡韓国民団史編集委員会編 2000：38）。そして、1945年9月4日に、戦争末期から休航となっていた博多・釜山間の博釜連絡船の運航が再開されると（福岡韓国民団史編集委員会編 2000：35）、各地から集まる朝鮮系住民の数は日を追って増加してゆき、9月段階で、常時2万から2万5000名の朝鮮系住民が博多港で帰還船の乗船待ちをするという状況になっていた（福岡県警察史編さん委員会編 1980：521）。かれらは、連絡船以外にも、闇船を調達して帰還を果たそうとしたが、いずれの方法においても船舶が不足しており、実際に博多港から出発できる者の数は、限られたものであった。その結果、人びとは「半月以上も道端に寝て乗船の順番を待ち」、その上にさらに引き続き人びとが「集結してくるため、無秩序と病人が多数発生、混乱により収拾がつか」ない状態となった（姜徹編著 2002：231-232）。

　出港できない人びとは、博多港付近の焼け残り倉庫などに仮住まいをしたり、バラック[9]を建ててそこに寝起きするようになった。また、博多港内には、「朝鮮市場」と称された闇市も形成されるようになった（出水 1993：84-86）。こうした帰還待ち状況は、翌年になっても続いていたが、1946年5月に釜山でコレラが発生し、博釜航路の輸送が停止されると、博多港に滞留する人びとはさらに増加した。また、それとともに、闇船での帰還を躊躇する者も増加するようになった。あるいは、すでに一度朝鮮半島へ帰還したものの、現地の混乱を目の当たりにして、再び密航によって博多港へ戻ってくる者もおり、そうした人びとから朝鮮半島の状況についての噂が広がる

と、帰還の延期を考え、博多港やその周辺でしばらく暮らさざるをえないと判断する者がかなりの数にのぼったといわれている。

博多港付近のバラックの数は、日々増加し、それらは、博多港構内や隣接する埋立地のみならず、博多湾に注ぎこむ石堂川（御笠川の別称がある）の河原や国鉄博多駅前などにも次々と建てられていった。この当時の福岡市内滞留朝鮮系住民の人数について、正確な記録は残っていないが、かなりの数の朝鮮系住民がこれらの場所に仮住まいを行なったものと推測される。こうして、博多港周辺半径5km以内の地域には、朝鮮系住民が集住するバラック集落が8か所形成されることとなった。また、これに加えて、これらのバラック集落の周辺にも、比較的多くの朝鮮系住民が日本系住民の間に混ざって居住するようになっていった。本書では、朝鮮系住民が集住するバラック集落に、こうした集落の周辺部を加えた一連の地理的範囲を、「朝鮮系住民集住地域」と呼んでいる（序章第4節）。

集住地域に暮らした人びとは、戦前期から福岡に居住していた者がいなかったわけではないだろうが、多くは、解放後、新たに九州をはじめ全国各地から福岡市に流入してきた人びとであるといわれ（当該集住地域に居住経験のある多くの住民談）、またそのことを、ある程度、推論させるようなデータも存在している[10]。

また、敗戦直後のみならず、その後においても、福岡市外から福岡市への朝鮮系住民の流入は見られた。「韓国・朝鮮」籍者の人口は、1955年に5,076人であったものが、1960年には5,358人、1965年には5,284人、1970年には5,497人、1975年には6,023人、1980年には6,413人というように推移しており（1955年と1960年は『福岡市市勢要覧』のそれぞれ1956年版、1961年版による。1965年以降は、『福岡市統計書』のそれぞれ各当該年の翌年版による）、1960年と1965年との間に74人の減少が見られるものの、これを除けばこの時期の「韓国・朝鮮」籍者数は増加傾向にある[11]。その背景には、筑豊地域における炭鉱の閉山＝失職を要因とする福岡市内への人口移入、福岡市の経済発展に伴う就業機会の増加を見込んでの人口移入などがあったものと思われる。

2002年現在、福岡市における「韓国・朝鮮」籍者は5,228人である。これ

は、福岡市の総人口の約0.4％に相当する。そして、市内で「韓国・朝鮮」籍者の居住が最も多いのが東区の2,403人（東区の総人口26万4184の約0.9％。福岡市在住「韓国・朝鮮」籍者の約46％）で、次いで博多区の1,593人、中央区の769人という順となる（いずれも『福岡市統計書』2002年版による）。このうち、最多の東区、およびこれに次ぐ博多区は、本書がフィールドとする集住地域が立地する行政区に他ならない。

東区には、現在、福岡県および福岡市が管理する朝鮮系住民専用の集住団地が3か所設けられ、また敗戦直後に形成され今日に至っているバラック集落も存在する。また、それら集住団地やバラック集落の周辺にも、比較的多くの朝鮮系住民の居住（日本系住民との混住）が見られる。

博多区には、かつて石堂川河岸や国鉄旧博多駅前、博多港に隣接する埋立地に朝鮮系住民が集住するバラック集落が形成されており、また、集落の形はとらないまでも、現在、旧バラック集落の周辺には多くの朝鮮系住民の居住が見られるところとなっている。

この場合、繰り返しになるが、本書でいう「朝鮮系住民集住地域」とは、上述のバラック集落や集住団地、およびそれらの周辺で朝鮮系住民が比較的多く居住している空間の総称である。

なお、以上にあげてきた「韓国・朝鮮」籍者の数字には、日本国籍を取得した朝鮮系住民は含まれていないことに留意しておきたい。とりわけ、1990年代後半以降、全国的に朝鮮系住民の日本国籍取得が進んでおり（1995年以降、毎年1万人前後の「韓国・朝鮮」籍者が日本国籍を取得するようになっている）、このことを勘案すると、実際には、より多くの朝鮮系住民が福岡市には居住しているということができる。

ところで、こうした福岡市における朝鮮系住民についての学術研究は、2002年に筆者が調査研究を開始するまでは、わずかに、敗戦直後の博多港における朝鮮系住民の朝鮮半島帰還に関する研究（出水1993）と、朝鮮系住民集住団地である［X団地］（後出）を対象とした住民の居住地移動に関するレポート（湯田1999）があるのみで、ほとんど研究が行なわれていないという状況であった。

2002年以降は、筆者が現地でのインテンシブな調査を開始し、その成果

報告の第一報は島村恭則（2005）として発表している。また、筆者の調査と同時期に、集住地域のうち［X団地］を対象として、科学研究費補助金「エスニック・コミュニティの比較都市社会学」プロジェクトによる現地調査が実施された。その成果は研究代表者の西村雄郎の編になる報告書（西村編2006）に収載されている。

第3節　集住地域の概況

（1）バラック集落

前述のとおり、敗戦直後、博多港周辺半径5km以内の地域には、朝鮮系住民が集住するバラック集落が8か所形成された。本書では、8つのバラック集落を、それぞれ［A地区］〜［H地区］と称することとする（図1-2、1-3）。

［A地区］

石堂川東岸の千鳥橋から恵比須橋のやや上流の間の河岸に形成された集落である。1945年秋には、すでにバラックの形成がはじめられ、瞬く間に、川沿いや川の上にバラックが建てられた。1950年頃のバラックの数は、およそ300だったという。当地区は、一部を除き、1961年に立退きによってバラック群の取り壊しが実施された。立退き後の土地は整地され、現在は国道3号線の路面となっている（図1-4、1-5、写真1-1）。立退き後、当地区の住民は［X団地］（後出）などへ移転している。

［B地区］

石堂川の西岸、千鳥橋から恵比須橋の間の河岸に形成された集落である。［A地区］同様、1945年秋には、川沿いや川の上にバラックが建てられはじめていた。1950年頃のバラックの数は、およそ300だったといわれている。

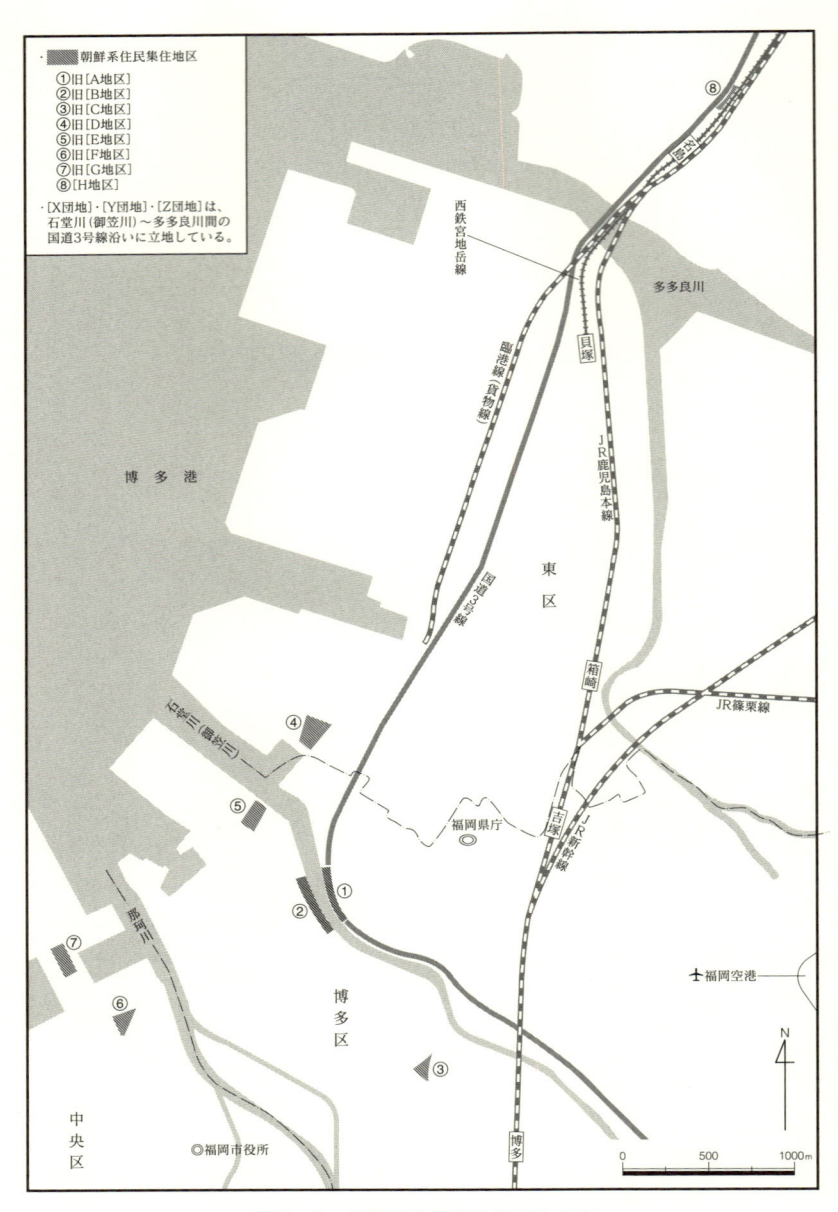

図1-2 朝鮮系住民集住地区の分布

＊国土地理院 1:25,000 地形図「福岡」(1998 年部分修正測量) をもとに作成。

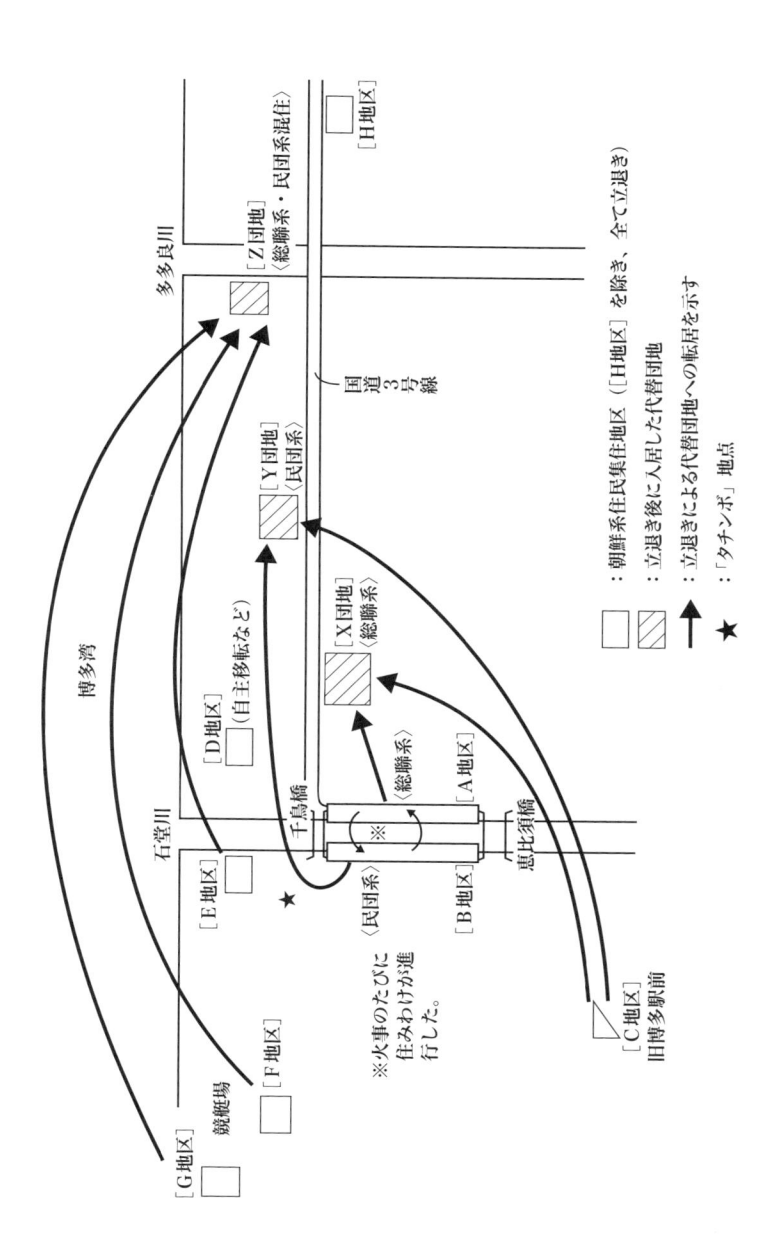

第1章　都市福岡と朝鮮系住民　63

図1-3　福岡市における朝鮮系住民集住地区の立退きと代替団地への入居等関係図

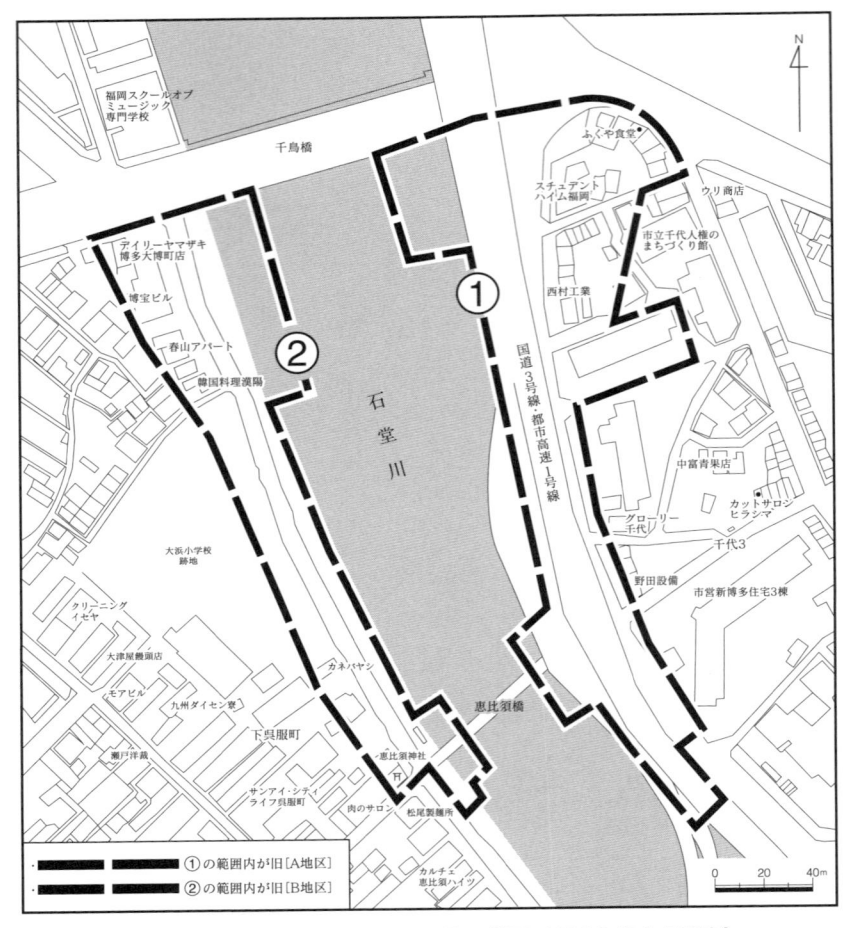

図1-4 旧[A地区]、旧[B地区]の様子（2006年8月現在）

＊『ゼンリンデータコムデジタル全国地図』（2006年8月現在、ゼンリンデータコム）をもとに作成。

図1-5は1964年当時の[B地区]周辺の状況を示す住宅配置図である。当地区は、1971年に立退きによってバラック群が撤去されるまで存在したが、撤去後は整地され、現在集落の跡地は石堂川沿いの歩道となっている（写真1-2、図1-4）。立退き後、当地区の住民は[Y団地]などへ移転している。[12]

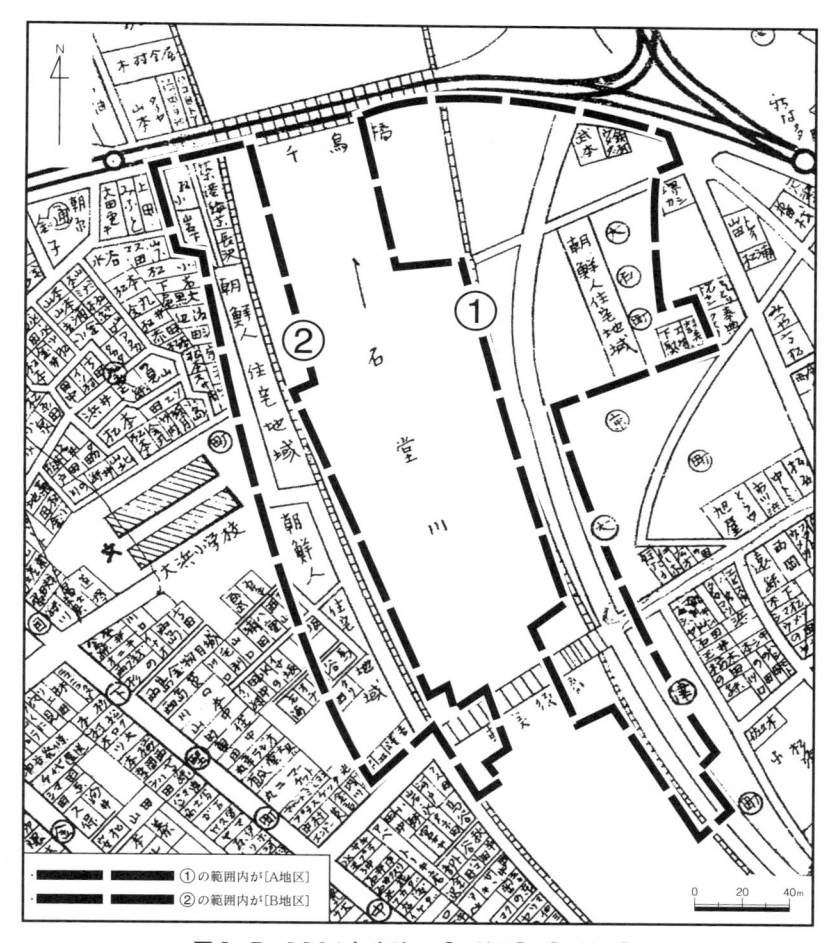

第1章　都市福岡と朝鮮系住民　　65

図1-5　1964年当時の[A地区]、[B地区]

[A地区]のほうは、大部分のバラックが除却され（除却は1961年）、一部分（「朝鮮人住宅地域」と書かれたところ）が残っているにすぎない。一方、[B地区]（「朝鮮人住宅地域」と書かれている）のほうは、まだ除却がなされていない。
＊『福岡地典』（1965年版、積文館書店、1964年刊行）に加筆。

[C地区]

　国鉄旧博多駅（現在の祇園町にあった。1963年に博多駅は現在の場所に移転している）の駅前に形成された集落で、1945年8月にはすでにバラックが建てられていた。現在、道路上の三角安全地帯になっているところと、

写真1-1　[A地区]があった場所
現在は、国道3号線と都市高速1号線が通っている。

写真1-2　[B地区]があった場所
現在は、歩道になっている。

　その西側の、道路をはさんだ向かい側にバラックが建てられ、バラック集落をなした。1950年頃のバラックの数は、約20であった。この地区は、「駅前」と通称され（行政側の資料には「博多駅前朝鮮人部落」と記されている）、1971年に立退きが実施されるまで存在した（写真1-3、図1-6）。立退き後、当地区の住民は[X団地][Y団地]などへ移転している。

　[D地区]
　博多港に隣接する埋立地（石堂川の東側河口部）に形成された集落である。1945年秋にはすでにバラックが建てられていた。1950年頃のバラックの数

第 1 章　都市福岡と朝鮮系住民　　67

写真 1-3　[C 地区] があった場所

中央の三角安全地帯、および道を挟んだ左側（店舗が並んでいるところ）が [C 地区] であった。

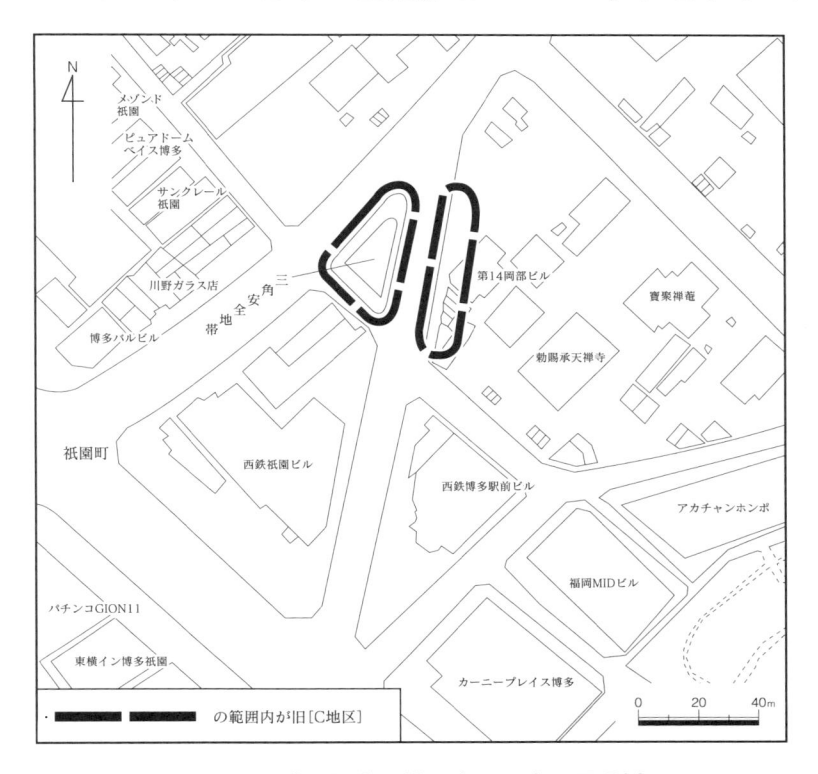

図 1-6　旧 [C 地区] の様子（2006 年 8 月現在）

＊『ゼンリンデータコムデジタル全国地図』（2006 年 8 月現在、ゼンリンデータコム）をもとに作成。

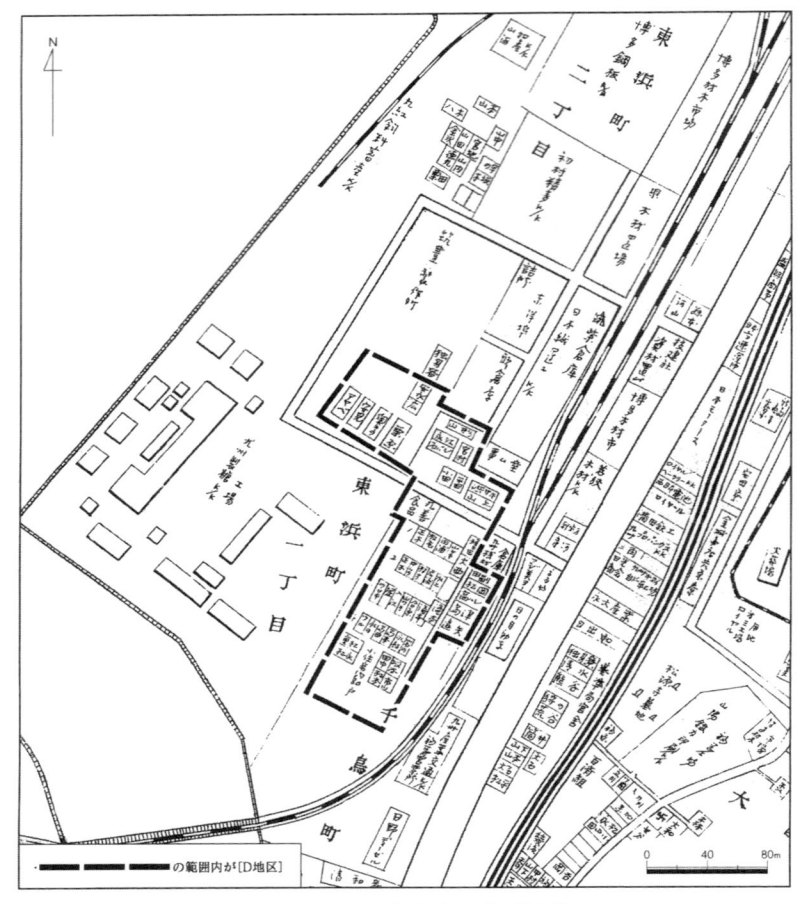

図1-7　1961年当時の[D地区]
＊『福岡地典』（1962年版、積文館書店、1961年刊行）に加筆。

は約50であった。図1-7は1961年当時の状況を示す住宅配置図である。[A地区][B地区][C地区]では、住民の多くは朝鮮系住民であったが、[D地区]の場合は、引揚者（日本系住民）との混住がかなり見られた。この地区は1976年の立退きによって消滅し、そこに暮らしていた朝鮮系住民たちは[Z団地]などへ移転していった。

[E 地区]

　博多港に隣接する埋立地（石堂川の西側河口部）に形成された集落である。1945年8月段階で博多港に集結した朝鮮系住民、および同年9月以降に博多港に上陸した引揚者（日本系住民）たちがこの場所で野宿や小屋掛けをしたのが集落のはじまりである。現在、木材チップ置き場となっている場所の周囲にバラックが密集し、1950年頃のその数は約30であった。当地区は1976年に立退き移転が実施されて消滅し（写真1-4）、そこに暮らしていた朝鮮系住民たちは［Z団地］などへ移転していった。

[F 地区]［G 地区］

　博多港に隣接する埋立地で、現在、福岡競艇場の駐車場などになっている場所に形成された集落である。［F地区］は国鉄博多臨港線線路（現在は、廃止され整地されている）の山側に、［G地区］は同線路の海側にあった。両地区では、大陸からの引揚者などの日本系住民と朝鮮系住民とが混住していた。1945年当時、両地区一帯は土管などの資材置き場であったが、引揚者や朝鮮系住民がその土管を利用して簡易住居をつくったのが居住のはじまりである。そのため、当初は、「土管部落」といわれていた。その後、しばらくして他の地区と同様に、バラック建設がはじまった。1950年頃のバラックの数は、［F地区］は30〜50、［G地区］は70〜80くらいだったという。両地区は、1976年に立退きが実施され、消滅した（写真1-5、1-6）。両地区に居住していた朝鮮系住民たちは［Z団地］などへ移転している。

[H 地区]

　東区名島の九州電力用地（当時。現在の地権者はN銀行）に形成された集落で、敗戦直後に、九州電力名島火力発電所の工事に従事した朝鮮系人夫たちの飯場とその周囲が集落化したものである。［A地区］（一部を除く）から［G地区］までが、いずれも立退きによって消滅したのに対し、この地区だけは、これまで立退き事業が行なわれずにきたため、現存している。景観的にも、一部の住居で簡単なリフォームが施されている以外はバラック建築のままとなっており、往時のバラック集落の状態がほぼ維持されていると

写真1-4 ［E地区］があった場所
チップ置き場の周囲にバラックが密集していた。

写真1-5 ［F地区］があった場所

写真1-6 ［G地区］があった場所
現在、福岡競艇場の構内になっている。

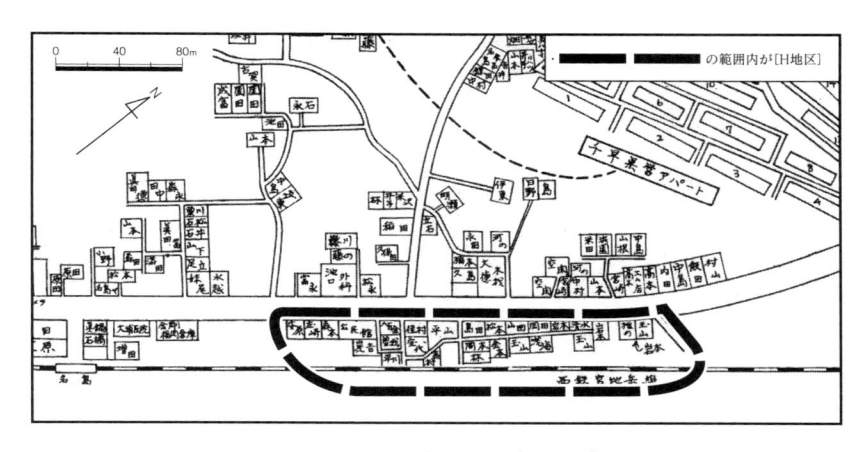

図 1-8　1961 年当時の [H 地区]
＊『福岡地典』（郊外編、1962 年版、積文館書店、1961 年刊行）に加筆。

いえる。住民のほとんどが朝鮮系住民で、現在の住宅の総数は 38（空家を含む）、世帯数は 27 である。この集落は「文化町」という通称で呼ばれているが、その由来については不明である。図 1-8 は 1961 年当時の、図 1-9 は 2006 年現在の、それぞれ [H 地区] の住宅配置図である。

　なお、近年になって、当地区は、都市基盤整備公団（2004 年度に改組して、現在は独立行政法人都市再生機構）による「香椎副都心地区特定再開発事業」の対象地域の一部とされ、現在、立退き移転の話が持ち上がっている（写真 1-7）。

(2) 団地

　現在、東区内を東西に走る国道 3 号線沿いに、三つの集住団地が立地している。これらの団地は、[A 地区] ～ [G 地区] の立退き・移転用代替住宅として、行政によって用意されたものである。本書では、これらの団地をそれぞれ [X 団地] [Y 団地] [Z 団地] と称することにする（図 1-3）。

写真1-7 ［H地区］の様子

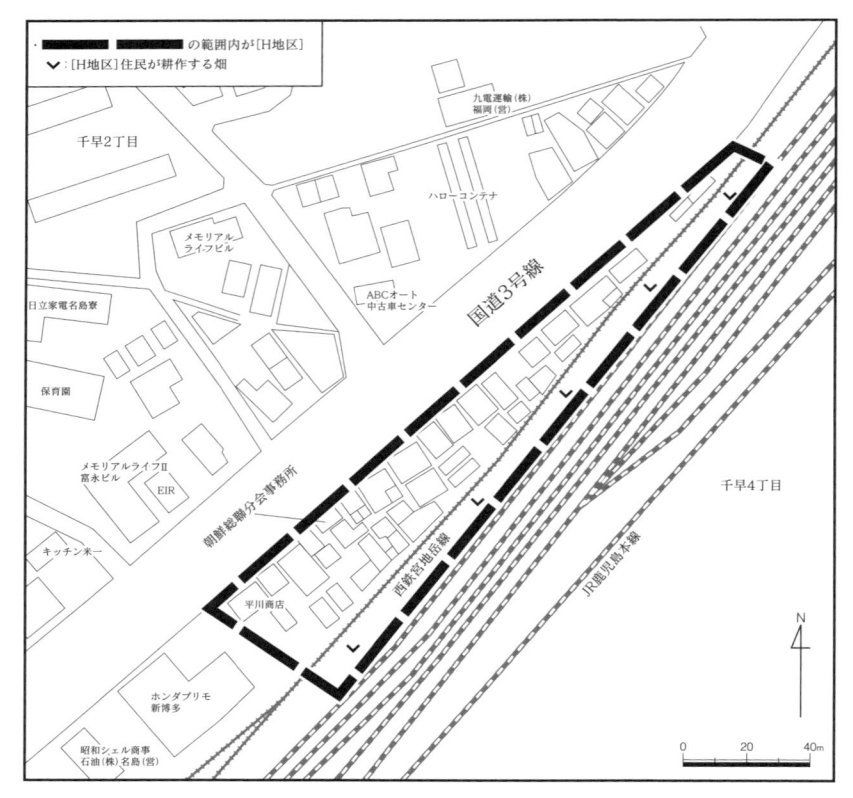

図1-9 現在の［H地区］（2006年8月現在）

＊『ゼンリンデータコムデジタル全国地図』（2006年8月現在、ゼンリンデータコム）をもとに作成。

第 1 章　都市福岡と朝鮮系住民　73

写真 1-8　[X 団地] の様子
テラスハウス形式の 2 階建て長屋が連立している。

[X 団地]

　住戸数 220 戸、鉄筋コンクリートブロック簡易耐火構造 2 階建ての団地である。このうち 110 戸が福岡県営、残り 110 戸は福岡市営となっている。敗戦直後に形成された石堂川河岸や国鉄旧博多駅前のバラック集落を立退かせ、それらの集落の住民を収容するために福岡県と福岡市が共同で建設した団地である。団地の完成は 1959 年であった。経緯の詳細については後述するが、[X 団地] の住民は、当初、総聯に属する者が大半を占めていた。また現在でも、当該団地や福岡市在住の朝鮮系住民の間では、[X 団地] は「総聯の団地」という認識が共有されている（図 1-10、写真 1-8）。

[Y 団地]

　住戸数 90 戸の鉄筋コンクリート 2 階建ての団地である。このうち 45 戸が福岡県営、残り 45 戸が福岡市営となっている。この団地も、敗戦直後に形成された石堂川河岸や国鉄旧博多駅前のバラック集落の立退きに伴う代替団地として福岡県と福岡市が共同で建設した団地である。団地の完成は 1970 年であった。こちらも経緯の詳細については後述するが、[Y 団地] の住民は、入居開始当初から、民団に属する者が大半を占めていた。また現在でも、当該団地や福岡市在住の朝鮮系住民の間では、[Y 団地]は「民団の団地」という認識が共有されている（図 1-11、写真 1-9）。

74

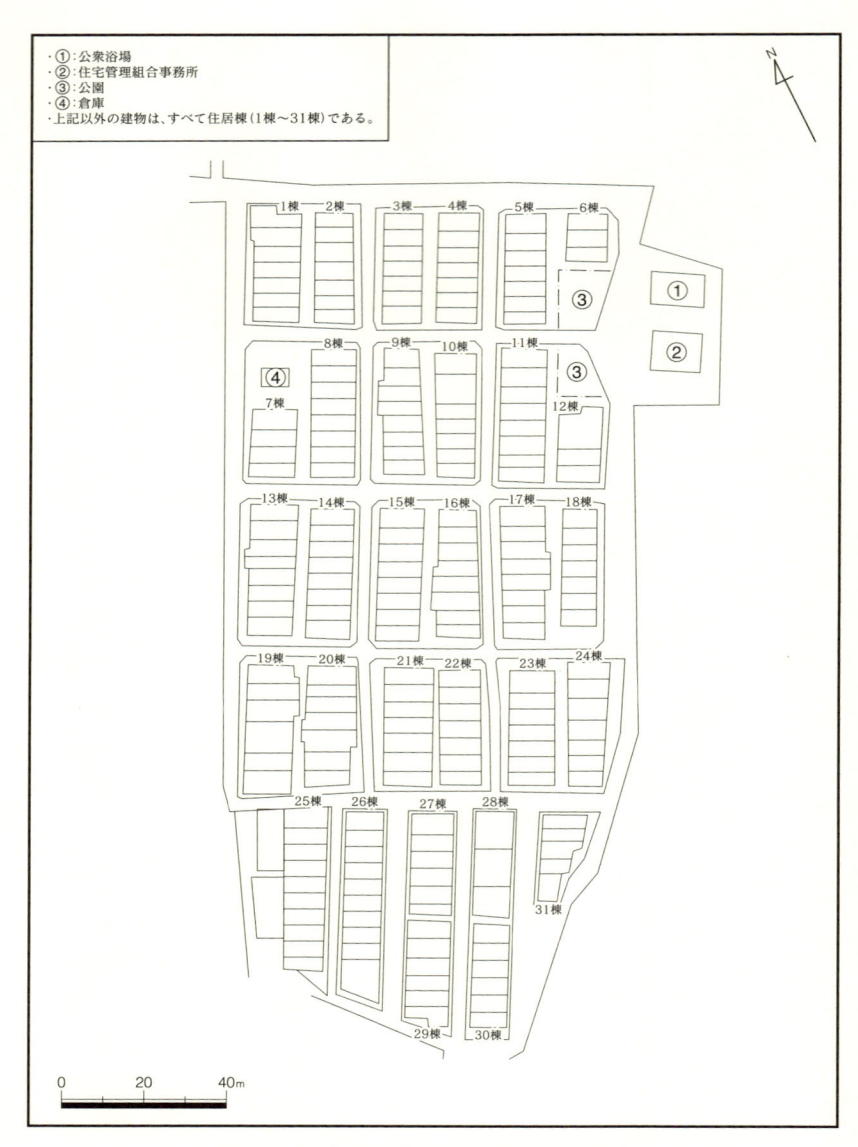

図1-10 ［X団地］（2005年11月現在）

＊『ゼンリンデータコムデジタル全国地図』（2005年11月現在、ゼンリンデータコム）をもとに作成。

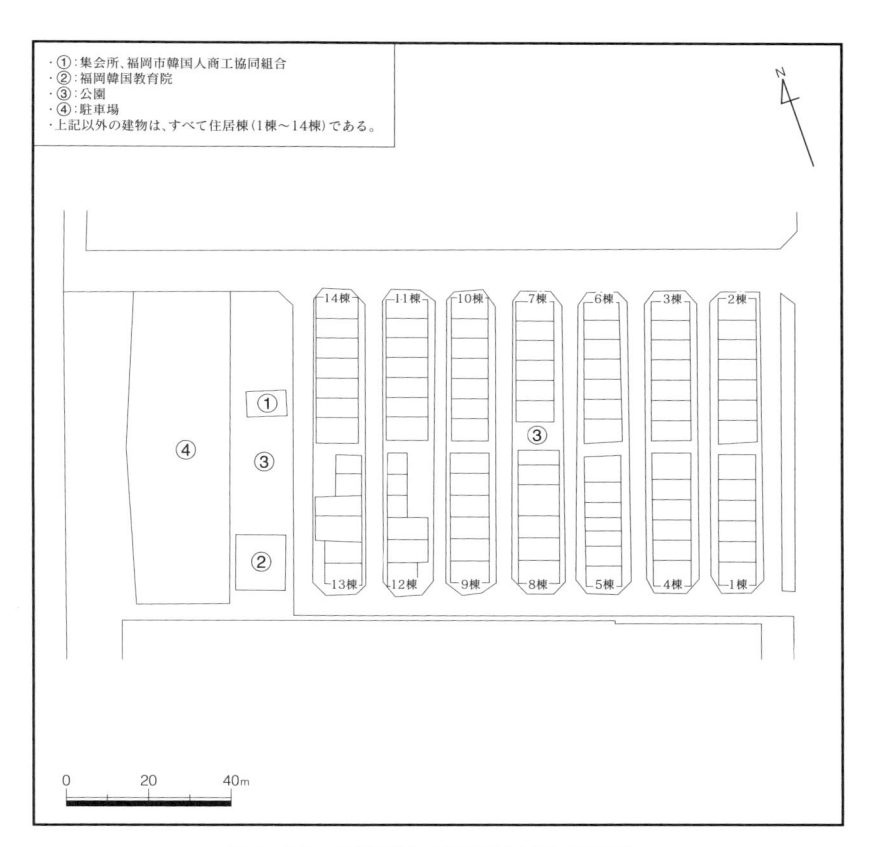

第1章　都市福岡と朝鮮系住民　75

・①：集会所、福岡市韓国人商工協同組合
・②：福岡韓国教育院
・③：公園
・④：駐車場
・上記以外の建物は、すべて住居棟（1棟～14棟）である。

図1-11　[Y団地]（2005年11月現在）

＊『ゼンリンデータコムデジタル全国地図』（2005年11月現在、ゼンリンデータコム）をもとに作成。

[Z団地]

　鉄筋コンクリート5階建ての住居棟3棟からなる福岡市営の中層団地で、住戸数は3棟あわせて110戸である。また、これに加えて住民用の店舗棟（鉄筋プレハブ。店舗スペースは60戸分）も用意されている。当団地は、敗戦直後に博多港周辺に形成されたバラック集落の立退きに伴う代替団地で、1975年に完成した。この団地は、[X団地]や[Y団地]とは異なり、入居開始当初から、特定の民族団体に特化した住民構成は見られなかった。ただ

写真1-9　[Y団地] の様子
手前の2階建て連立住宅が [Y団地] である。

写真1-10　[Z団地] の様子
5階建ての中層団地3棟からなる。下に見えるのは、店舗棟である。

し、現在は、朝鮮籍（総聯所属）から韓国籍（民団所属）へと帰属変更をする者が増加しており（いわゆる「総聯離れ」）が進んでいることから、結果的に、民団優位の住民構成になっている（図1-12、写真1-10）。

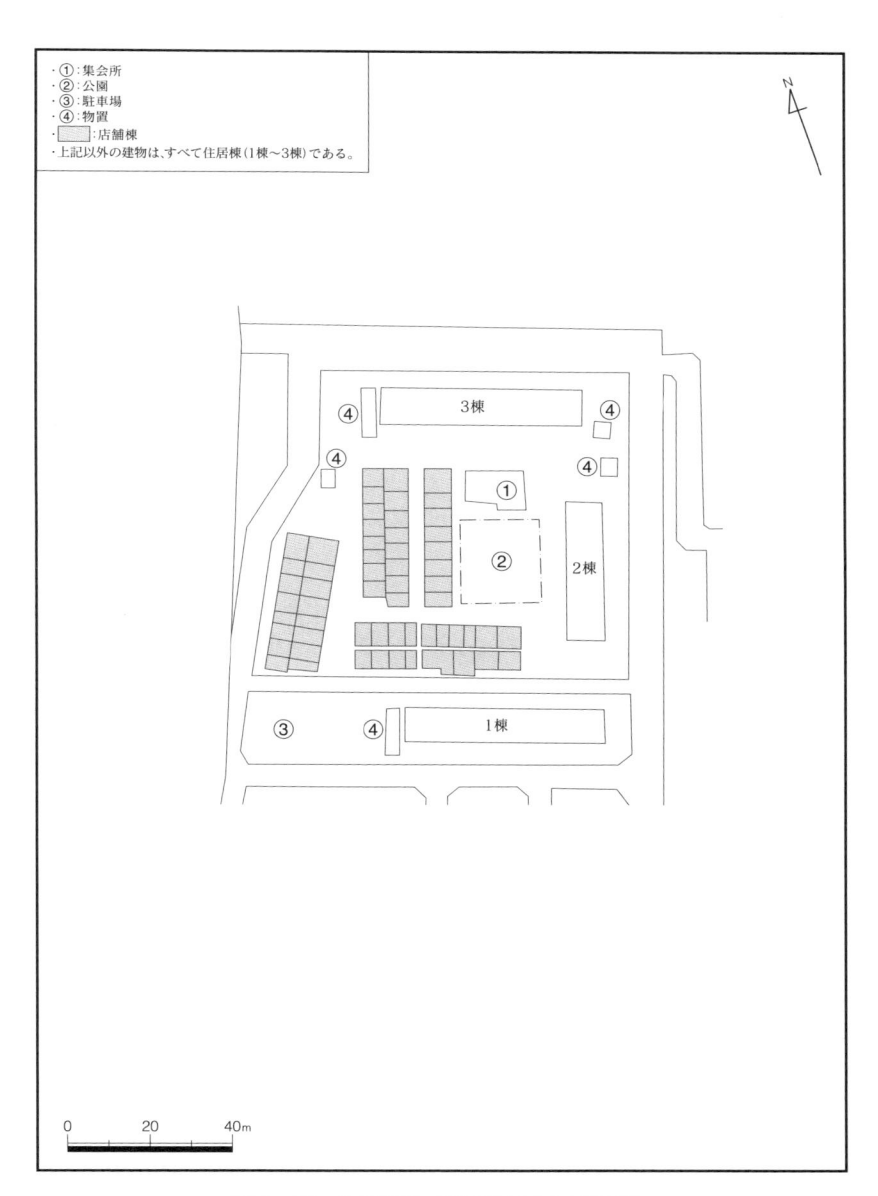

・①：集会所
・②：公園
・③：駐車場
・④：物置
・▭：店舗棟
・上記以外の建物は、すべて住居棟(1棟～3棟)である。

図1-12　[Z団地]（2005年11月現在）

＊『ゼンリンデータコムデジタル全国地図』（2005年11月現在、ゼンリンデータコム）をもとに作成。

註

1) 政令指定都市とは、地方自治法第252条の19（大都市に関する特例）で「政令で指定する人口50万以上の市」とされる都市のことである。
2) 区政の施行は1972年。ただし、当初は、東区、博多区、中央区、南区、西区の5区のみが設置された。その後、1981年に、人口増加のため西区を西区、城南区、早良区に三分割して現在の7区制となっている。
3) ここでいう〈光の都市〉／〈闇の都市〉とは、経済人類学者カール・ポランニーの議論にもとづいて、都市のトポロジー（場所性）を象徴論的に把握する際のキーワードとして栗本が提示している概念で、〈光の都市〉は、「宮殿、貴族の館など政治の中心地・王宮・公式儀式の場」、〈闇の都市〉は、「王陵、市場、見世物、財宝貯蔵所など商業の中心地・祭りの場」をそれぞれ意味している（栗本1983：71）。そして、栗本によれば、都市とは「秩序や文化で息苦しくなってしまうムラから人間が解放され、自分自身の洗濯をしなおす〈反文化〉の場」（栗本1983：9）であり、その場合、〈闇の都市〉にこそ、そうした意味での都市性が顕在化しているのだという。
4) 栗本はまた、「双子都市」化以前の、中世段階での「博多」の空間構造については、中世期博多の内湾「袖の港」よりも北側が「光」（「光輝く闇」）の領域で、「袖の港」よりも南側の櫛田神社、東長寺、聖福寺などが位置するエリアが「闇」の領域であったと述べている（栗本1983：193-202）。
5) こうした市域の郊外化に加え、1970年代以降、福岡市周辺の太宰府、大野城、春日、筑紫野、宗像などの各市においても急速な郊外住宅地化が進展している（遠城2005：208）。
6) この他、博多港の一角には博多漁港もあり、同港は、底引き網、遠洋施網、イカ釣りなどを中心とした全国でも有数の水産基地となっている。
7) 植民地時代における朝鮮半島の人びとの日本への渡航経緯については、金賛汀（1997）、樋口雄一（2002）などが詳しい。
8) 以下、1945年以前における福岡県在住朝鮮系住民の状況については、すべて坂本悠一（1998）の記述による。
9) 本書で、「バラック」とは、「まにあわせに建てた、粗末な（木造）家屋、仮小屋」（池田弥三郎・金田一春彦編『国語大辞典』学習研究社、1980年）のことをさす。
10) これらの集住地域のうちの一つ（本書における［A地区］。詳細は後述）を立退かせ、その地区の住民を収容することで形成された朝鮮系住民集住団地（本書における［X団地］。詳細は後述）における住民の居住地移動について調査・分析した湯田ミノリによれば、聞き取り調査の対象となった人びと（21人）のうち、立退きによって［A地区］を離れ［X団地］へ入居したという居住地移動の経験を持つ11人の全員が、福岡市における最初の居住地が［A地区］（敗戦後に形成）であった

11) この背景には、1959年から開始され1960年がピークであった朝鮮民主主義人民共和国（北朝鮮）への「帰国」運動による「帰国者」の存在が影響していると思われる。
12) なお、黒木敬子（2002：158）は、1960年代前半における石堂川両岸のバラック集落（[A地区]と[B地区]）におけるバラックの戸数を約2,000としている。しかし、福岡県が1955年に実施した調査の結果（[A地区] 住宅配置図（第3章第1節 図3-1）、「東側河岸（大津町・千鳥町）朝鮮人該当者名簿」、[B地区] 住宅配置図（「下竪町 新校地㊆部落見取図」第3章第1節 図3-2）、「西側河岸（下竪町・新校地町）該当者名簿」。これらの資料については、第3章註1を参照）にもとづけば、石堂川両岸のバラックの総数は334、世帯総数は224となる。もっとも、バラックの戸数や世帯数は、とりわけこうした河岸に形成された集落の場合、流動性が高く、また調査による実態の把握も困難なことが多いと考えられる。ここにあげた数字についても、およその傾向性を把握するためのものとして理解しておきたい。以下、他のバラック集落についても同様である。

第2章

バラック集落の形成と〈生きる方法〉

　1945年8月、敗戦＝植民地解放とともに、博多港には九州をはじめ、主として西日本各地から朝鮮系住民が集まってきた。やがて、かれらは博多港周辺にバラックを建てそこでの生活を開始するようになる。そして、博多港をとりまく地域には朝鮮系住民が集住する8つのバラック集落が形成された。本章では、この朝鮮系住民集結から1950年前後までの間にかれらが実践した〈生きる方法〉のあり方について、バラック集落における状況を中心に記述する。

第1節　1945年の博多港

　1945年8月15日の敗戦＝植民地解放とともに、九州、西日本を中心とする各地から、次々と朝鮮系住民が博多港に集結してきた。かれらは、慶尚道や全羅道など朝鮮半島南部地方を故郷としており、博多港から朝鮮半島への帰還を果たすべく集まってきたのである。しかしながら、敗戦の日から数日間、朝鮮半島へ向かう公的な船の出航は全く行なわれなかった。そのため、中には地元の漁師の船を雇って「闇船」を仕立てる人びともいたが、多くは、博多港の構内や近隣の公園、空地での野宿を余儀なくされた。
　8月22日になって、やっと最初の帰還船が出航することになった。この船は、福岡県民生課の斡旋によるもので、乗船することのできた朝鮮系住民の人数は300名であった。しかし、その数は、博多港付近に集結してくる朝鮮系住民の数には遠く及ばなかった。8月23日段階で博多港周辺に集結し

ていた朝鮮系住民の数は3,000名に達していたとする記録もある（憲兵司令部1945）。

当時17歳で、父母、15歳、10歳、4歳の妹や弟とともに博多港付近で野宿をしながら帰還船の出航を待っていたYN氏（朝鮮系住民第1世代、男性、70代）は、そのときの様子を次のように語っている。

> 敗戦の10日後、筑豊から家族で博多港にたどり着いた。その頃、博多港は、人間とその汚物で足の踏み場もないほどだった。すばしこい者は、そのへんの倉庫などに入り込んで夜露をしのいだが、ボーっとしていると波止場で何日も夜を明かさなければならなかった。
>
> 当時、われわれ朝鮮人は解放国民だという意識はたしかにあった。しかし、だからといって、団結して何かをしようというような気持ちはまだ生まれようがなかった。同じ朝鮮人かもしれないが、あちこちから集まってきた者同士、それも単身者が多いところでは、一体感なんてものはない。弱肉強食そのものだった。
>
> たとえば、朝鮮人は、日本でためたわずかの金を持って半島へ帰るのだが、それをねらう泥棒がいた。人間は夜中の3時頃が最も深い眠りに入る時間だ。そこをねらう泥棒がいた。捕まえてみると、やはり朝鮮人というようなことはいくらでもあった。

乗船待ちの人びとが雪だるま状に増加してゆくのに対して、帰還船は数日間に数本程度しか出航しなかった。そして、25日になると、連合軍の指令により100t以上の船舶の航行が禁止され、このため、博多港からの公的な朝鮮半島帰還は中断されてしまった。だが、博多港にやってくる朝鮮系住民の数は増える一方であった。

こうした状況に対応すべく、福岡県は、石堂川の河口付近にあった日本馬事会の馬繋場を借り受け、9月6日以降、ここを朝鮮系住民の宿舎とした。

しかしながら、その宿舎だけでは、博多港付近にあふれる朝鮮系住民を収容できるはずもなく、朝鮮系住民の多くは、博多港の構内や東公園、旧博多駅付近などで野宿をしたり、あるいは、博多港周辺の倉庫などに入り込んで

夜露をしのいだりしていた。

　9月4日に博多・釜山間の連絡船の運航が再開され、また9月26日には日本軍復員輸送の帰り便を利用した朝鮮系住民の帰還送出が開始されたが、これらに乗船することのできた者はごくわずかであり、多くは博多港での足止め状態を余儀なくされた。とくに、9月以降（12月頃まで）は政府の方針で「徴用工」（太平洋戦争末期に「徴用」によって渡日した単身男性がこれに相当する）が優先的に送出されたため（出水1993：75-82）、「徴用工」以外の家族連れ朝鮮系住民はなかなか船に乗ることができなかった。また、この頃には、闇船による帰還を行なう者も少なくなかったが、その数にも限りがあり、帰還を果たしえない朝鮮系住民は増える一方であった。

　10月に入ると占領軍の指令で、博多港埠頭内の倉庫が朝鮮系住民収容のための宿舎として使用されることになり、10月12日に馬繋場から埠頭内へ宿舎が移された。そして、翌日には、埠頭内に闇市が自然発生的に形成されている（出水1993：79-85）。

　これについては、次のような記述がある。

　　誰いふとなく名づけて「朝鮮市場」といふ、この自由市場は帰国を急ぐ朝鮮人たちが博多港に蝟集したものゝ、船は計画輸送を行ってゐるため乗船できず滞留することゝなったが、食ふためには取引が必要だとあって自然発生的に生まれ出たものだ。　　（『西日本新聞』1945年10月10日）

　福岡県によって埠頭内に新たにつくられた宿舎は、埠頭内のすべての倉庫を宿舎に転用せよという占領軍の指示のもとで準備されたものであり、馬繋場を宿舎としていた時期よりも収容人数は増加したが、それでも、朝鮮系住民を収容しきれるものでは到底なかった。そのため、多くの朝鮮系住民が、博多港周辺、石堂川の河岸、あるいは旧博多駅から博多港へかけての空地、墓地などにバラックを建てて住みはじめることとなった。これらの多くが、その後、バラック集落になっていった。

第2節　バラックの建築と集落の形成

(1) 帰還見送り

　博多港へ集結してくる朝鮮系住民の朝鮮帰還は、遅々として進まなかったが、そうした状況の中、1946年に入ると、朝鮮半島の社会の混乱、釜山におけるコレラの発生などについての情報が朝鮮系住民の間に伝えられるようになった。また、やっとの思いで朝鮮半島へ帰還していったにも関わらず、現地社会の混乱を目の当たりにして、日本へ向けてUターンしてくるケースも見られるようになった。

　博多港で帰還船を待っていた人びとは、朝鮮の現状についてのさまざまな噂を耳にし、また、闇船を仕立てたり引揚船の日本系住民に紛れこんだりして日本へ密航し、再び博多港へ姿を現わしたかれらを目の当たりにして、次第に朝鮮半島への帰還を見送ろうと判断するようになる。そして、こうした人びとが、しばらくの間は博多港周辺に仮住まいをし、闇商売をやりながら様子を見ようと考え、博多港周辺や石堂川河岸、あるいは旧博多駅前などにバラックを建ててそこに住みはじめた。これらの土地には、1945年9月段階で、すでに帰還待ちのためにきわめて簡素なバラックが建てられていたが、そこへ博多港内の倉庫などに収容されていた人びとが合流して次々とバラックを建てていったのである。

　もっとも、帰還見送りからバラックでの生活の開始へ至る経緯は、上記のような、ある種、合理的な計算、判断にもとづく選択によるものだけではなかった。船待ちの間に博打にのめりこみ、そこで大負けをして帰還できなくなるといった成り行きによる帰還見送りのケースも存在する。筆者の調査では、数人の話者から「わたしたちが在日している理由」として、そのような事例についての話を聞くことができた。たとえば、次のような語りである。

　　船を待っている間、仕事なんかない。みんな博打、花札だ。親父もそれ

ですられて、家財道具全部手放して、朝鮮に帰れなくなって、そのままここに居残った。最初は、闇市で儲けて敗者復活をねらったかもしれないが、なんだかんだで60年。それで、いま、わたしがここにいるのだ。オモニ（母親）がよく言っていた。「これがパルチャ（運命）だった」と。
（朝鮮系住民第2世代、男性、[X団地] 住民）

　植民地解放による朝鮮半島への帰還は、多くの朝鮮系住民が望んだところであった。しかしながら、現実の混乱の中、合理的判断にもとづくにせよ、そうでないにせよ、多くの人びとが帰還の実現を見送ったのであった。

(2) バラックを建てる

　博多港周辺、石堂川の河岸、旧博多駅から博多港へかけての空地、墓地などに建てられたバラックは、日ごとにその数を増し、たとえば、1946年初頭段階で、石堂川両岸、および石堂川に架けられた千鳥橋、恵比須橋の橋上は、バラックで埋め尽くされていた。
　いずれの空地でも、バラックを建てる土地は早い者勝ちで取り合った。土地を確保したらすかさずバラックを建てなければならない。油断しているとすぐに別の者がそこにバラックを建ててしまう。バラックはあちこちから廃材を集めてきて建てたが、その廃材もうかうかしているとすぐに別人に盗まれてしまう。あちこちで、土地や廃材をめぐる殴りあいの喧嘩が行なわれていた。

　　みんな生きるのに精一杯だった。チョソンサラム（朝鮮人）だから仲良く協力し合ってなんてことはあるわけがない。自分が生きるので精一杯だった。　　（[A地区] 元住民、朝鮮系住民第1世代、男性、80代）

　バラックは、廃材や流木、古畳、新聞紙（壁に使用する）など、ありとあらゆる建材を利用してつくられた。屋根は木製、もしくはトタン製であった。強風が吹くとバラックが崩れることも多かったが、翌日にはまた新しい

バラックが建てられるほど、バラックの住宅は手軽に、かつ器用につくられた。

　石堂川に面したバラックは、川底から柱を立て、そこに板を水平に渡して水上住居ふうにつくられていた。水上部分の最先端部には豚舎が設けられた。豚舎の汚物は水をかけてバラックの下の川に落とした。また便所（多くは数軒から十数軒で使用する共同便所）も水上に設けられ、便所の汚物が川に流れるようにした。バラックの真下は、博多湾が干潮のときにはそれらの汚物がたまり不潔だったが、1日2回の満潮のときには水が入ってきて、汚物をきれいに流し去った。「合理的な水洗便所で便利だった」（［A地区］元住民）。

　各バラックは、3畳から4.5畳の部屋が一つ、もしくは二つ、三つというつくりで、中には6畳の部屋も見られるが、多くは小さな部屋に大人数の家族が暮らしていた。また、1戸独立形式ではなく、隣戸と壁を接した長屋形式が多かった。「隣りの家の壁を自分の家の壁として使った」（［A地区］元住民）。また、電球も、隣戸との間の壁の上につけ、2軒で一つを使用するということも少なくなかった。

　　バラックは、6畳一間しかない家に8人とか10人の家族で暮らした。一つの布団に二人ずつ寝るなんてことも多かった。だから、人間と人間の間、体と体の間が近かった。プライバシーなんてない。いまふうにいえば家族のふれあいっていうのかもしれないが、そんなもんじゃない（そんなふうに考えたことはない）。それが当たり前だった。
　　　　　　　　　　　　（［B地区］元住民、朝鮮系住民第2世代、女性、70代）

　こうしたバラックが密集した集落は、墓地での小屋掛けのように敗戦から数年で消滅した小規模なものを除くと、合計8か所形成されている。すなわち、第1章第3節で紹介した［A地区］から［H地区］である。

　これらのうち、［A地区］から［G地区］までは、国もしくは県、市が所有する公有地を、［H地区］の場合は民有地を、それぞれ占拠して形成されたものであり、いずれも法的には「不法占拠」地区ということになる。

ただし、当の朝鮮系住民にとっては、自分たちがバラックを建てる場所が誰の土地であるかといったことはほとんど問題にされなかったようである。このあたりの事情については、次の証言がある。

　終戦後の混乱期、空いている土地があればどこにだって小屋の一つや二つは建てた。それはチョソンサラム（朝鮮系住民）だけではない。焼け出されて住むところのないイルボンサラム（日本系住民）も同じだった。そこが誰の土地かなんてことは問題にならなかった。とくに、1世の場合、漠然といずれは朝鮮に帰るつもりであったから、日本での住宅は当座しのぎのものだったのだ。いつまでもそこに住み続けようというわけではなかったのだ。だから空いている場所があればどこにでも簡単に小屋を建てた。もっとも、後から考えてみると、ずいぶん長い間そこに住んだということにはなる。でも、それは結果としてそうなったのであって、あくまでも仮の宿だったのだ。仮の宿だから、そこの土地を誰も使ってなければしばらくの間、使おうということだ。もっとも、当時はそんなふうにも考えなかった。住めるところがあればとにかく住んだのだ。
　　　　　　　　（［A地区］元住民、朝鮮系住民第2世代、男性、70代）

　なお、民有地である［H地区］の場合は、所有者から工事を請け負っていた建設業者が、その土地への朝鮮系住民の居住を認めたために占拠が開始されたという経緯がある。この経緯については、［H地区］の形成当初以来そこで暮らしてきた人物から比較的詳細な語りを聴取しているので次に要約しておく。

　CJ氏は、1927年、韓国・慶尚南道陝川郡生まれ。1943年、16歳のときに先に渡日していた父を追って母親・きょうだいとともに渡日。広島県双三郡のダム工事現場にあった奥村組（建設会社）の下請け飯場で日本敗戦を迎えた。1945年10月に朝鮮帰還のため博多港へ移動。しかし、乗船の順番がなかなか回ってこず、博多港の構内で2か月間野宿生活を余儀なくされた。その後、東区の国鉄操車場内に空き倉庫を発見し、ここに家族

5人で住みこむ。電気も当局には無断で引いて6か月ほど暮らしたが、漏電で火事となり焼け出されてしまった。1週間近く路頭に迷ったが、たまたま、東区名島に奥村組の事務所があり、九州電力の下請け工事を行なっているということを人から聞き、事務所を訪ねた。

そして、「おれは広島の山の中の奥村組で働いていた。その後、日本が負けて、おれたちは解放されたので朝鮮に帰ろうとしたが、帰れなくなった。もとはといえば、お前たちのせいでこうなったのだ。責任をとれ。おれたちは住むところもない。バラックでも何でもいいから建てろ」と事務所の所長にねじこんだ。すると、CJ氏の剣幕に押された所長が、奥村組の飯場の隣りに工事道具の修繕をするための鍛冶小屋があるから、そこに住めと言った。小屋は、現在の［H地区］の裏手、西鉄の線路になっているところにあった。

その当時、現在の［H地区］がある場所には奥村組の下請け飯場（経営者は朝鮮系住民で、50人くらいいた人夫も大半が単身の朝鮮系住民であった）しかなかった。また、この飯場も1946年にできたもので、戦前は、このあたりは野原で、馬小屋が1軒あるのみだったといわれている。

CJ氏らはしばらく鍛冶小屋に住んだ。しかし、一家8人の家族が暮らすには手狭であったため、再び事務所に怒鳴りこむ。「あの小屋は人間が住むようなものではない。お前たちのところには材木があるだろう。人夫もいるじゃないか。家を建てろ」。

その結果、飯場の隣りに1軒のバラックが建てられ、そこに住むことになった。飯場のほうは、1950年頃に解散となり、人夫たちは散り散りとなっていったが、同時に、空家となった飯場には、住む場所があると聞きつけた朝鮮系住民らが次々とやってきて住むようになった。かれらの多くは、筑豊の炭鉱地帯から移動して来た者たちだった。また、福岡市内の墓地などで小屋掛けして暮らしていたという人もいた。飯場が満室になると、周囲の空地にバラックを建てて住む者も出てきた。こうしてバラックが次々と建てられ、現在の［H地区］が形成されたのである。

なお、あとでわかったことだが、これらの飯場とその周辺の土地、すなわちいまの［H地区］の土地は、九州電力の土地であった。奥村組は、当

時、九州電力の名島発電所の工事を請け負っており、そのための飯場を、九州電力が所有するこの地に建てていたのである。そして、結果的に、そこに住みついたCJ氏らは、九州電力の所有地（現在は、N銀行に所有権が移っている）を占拠することになってしまったのである。

　以上が［H地区］形成の経緯である。ここに見られるのは、敗戦＝解放直後の混乱の中で、最低限の生活空間を確保しなければならなかった人びとが取った非常手段的な方法である。
　ところで、各バラック集落では、住民の中から、こうしたバラックや、あるいは土地までをも商取引の対象とする人びとが出現していたという事実があり、興味深い。
　たとえば、集落内に複数の土地を入手し、それらの土地にいくつものバラックを建てる。そして、そのバラックを希望者に売るということを行なう者が現われた。「不法占拠」地の売買に法的根拠はないが、実態として住民間で土地・建物の売買が行なわれたわけである。さきの証言では、仮住まいであり、またそこが誰の所有する土地であるかは意識されていなかったとあったが、その上でなお、バラックや土地の売買が行なわれたということになる。なお、その際、契約書などが作成されることは皆無で、すべて口頭の約束のみで取引が行なわれた。そのため、売った、売らないのトラブルが発生することも少なくなかった。とりわけ、土地付きのつもりで購入したのに、転売しようとしたとき、その土地の最初の持ち主から、「バラックは売ったが土地は売っていない。土地も売るなら、土地代をよこせ」などと主張されるといったトラブルが頻発した。
　また、バラックの販売の他、自分が自宅用以外に所有しているバラックを、借家に出したり、間借りさせたりする者も少なくなかった。この場合、中には、集落内、あるいは集落をまたがって、20戸以上のバラックを所有し、これを人に貸して、相当の収入を得ている者もいた。

(3) 電気と水道

　どの集落も、形成当初は、電気や水道は引かれていなかった。しかし、電気については、程なく、近隣の電線に支線が接続され、そこからの流用が行なわれた。［A 地区］の住民の中に、戦前、鉱山で電気系統の技術者として働いていた人がおり、この人が［A 地区］や［B 地区］の電線の接続をしたという。［C 地区］など、他の集落の事情については現時点では不明であるが、［A 地区］［B 地区］と同じような形で流用が行なわれたのではないかと思われる。こうした流用は、きわめて器用に行なわれたが、しかし、場合によっては漏電が起きることもあり、それが火災の原因になったりもした。

　水道については、［A 地区］および［B 地区］の場合、土木の技術を持っている住民が「水道工事」を実施した。地区内に水道を引いてくるには、本管に穴をあけ、そこにパイプをつなぎ、地区内に分管を通さなければならない。その際、本管を破って分管をつなぐときには、水が大量に漏れ出す危険性があり、素人ではできない。そこで、こうした技術に長けていた人物の出番となったわけである。一度分管を引くと、次から次へとうちにもつないでくれという依頼がきた。そのため、この人は多忙を極めた。

　以上のような電気や水の調達行為は、電力会社や水道局から見れば、「盗電」「盗水」である。しかし、住民にとっては、インフラが全く用意されていない環境下で、なんとか生き抜くための、必死の手段であった。電気、水道の流用に当たって、この行為の当事者たちは次のような意識でこれに臨んでいたようである。

　　水道の本管を破って勝手に分管を引くことは、当然のことながら水道局では禁止をしていた。発覚すれば問題となり、警察沙汰になるはずであった。しかし、われわれはそんなことは意にかけず自信満々で作業を進めた。なぜなら、当時は解放直後だよ。朝鮮は２等国なんだよ。アメリカが１等国、戦争に敗れた日本は３等国。３等国が２等国の国民のやっていることに文句をいえる筋合いではないからだ。

　　　　　　　　　（［A 地区］元住民、朝鮮系住民第２世代、70代）

このような発言は、電気や水道の流用、あるいは密造酒製造（後述）に関する語りの中で、頻繁に登場する。朝鮮を日本よりも上位に置くことで、日本国家・社会の制度や規制に従う必要はないとする考え方は、敗戦直後に生活を確保しなければならなかった第1、第2世代の朝鮮系住民によってしばしば持ち出されるものであった。

　以上は、［A地区］と［B地区］における状況であったが、一方、［H地区］では、地区外の市会議員などを動員してのインフラ整備が実行された。すなわち、［H地区］でも、当初、水道が引かれておらず、共同井戸（地区内に7か所）を掘って水を汲んでいたが、1947〜48年頃、同地区居住のCJ氏(前出)が共産党の市会議員に水道を引いてくれるよう頼んだ。市会議員はすぐに市役所に出かけ、水道局長に強い指示を出した。その結果、それまでは、住民が市役所へいくら陳情してもことごとく無視され続けていたのに、それが嘘であったかのごとく、すぐに水道が敷設されたという。

第3節　闇市

(1) 闇市の発生

　敗戦直後の闇市に、朝鮮系住民の関与が顕著であったことは全国的な傾向である。福岡市も例外ではなかった。福岡市で「最初に登場したヤミ市は、母国に引揚げる朝鮮人の間に自然発生した博多港近くの大浜一丁目、二丁目一帯の市場であった」（福岡県警察史編さん委員会編 1980：640）とされるが、ここでいう「博多港近くの大浜一丁目、二丁目一帯」とは、［A地区］と［B地区］に相当する。

　また、『福岡市史』には、「市内の盛り場・天神町、渡辺通り一丁目、大浜、千代町、博多駅前、さては博多港一帯には、『ヤミ市』といわれる自由市場が出現し、法外な高値で取り引きされ、ないはずの統制品までが公然とならべられていた」（福岡市役所編 1970：508）という記述があるが、このうち

の「大浜」は、やはり［A地区］と［B地区］に相当し、「博多駅前」は［C地区］、「博多港一帯」は前述した博多港埠頭内の朝鮮系住民収容宿舎付近、および［D地区］［E地区］［F地区］［G地区］に、それぞれ相当する。また、「千代町」は［A地区］に隣接した地域である。この場合、これらの場所はもちろんのこと、「天神町」「渡辺通り一丁目」などの闇市も、仕切っていたのは朝鮮系住民だったといわれている。そして、これらの闇市の中で「質量ともに福岡随一の繁昌ぶりで知られ」たのが「旧柳町一帯および石堂川を隔てた川東をふくむいわゆる大浜の闇市場」であった（福岡県警察史編さん委員会編 1980：642）。

集住地域の住民が闇市での商売をはじめた事情については、次のように語られている。

　　終戦直後は、まだ公共事業もない。だから土方仕事もない。仕事が全くない。あるのはヤミ（闇市での商売）だけ。みんなヤミをやってなんとか食おうとしたのだ。
　　　　　　　　　　（［A地区］元住民、朝鮮系住民第1世代、男性、80代）

闇市には「何でも潤沢にあった。とはいうものの、それは庶民には手の届かない高価な品物であ」り、「賃金が良いといわれた占領軍の仕事をしても労賃は僅か一日八円にしかすぎなかった」時代に、「握り飯1個が1円から2円、甘藷は生ものから蒸し芋、焼き芋、テンプラと各種1個50銭から1円、タバコは1本1円であった」（福岡県警察史編さん委員会編 1980：640）。

闇市で人気があったのは、ドブロクや闇焼酎、豚肉、ホルモン、タバコなどであった。これらを出す店は、すべての地区にあった。

　　客の目の前で豚をつぶし、それを湯掻いておいしそうにつるしておく。見るからにうまそうであった。ケージャンクッ（犬汁）もうまかった。それからタバコも売っていた。近在のタバコ農家に行って、卵と引き換えにタバコの葉を闇で仕入れる。それを、部落（バラック集落）の中で紙をま

いてタバコにした。
　　　　　　　（[A地区] 元住民、朝鮮系住民第1世代、男性、80代）

　闇市の場は、生き抜くための駆引きや騙しあい、喧騒、怒号に満ちた「真剣勝負の世界」（[A地区] 元住民）であった。

　朝鮮人同士みんな仲良くなんてことはなかった。朝鮮人は朝鮮人かもしれないが、大阪からも九州からもどこからも、あちこちから知らない者が集まり、明日をも知らない状態だ。人心が悪い。秩序なんかない。ボーっとしてたら生きていけない。強いものが勝ちだった。同胞なんていうこといいだしたのは、食えるようになってから。在日同胞も何もあったもんじゃない。明日をも知れぬのだから。
　　　　　　　（[A地区] 元住民、朝鮮系住民第1世代、男性、80代）

　闇市っていうのは怖いところでもあった。怖くて入りきらぬ。入っていくと、服とか時計とかをつかまれて、売れとか置いていけとかいわれた。品物も、買おうかなんて手に取って、買わなかったら怒られる。相手がチョソンサラム（朝鮮系住民）かどうかなんて関係なかった。
　　　　　　　（[D地区] 元住民、朝鮮系住民第2世代、女性、70代）

　闇市の周囲では、売春も行なわれていた。売春が行なわれていたのは、たとえば [C地区] で、料理屋の2階が売春宿になっていた。経営者は朝鮮系住民であった。売春婦の素性はわからないが、一人は、地区の裏手にある寺院の境内の墓地に藁で小屋掛けをして住んでいた中年女性であった。この小屋掛けは1950年代中頃まであった。

（2）密造酒製造と養豚

　闇市で出すドブロクや闇焼酎は、[A地区] [B地区] をはじめ、すべての地区でつくっていた。[D地区] [E地区] [F地区] [G地区] のように、引

揚者の日本系住民が混住しているところでは、日本系住民もドブロク、闇焼酎の製造を行なっていた。集住地域の全体で酒の製造をしている感があった。

　　誰かが闇焼酎で儲かると、われもわれもと闇焼酎をつくった。昼はそれで忙しく商売をしているが、夜になると、取った取られた（闇焼酎をつくるというアイディアを真似た、真似られた）で喧嘩になっている者たちもいた。　　　　　（[A地区] 元住民、朝鮮系住民第1世代、男性、80代）

　ドブロクの場合と違い、闇焼酎の製造には、蒸留機が必要だった。蒸留機のある家は [A地区] に多かった。そこで、[B地区] から焼酎にするためのドブロクの入った4斗樽を抱えて [A地区] の蒸留機のある家にやってきて、金を払ってドブロクを蒸留させてもらい、できあがった焼酎を [B地区] に持ち帰って自分の店で客に出すというケースも見られた。
　闇焼酎づくりをしている家では、養豚もさかんに行なっていた。そこでは、焼酎をつくる際に出るアレギ（酒の絞りかす）を残飯に混ぜて豚の飼料としており、焼酎―養豚の生業複合が見られた。養豚は、1軒につき3頭から5頭、多いところでは10頭くらいの規模で行なわれていた。
　ところで、焼酎―養豚の生業複合が行なわれていた [A地区] [B地区] では、日本列島各地の朝鮮系住民集住地域の多くで見られたような朝鮮飴づくりは行なわれていなかった。これは、朝鮮飴づくりでは豚の飼料となるアレギが出ないので、養豚ができないからである。反対に、養豚をしていないところでは闇焼酎の製造は行なわれず、飴づくりが行なわれていた（北九州市八幡西区穴生地区など）。集住地域における生業は、やみくもに実践されているのではなく、選択肢の組み合わせによって成立していることがわかる。
　闇焼酎の蒸留機をつくっていた人物は、職人のST氏である。医療機械製作所で働いていたST氏は、病院でアンプルを製造する際の蒸留機をつくっていたが、その技術を応用して、闇焼酎の蒸留機をつくった。これを1940年代後半、材料費1,500円でつくり、9,000円で売った。需要は多く、ST氏は相当な収入を得た。
　また、ST氏は病院用の水枕もつくっていたが、[A地区] の人びとの中

には、この水枕（焼酎が3升入る）をST氏から買い、これに焼酎を入れて[B地区]など他の集落の店に売りに行く者もいた。ST氏を介した医療用具の応用である。なお、ST氏の記憶によれば、福岡市の朝鮮系住民たちは、この闇焼酎づくりをしていた時代（1940年代後半）がいちばん経済的に「安定」していたという。

　ドブロクや闇焼酎の製造は、法的には密造であるから、MP（米陸軍憲兵）、警察、税務署による取締りがしばしばあった。それは、100名以上の警察官やMP、税務署員が動員された大規模なものであったが、バラック集落の住民はこれに強く抵抗した。密造酒取締りの集団が大挙して集落にやってくると、集落の入り口付近の者が金だらいをガンガンガンと鳴らす。これが合図で、この音を聞くと住民らがバラックから一斉に出てくる。そして、取締り集団の集落内への進入を阻止すべく、警察官らと押し合いになる。その際、警察官らの目くらましのために、七輪で唐辛子を燻すというようなことも行なわれた。

　その間に、別の住民がドブロクや焼酎、蒸留機を手早く隠す。隠し場所は、バラックの床下や集落の真下にある河川敷、豚舎、共同便所などであった。しかし、そうして隠しても、住民らでつくった人垣を押しのけて侵入してきた警察官らは、次々と隠し場所を暴き出そうとする。その際、もう隠し通せないとなったときには、住民たちは、どうせ持って行かれるのなら警察官にかけてしまえ、といって、ドブロクの入った4斗樽の栓を抜き、警官めがけてぶちまけたりもした。

　こうした抵抗の効果があって取締りが早く終わる場合もあったが、抵抗の甲斐なく、執拗に取締りが続けられる場合もあり、そのときには「商品」と蒸留機が没収されてしまうこともあった。また、製造現場を押さえられた場合には、関係者が警察に連行されることもあった。

　このような取締りの奇襲は何度もあったが、取締りを何回か経験するうちに、住民たちは、取締りの直前に必ずといってよいほど、どこかよそよそしいような、あるいは何かをうかがっているような雰囲気の人間が集落内を歩いていることに気がついた。それは「ナイテイ（内偵）」の刑事か税務署員に違いないということで、以後、そのような雰囲気の人間が集落内にやって

きた場合、住民の誰とはなしに、その者に「因縁をつけ」「脅かして」、追い返すようにもなった。それは、「因縁をつけて、入って来れないようにすれば、いろいろ探られないですむ」（[A地区] 元住民）からであった。

　以上のような一連の経緯を経験するうちに、集住地域の住民は、「警察や役人を見ると、とにかく身構え、そして追い返そうとするようになっていった」（[A地区] 元住民）。住民たちは、警察や行政（税務署）に対する「防御・抵抗の構え」を身に付けるようになったものと考えられる。

　この場合、こうした「防御・抵抗の構え」は、一般の日本系住民に、集住地域は「暴力的なところ」「怖いところ」というイメージを与えることにつながった可能性がある。これについては、朝鮮系住民自身が、「一般の日本人は、朝鮮部落を、怖くて暴力的なところだと思いこんでいるが、これは、このナイテイへの警戒の態度を見聞きしてのものだろう」（[A地区] 元住民）と述べている。ナイテイへの警戒手段としての脅しという事情が伝えられず、「暴力的」という一面のみが拡大して受けとめられたために、恐怖イメージが広がったのだろうというのである。「怖い」「暴力的」というレッテルを貼られた当事者の側が語る見解の一つとして注目させられる[1]。

　なお、密造酒取締りに対する抵抗に際しては、次の語りのように、集住地域住民の強い「団結」が見られたとされており、興味深い。

　　取締りがやってきたときには、みんな必死に抵抗した。ふだん、仲がよかろうが悪かろうが、朝聯だろうが民団だろうが（朝聯と民団については後述——引用者註）、このときばかりは部落の者はみんなピシーっと一致団結した。　　（[A地区] 元住民、朝鮮系住民第2世代、女性、70代）

　外部からの力が加わったときには、日常の個別的利害関係を超えて地区内、近隣の凝集性が高まることが理解されよう。

(3) 闇市の終焉

　闇市は、1949年以後、物資の統制解除で姿を消す。

闇市は儲かった。暮らせた。闇市で大儲けして、その金を故郷へ届けるために、密航船に乗り、何回も朝鮮と福岡との間を往復した人もいる。でも、闇商売が成り立ったのは解放からせいぜい4、5年の間だった。1950年代になると、闇はもう成り立たなくなった。ふつうの酒が出回りだして、密造酒が売れなくなったのだ。すると失業だ。そうして、暮らせなくなった人たちが、何年かして、ついに共和国（朝鮮民主主義人民共和国）に帰国して行ったのだ。

（［A地区］元住民、朝鮮系住民第2世代、男性、80代）

闇市の消滅は、朝鮮系住民の生業のあり方に大きな変化をもたらした。それまで闇商売を行なっていた人びとは、生計の手段を失い、日雇労働、廃品回収、人夫出し（後出）、間貸し、簡易宿所経営など、新たな生業につくようになる。また、上の語りに見られたように、闇市消滅後に生活が厳しくなり、ついにはそのことが要因となって朝鮮民主主義人民共和国へ「帰国」する者も生じたようである。あるいは、闇商売ができなくなり、福岡市での生活手段を失ったため、1950年代初頭、戦後復興で炭鉱の景気がよくなっていた筑豊へ転居し、そこでホルモン屋と古鉄屋をはじめたという人もいる。また一方で、それまで小屋掛けだった店を、バラックづくりの常設店舗に改造して飲食店などとして再出発する店もあった。こうした闇市終焉後の生業については、次章で取り上げる。

第4節　コリアンポリス

敗戦直後の博多港、および近隣に形成されたバラック集落は、「明日をも知らない状態」「人心が悪い」「秩序なんかない」「ボーっとしてたら生きていけない」「強いものが勝ち」（当時を知る複数の朝鮮系住民）といった世界であり、そこでは盗難などの犯罪をはじめ、さまざまなトラブルも発生していた。当時の様子に言及した警察資料にも、「随所で治安問題を生じ、埠頭

一帯はあたかも治外法権の無法地帯といった状態であった」(福岡県警察史編さん委員会編 1980：524) とある。
　そうした状況の中で、一部の若者が「コリアンポリス」などと呼ばれた集団を形成している。

　　あの頃、博多埠頭は船を待つ朝鮮人、引揚げてきたばかりの日本人でごった返していた。スリや強盗も多かった。それらの犯人を捕まえて自白させるために生まれたのがコリアンポリスだった。ジケイダン(自警団)ともいっていた。コリアンポリスには制服、制帽もあった。ヤンキー(米兵)の帽子と服、靴が制服、制帽だった。これらは米軍の制服一式で、大浜の闇市で売られていたものを自警団の若者たちが引き上げて(取り上げて)制服として使うようにしたものだ。使う前に、一度市内の進駐軍のところへ持って行き、この制服を使わせてくれと頼んだら、「君たちが警備をするのにこれを使ってもよい」といわれ、それで使うようになった。
　　制服には名前とコリアンポリスのマーク(朝という字を丸で囲み、その円から放射状に光が発している図案だった)の描かれた名札を付けた。そして、腰からはロープをぶら下げて歩いた。コリアンポリスのことを「朝鮮連盟警なんとか」とも言っていたが思い出せない。なんとかの部分は助け合うという意味の言葉だった。同胞を守る、というような意味だったと思う。
　　コリアンポリスは帰還船、釜山行きの船の中にも自由に入れた。そういう権限があった。あの頃、日本の警察のいうことを聞く者は誰もいなかった。なぜなら日本の警察は占領軍に使われているだけだったからだ。われわれのやることに警察は手を出せなかった。日本には警察の権力などなかったのだ。日本の警察があてにならないので、朝鮮人はみんなコリアンポリスを頼るしかなかった。とにかく、すべてはアメリカ進駐軍なのであって、日本の警察は何の力もなかった。
　　コリアンポリスがあったのは朝聯時代である。民団の看板が上がる頃(1948年)に自警団は終わった。
　　　　　　　　　　　([B地区] 元住民、朝鮮系住民第1世代、男性、70代)

この語りからは、当時の博多港周辺の朝鮮系住民の間から、犯罪を抑止し、また進駐軍や警察の権力と渡り合うことなどを意図した一種の自治的な「組織」が生み出されていたことがわかる。
　もっとも、当時の日本は敗戦によって連合国軍の占領下に置かれていたとはいえ、朝鮮系住民のもとに公的な警察権力が委譲されていたわけではないことから、警察権力の立場からすると、その存在は承認されないものということになる。たとえば、警察側の資料には次のようにある。

　　（1945年）10月上旬に南正祐は帰国朝鮮人の世話をする自治団体として同胞救護会を組織した。この組織の本来の任務は帰国をスムースにする連絡機関にすぎなかったが、彼らは「朝鮮は独立国となり、日本は敗戦によって主権なき国家になったのだから、日本の統治権は朝鮮人に及ばず、日本警察は警察権を行使できない」と解釈していた。
　　彼らは警察の取り締まりについて朝鮮人に関連することには、事ごとに干渉するだけでなく、同胞救護会をコリアンポリスと自称して警察権を行使した。救護会事務所裏には留置所のようなものを造って朝鮮人だけではなく朝鮮人に関連する事件には日本人まで逮捕監禁し、取調べを行うなど不法越軌行為が続出した。　　（福岡県警察史編さん委員会編 1980：522）

　敗戦直後の混乱した社会においては、朝鮮系住民側の主張は、ある意味、当然の主張でもあった。しかし、その規模や体系性からいって、コリアンポリスが確固たる主権を持った「組織」であったということは難しい。
　また、この「組織」は、博多港周辺一帯の朝鮮系住民を統合したり、代表したりするような「組織」であったわけでもない。
　当時を知る別の人物の回想では、

　　何やらそういうこと（叙上のコリアンポリス）をやっている者たちがいたようだが、それはごく一部。あの頃は、どこもかしこもとにかく無秩序。だいたい、ジケイダンかもしれないが、グレンタイ（愚連隊）やチンピラがつるんでいただけなんではないか。

　　　　　　　（［A 地区］元住民、朝鮮系住民第 1 世代、男性、70 代）

　コリアンポリスとかジケイダンとかいうものは、あったのかもしれないが、わたしは聞いたことがない。朝聯のことを言っているのか？
　　　　　　　（［A 地区］元住民、朝鮮系住民第 1 世代、女性、70 代）

というように、その存在を認知していない住民もいたのである。当時の博多港およびその周辺の朝鮮系住民たちの間に、コリアンポリスによって一元的に統合されるような状況が見られたわけではない。

第 5 節　朝聯

　コリアンポリスに引き続き、1945 年 12 月には、在日本朝鮮人聯盟福岡県本部が結成されている。在日本朝鮮人聯盟（朝聯）は、朝鮮系住民による全国組織の民族団体で、1945 年 10 月 15、16 日に在日本朝鮮人聯盟中央本部結成大会が東京で開催されている。福岡県本部の結成は、その 2 か月後、12 月 17 日であった。結成大会の会場は、［B 地区］にあった大浜国民学校の講堂で、このとき就任した委員長は、コリアンポリスの中心的人物であった南正祐（前節引用記事（福岡県警察史編さん委員会編 1980：522）参照）であった。
　このことから、コリアンポリスと朝聯福岡県本部との系譜的連続性を指摘することもできるだろう（出水 1993：89）。朝聯福岡県本部が行なった活動については、闇市撤去への協力、闇物価取締り、窃盗犯逮捕への協力、朝鮮人診療所への朝鮮人医師の派遣などが記録されている（出水 1993：89）。
　全国組織としての朝聯は、綱領に「新朝鮮の建設」「世界平和」「在日朝鮮人の生活安定」「帰国支援」「日本国民との友誼」などをうたった団体で（樋口 2002：168）、朝鮮系住民による大同団結的な大衆運動の性格が強かった。そのため、福岡市でも多くの朝鮮系住民がこの組織に関わっており、たとえば、1946 年 2 月に行なわれた臨時総会（会場は［A 地区］に隣接した千代

国民学校講堂）には約 500 名が参加している（出水 1993：89）。
　ただし、同時に生活の現場においては次のような声も存在する。すなわち、

　　大浜小学校で大会をやって、みんなでお祭騒ぎだった。ただ、どんなこ
　とをするのか、政治的なことについてはよくわからない者のほうが多かっ
　たのではないか。アカだとは思わなかったもの。[2]
　　　　　　　　　　　（[A 地区] 元住民、朝鮮系住民第 1 世代、女性、70 代）

　　われわれは解放民族だといって気炎をあげた。だが、それよりも何より
　も、まずは優先されるのは闇市でどれだけ儲けるかだった。食うこと、生
　きていくことのほうが優先されていた。
　　　　　　　　　　　（[E 地区] 元住民、朝鮮系住民第 1 世代、男性、80 代）

といった声である。以上の声の主のうち、前者は、のちに民団の活動（婦人会）に加わったこともある人であり、また後者は、のちに総聯が結成されると、「それほど熱心ではなかったが」総聯の活動に参加した人である。したがって、両名とも民族団体の活動と全く無縁だったわけではない。しかし、これらの発言からは、少なくとも、敗戦直後の状況下において、組織との完全なる同一化は行なわれていなかったことが理解できる。すべての朝鮮系住民が朝聯に完全に統合されていたわけではなかったのである。とりわけ、後者の発言にあるように、「どれだけ儲けるか」「食うこと」「生きていくこと」が優先されていたという事実は、組織と生活との関わりを考える上ですこぶる示唆的であるといえよう。
　なお、念のために述べておくと、筆者は、この時代の民族団体の求心力を過小評価するものではない。民族解放の喜びの中、民族団体に結集した人びとのエネルギーがきわめて大きなものであったことは容易に想像がつく。ただ、その上で、如上の語りのような見方が、全体からすれば少数意見かもしれないが、存在することをここで確認しておきたいのである。
　以上、本章では敗戦直後から 1950 年前後までの集住地域における朝鮮系住民の生活について、バラック集落の状況を中心に記述してきた。ここから

わかることを、〈生きる方法〉の観点から整理すると次のようになる。

　敗戦＝解放直後の混乱期において、朝鮮系住民は、廃材などありあわせの材料を巧みに用いてバラックを建てていった。そしてそれらの集積によって集落が形成され、そこを舞台に闇市での商売や密造酒製造などが行なわれた。

　集住地域におけるかれらの生活は、敗戦直後の混沌とした社会状況の中、ある種の成り行きによってそのあり方が規定された側面もあった。と同時に、社会的・経済的な制約の下で、限られた手持ちの材料を巧みな計算と判断によって選択し、それらを能動的に組み合わせるという実践もさかんに行なわれた。その場合、成り行きによるものであるにせよ、能動的なものであるにせよ、生き抜くために行なわれたさまざまな実践は、きわめてたくましい〈生きる方法〉そのものであったといえる。

　その場合、〈生きる方法〉の実践にあたっては、闇市や密造酒製造についての取締りなどの際に見られたように、集住地域の外部から住民に対して外圧が加えられた場合には〈生きる方法〉の集合的な実践が志向されることもあったが、一方で、個別の利害関係にもとづく、住民間でのさまざまな駆引きや狡知の競いあい、あるいはエゴイズムの発現も展開されていた。したがって、集住地域の住民が無条件に一枚岩的存在になっていたなどという見方をとることはできない。

　集住地域では、ある種の自治組織をめざすものとして自警団が形成され、また日本各地の朝鮮系住民との連携をも視野に入れた形で民族団体も形成されている。両者とも、「民族」を意識してのものであり、とりわけ後者は住民から多くの支持を得た。しかしながら、その場合でも住民が民族団体に完全に統合されているという状況は生じていなかった。組織との完全なる同一化は行なわれておらず、「民族」や組織よりも、「生きていくこと」、〈生きる方法〉のほうが先行するという場合もまた存在していたのである。

註

1) なお、筆者は、住民によるこの説明と全く同様の説明を山口県下関市の朝鮮系住民集住地域の住民から聴取している（島村 2003a：14）。また、李善愛は、自らが調査した宮崎県宮崎市 A 町（闇焼酎製造を行なってきたことで知られる集落）のデータにもとづいて、同様の見解を提示している（李善愛 2000：72）。

2) 金賛汀（1997）によれば、朝聯の中央組織は、当初、「民族主義者・社会主義者・対日協力者・協和会幹部など、思想的には雑多な集団」としてその結成が準備されたが、その後の結成過程において「左派グループの社会主義者・元労働運動活動家たちによって」主導権が掌握されていった。その結果、「朝聯の指導部のほとんどが、戦前の日本共産党によって指導された全協の活動家や共産党員によって独占」されたのであった（金賛汀 1997：146-148）。そしてこの流れは、その後、朝聯解散（1949 年）などを経たのちに結成された総聯（1955 年結成）へと接続していった。引用した話者の発言の中にある「アカ」とは、以上のような一連の事情のことをさしている。

第 **3** 章

1950年代以降のバラック集落と〈生きる方法〉

　前章では、敗戦直後から1950年前後までの集住地域の生活について、バラック集落の状況を中心に扱った。本章では引き続き、集住地域における1950年代以降の生活について記述する。
　当該フィールドに形成された8つのバラック集落は、現在、[A地区]のごく一部と[H地区]以外、すべて代替団地などへの立退き・移転によって消滅している。立退きは、地区ごとに異なるが、早いところで1961年、最も遅いところで1976年に実施されている。したがって、本章で扱う各地区の状況は、1950年頃から立退きの時点まで（[H地区]は現在まで）のものということになる。

第1節　バラック集落で生きる

(1) バラック集落

　敗戦直後におけるバラック集落の形成以後、集落の住民たちは、少しでも居住環境を改善しようとさまざまな工夫を凝らし、バラックの補修、増改築を重ねてきた。その結果、劣悪な生活環境の中の粗末なバラックであることには変わりはないものの、それでも敗戦直後に見られたテント同然のバラックに比べると、建物のつくりはそれなりに丈夫なものへと変化してきた。
　もっとも、バラックの建築、増改築に際して、近隣での話し合いなどは全く行なわれず、思い思いにバラックの増殖が進められたため、集落の空間配

置はきわめて複雑な様相を示すに至った。バラックとバラックは折り重なるように配置され、その間に狭い通路が迷路のように通っているというのが集落内の景観であった。

　図3-1、3-2は、それぞれ1955年当時の［A地区］および［B地区］の住宅配置図である[1]。両地区とも河岸に形成された集落であるため、川に沿って細長く形成されているが、［A地区］の場合は下流付近（図の右端）において、［B地区］の場合は上流付近（図の左端）において、バラック配置の複雑さが目立っている。また、図面では一見、単純な配置に見える場所でも、実際にはバラックの裏側（川に面した側）にも小さな通路があり、そこを伝って集落内を移動することもできたという（［A地区］元住民）。

　このようなバラック集落の複雑さは、川沿い以外の他地区においても同様か、あるいはそれ以上であった。なお、このような迷路状のバラック配置は、現存する［H地区］において実見することが可能である（写真3-1、3-2）。

　集住地域の住民は、目の前にある空間はすべて利用しつくそうという旺盛な生活力を持っていた。たとえば、JR鹿児島本線、西日本鉄道宮地岳線沿いに形成された［H地区］では、集落に隣接する鉄道用地を利用して畑がつくられた。これはいまでも続いており、自給自足用のコチュ（唐辛子）、ニンニク、大根などが栽培されている（写真3-3、3-4、3-5、3-6）。

　この集落と畑の間には、西鉄宮地岳線の線路が敷設されており、10分おきに電車が通過している。鉄道用地に畑をつくることは、「不法占拠」にあたり、また安全上の理由から、西鉄側はこれまで何回か、集落と線路との間に柵を設置し、「危険につき立入り禁止」という看板を立ててきた。しかしながら、住民側は、柵がつくられるたびに金網をペンチで切ってしまい、枕木も放り投げてしまう。そして、何事もなかったかのように自由に出入りした。「柵がつくられた直後は、金網を切ってはいけないといって、西鉄の職員が巡回しに来る。しかし、巡回している目の前で、われわれは金網を切って敷地内に入る。それをやられれば、向こうはやる気が失せる。それがこちらの作戦だった」（［H地区］住民）。相手のやる気をそぐなどといった高度な戦術の運用が興味深い。

　ところで、一般にバラック集落の居住環境は劣悪とされているが、この環

107・108

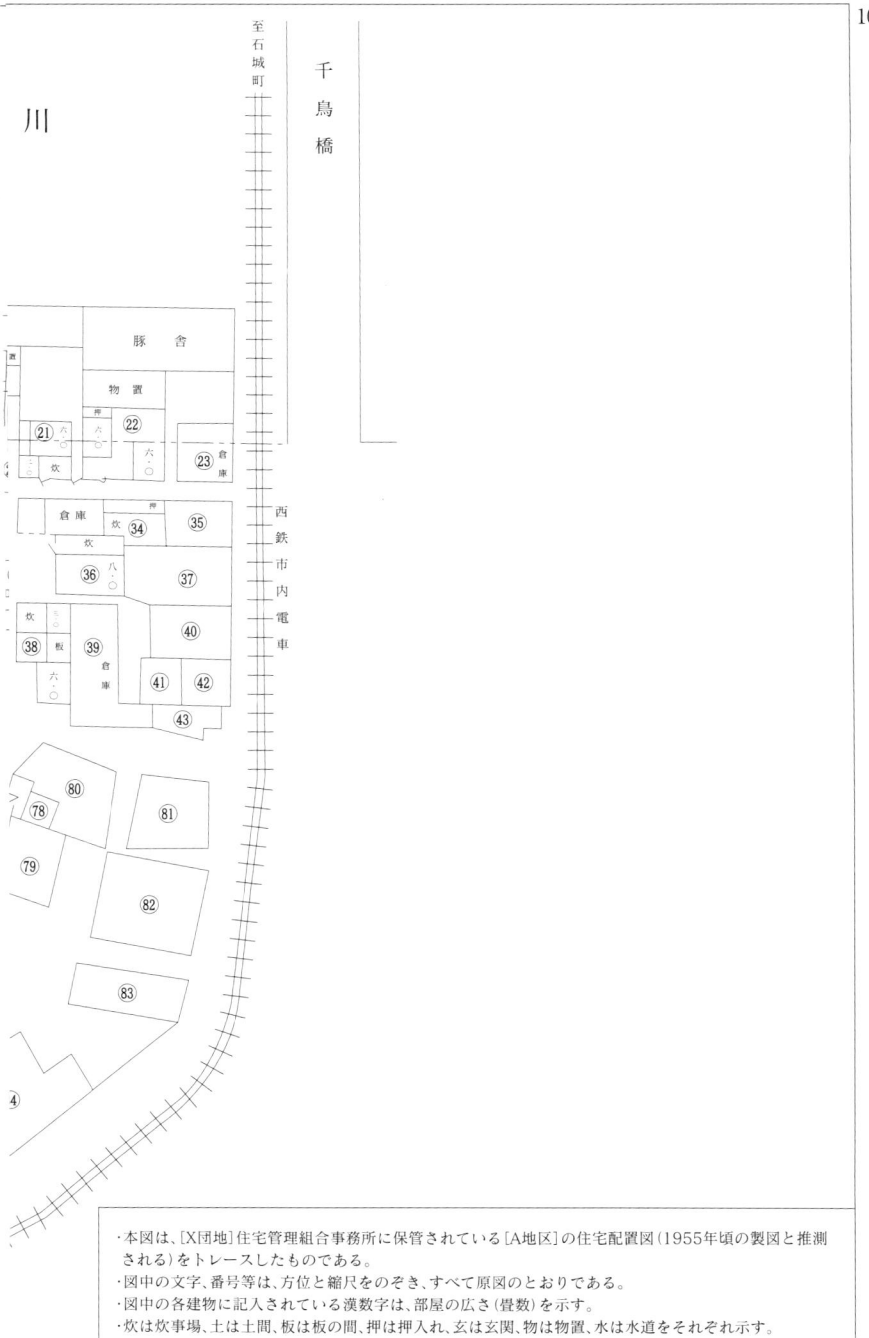

川

至石城町

千鳥橋

豚舎

物置

㉑ ㉒
㉓ 倉庫

倉庫 ㉟
㉞
㊱ ㊲
㊳ ㊴ ㊵
倉庫 ㊶ ㊷
㊸

西鉄市内電車

⑳
㊷ ㊸
⑦⑧ ⑧⓪ ⑧①
⑦⑨
⑧②

⑧③

④

・本図は、[X団地]住宅管理組合事務所に保管されている[A地区]の住宅配置図(1955年頃の製図と推測される)をトレースしたものである。
・図中の文字、番号等は、方位と縮尺をのぞき、すべて原図のとおりである。
・図中の各建物に記入されている漢数字は、部屋の広さ(畳数)を示す。
・炊は炊事場、土は土間、板は板の間、押は押入れ、玄は玄関、物は物置、水は水道をそれぞれ示す。
・――― - - - は、水陸の境を示す。
・方位と縮尺は、国土地理院1:25,000地形図「福岡」(1998年部分修正測量)と照合して新たに設定した。

第3章　1950年代以降のバラック集落と〈生きる方法〉　　111

写真3-1　[H地区] の様子
手前の建物は、「朝鮮総聯名島分会」の事務所。

写真3-2　[H地区] の様子

写真3-3　[H地区] の様子
住宅のすぐ裏には、西日本鉄道宮地岳線の線路がある。

写真3-4　[H地区]の様子
鉄道用地内につくられた畑。

写真3-5　[H地区]の様子
鉄道用地内につくられた畑。西鉄の線路（左）とJRの線路（右）の中間に畑がつくられていることがわかる。

写真3-6　[H地区]の様子
線路内への立入りを制する立て札。

境を肯定的に捉える語りも存在する。

　あんなバラックでも 20 年、30 年はもつ。いまのように密閉した住宅ではすぐにカビがはえるけれども、昔のバラックはカビがはえることなどめったになかった。
　　　　　　　（［B 地区］元住民、朝鮮系住民第 2 世代、女性、70 代）

　バラックは風通しがよく、いまのマンションみたいに結露が出るなどということは、全くなかった。貧しかったが、慣れれば快適だった。家が狭い場合、金さえあれば隣りと交渉して隣りの家も買ってしまった。そしてニコイチ（2 戸 1。2 戸連続）にして住めばかなり広く住めた。だから、わたしは立退き（第 4 章参照）には反対だった。立退き先の団地は狭くて住めたものではなかった。
　　　　（［B 地区］元住民、朝鮮系住民第 2 世代、女性、70 代。上掲の話者とは別人）

　もっとも、そうした回想とは裏腹に、バラック集落には衛生面での問題など不都合な点も多々あった。たとえば、個別にトイレを所有する家は少なく、多くは汲み取り式、もしくは川への垂れ流し式の共同便所で用を足した（夜間は共同便所には行かず、朝鮮語でヨガンと呼ばれる尿瓶を使用し、翌朝、共同便所に捨てに行った）。また、のちに立退きでバラックを取り壊した際に、1 階と 2 階の間の隙間から、たくさんの蛇が出てきたなどということもあった。
　こうした問題を抱えながらも、集住地域の住民たちは、困難な状況下、ありあわせの材料を器用に組み合わせて居住空間を形成し、そこでさまざまな生業を展開しながら、集落での暮らしを生き抜いてきたということができる。

（2）住民たち

　次に、こうしたバラック集落に暮らした人びとがどのような人びとであったのか、当時そこで暮らしていた人びとの語りにもとづき、やや詳しく見て

おきたい。

貧困の中の家族

　前章で見たとおり、博多港周辺や石堂川河岸、国鉄旧博多駅前にバラックを建てて住みついたのは、1945年8月15日以降、西日本を中心とする各地から博多港にやってきた朝鮮系住民であった。博多港に集まった朝鮮系住民には単身者も多かったが、かれらの多くは初期の帰還船でなんとか朝鮮半島への帰還を果たしており、帰還を留保してこの地にとどまったのは、家族連れが多かった。この人びとが、バラックを建て、闇市で商売をするなどして敗戦からの数年間を生きてきたのである。以下、取り上げるのは、その後、1950年代以降のバラック集落に暮らした家族の状況である。

　バラックに暮らした家族はどこの家族も、一家の構成員数は多かった。夫婦に、シアボジ（舅）、シオモニ（姑）、子ども4人から5人などという家族はそこらじゅうに見られた。かれらは、とにかく食べていくので精一杯であった。敗戦後数年間は闇市での商売でなんとか食べることはできた人びともあったが（みながみなではない）、1950年代に入ると、物資の統制解除で闇市が成り立たなくなり、どこの家族も一挙に生活が苦しくなった。

　とにかくありとあらゆることをして食べてゆかなければならなかった。この時代の生業については次項でまとめて述べるが、たとえば舅と夫は養豚と鉄くず拾い、妻は昼間は古鉄回収と密造酒製造、夜はドブロク売り、子どもも10歳くらいからは家の仕事を手伝った。家族総出でとにかくがむしゃらに働いた。しかし、日々の収入は、翌日の食糧を手に入れるのがやっとという状態で、それすらかなわない場合もあった。その日暮らしからの脱出は難しかった。

　集住地域内に何らかの親族がいる場合は、家族同様に仕事や食べ物を融通しあった。もっともこれは親族だけでなく、同じような家族がいる隣近所の住民は、家族同然に行き来していた。とにかく助け合わないと生きていけなかった。

アボジとオモニ

　こうした状況下、家族のまとまりは強固なものであった。「食うために精一杯で、自然と家族や親戚が肩を寄せるようになっていた」（[B地区] 元住民、朝鮮系住民第2世代、男性、50代）。もっとも、「いまのようなマイホームパパや専業主婦はいなかった」（同）。とくにアボジ（父親）については次のように語られている。

　　酒を飲んで暴れまわるアボジというのは、あちこちにいた。出て行ったきり何日も何週間も帰ってこないアボジもいた。『血と骨』の世界は本当にあった。映画の中の金俊平、あそこまではいかなくても、あんなおやじはあちこちにいた。[4]
　　　　　　　　　　（[B地区] 元住民、朝鮮系住民第2世代、男性、50代）

　　男はみんな博打ばっかりやっていた。そして勝っても負けても酒。あげくに酔っては奥さん殴り飛ばす。茶碗もどんぶりも吹っ飛ぶ。あの頃の男たちは、奥さん殴らなきゃいけないくらいに、喧嘩しなきゃいけないくらいに思っていたんじゃないか。
　　　　　　　　　　（[B地区] 元住民、朝鮮系住民第2世代、女性、70代）

　もちろん、すべての朝鮮系住民の父親が暴君であったとか、博打に明け暮れていたというわけではない。「まじめ一筋で、おとなしい」アボジの思い出を語る話者もいる。

　　うちのアジェ（おじさん。ただし、ここでは夫の意）、本当にまじめだった。毎晩、焼酎ちょっと飲むだけ。あとは働くだけ（この人は長年靴屋をやっていた──引用者註）。金持ちにはとうとうなれなかったけど、娘二人と息子二人育てた。まじめな人生だった。
　　　　　　　　　　（[B地区] 元住民、朝鮮系住民第2世代、女性、70代）

　オモニ（母親）については、「子ども4人を抱え、とにかく働きづめに働

いた。男と全く同じように朝から晩までリヤカーを引いてくず拾いに回っていた。そうでないと生きていけなかった」（[B地区] 元住民、朝鮮系住民第2世代、女性、50代）、「酒飲んで遊んでいるアボジにかわって、家族を養い、子どもを育てたのはオモニだった」（[A地区] 元住民、朝鮮系住民第2世代、男性、50代）、「（オモニは）暴れるアボジに耐え、それどころかなんとかアボジを操縦して暮らしを成り立たせていた。いまの時代だったら絶対家庭崩壊だ」（[B地区] 元住民、朝鮮系住民第2世代、女性、50代）などと語られることが多い。また、父親が早死にし、母親一人がくず鉄拾いで6人の子どもを育てていたというようなケースもある。

子どもたち

　1950年代にバラック集落で子ども時代を送った現在50代から60代の人びとはみな、10歳を超えた頃から家の仕事をさせられていた。ブタの餌をもらいにあちこちの食堂に行く仕事、密造した焼酎を集落外の飲み屋に運ぶ仕事、くず拾い、集めてきたくずの仕分け、女の子なら食堂の手伝い、共同水道での洗濯や米とぎ、それに自分の家や近所の家の子守であった。

　ただ、よほどの事情がない限り、学校（日本の公立学校、または民族学校）には通わせてもらえた。これについては、「親たち1世の世代は、とにかく生活の土台がないところで、食っていくことで精一杯。字も読めない。明日どうなるかもわからない。食っていくこと以外、何も考えることができない。だが、子どもにはせめて教育をつけさせたい。子どもにだけは期待したいという気持ちがあったのだと思う」（[C地区] 元住民、朝鮮系住民第2世代、男性、50代）というように解釈されている。同様の解釈は多くの第2世代から聞くことができた。

　もっとも、貧しい中での通学である。文房具も買えなければ、昼食の弁当を持って行けない子も多かった。そして学校から帰ると仕事であった。友達と遊ぶのも仕事をしながらであった。また、学校から帰ると母親が待っているなどということはありえないことだった。ある人は、成人後、子どもの頃のことを思い出し、母親に、「あの頃、学校から家に帰ってきて温かい飲み物でも飲みたかった。寂しかった」と言ったところ、「オモニが家を出て行

かなかっただけよかったと思え」と一蹴されたと語る。
　子どもたちの中には10代半ばを過ぎると「ワル」になる者もいた。

　　狭いバラックにきょうだい大勢、オヤジは暴れるで、うっとうしくて外
　をうろうろしているうちに家に帰らなくなり、グレンタイ（愚連隊）のよ
　うなものに入り、そのうちヤクザになってしまう者もいた。
　　　　　　　　（[B地区] 元住民、朝鮮系住民第2世代、男性、60代）

　親たちは労働に追われ、子どもの相手をしている余裕は全くといってよい
ほどなかった。どの家もそういう状況であったが、そのかわり、どこの家の
子に関わらず、手の空いた近所の誰かが気にかけて子どもの様子を見ている
という状況もあった。

　　子どもは、家で育つというよりは近所で育つという感じだった。その証
　拠に、子どもは、どこの家でも自由に出入りしていた。晩ご飯を自分の家
　でなく、近所のどこかの家で食べることもふつうだった。
　　　　　　　　（[A地区] 元住民、朝鮮系住民第2世代、女性、60代）

チュンシネビと婚姻
　ところで、集落内で新たに所帯を持つ若者も少なくなかった。各地区に一
人か二人、中年以上の女性で世話好きの者がおり、こういう人が結婚の相手
を世話した。この人たちはチュンシネビ（慶尚道地方の地域語で、結婚仲介
者の意）と呼ばれ、結婚が成立すると両方の家の親からいくばくかの謝礼を
もらうことになっていた。チュンシネビは、各バラック集落間はもとより、
さまざまな縁（たとえば福岡市に来る前の前住地の知り合いなど）をたどっ
て、福岡県内や北部九州各地の朝鮮系住民との間にネットワークを持ってい
た。このネットワークを使って結婚相手の紹介を行なったのである。
　そのため、集住地域には、福岡県内の飯塚、田川、粕屋、あるいは若松市
（現在の北九州市）などの集住地域から嫁に来た者がおり、また、こちら側

から県内各地や佐賀県、大分県などの朝鮮系住民のもとへ嫁に行った者もいる。なお、こうした縁談は、チュンシネビだけでなく、後出の民族団体の活動の中でできた人脈によってもたらされることも多かった。

　結婚式は、1950～60年代には新郎の実家のバラックで行なった。式のやり方は、第1世代の長老格の者が指導して朝鮮式でやることがふつうだった。みな貧しい生活だったが、結婚式だけは派手に祝うものとされていた。その後、1970年代以降は、市内の中華料理店を会場にすることが多くなった。

　なお、日本系住民の女性と結婚し集住地域内に暮らす朝鮮系住民の男性も若干はあった。これは闇市や何らかの契機で知り合ったケースである。ただし、現在でこそ日本系住民との婚姻は相当数見られるようになっているが、この当時はこうしたケースはまれであった[5]。

祖先祭祀とチョクポ

　朝鮮系住民における家族や親族のまとまりを象徴するものとして、朝鮮系住民研究の中ではしばしば祖先祭祀（ホージとかチェサと呼ばれる）が取り上げられている（梁愛舜2004：10-30）。この地域でも祖先祭祀は行なわれていた。朝鮮系住民の祖先祭祀は、一般的には長男筋の者が3～4代前の祖先までを祀るものとされており、当地においても長男筋の家ではこれが行なわれた。次三男の場合は、長男家に赴いて祖先祭祀に参加した。また、長男であっても、次三男であっても、父系親族の中に他に祖先祭祀を行なう家がある場合には、そこへも参加した。

　祖先祭祀には、ふだん食べられない白米や肉、魚を供えた。そして、儀礼終了後にそれらを共食するウンボク（飲福）と呼ばれる食事が大きな楽しみであった。祖先祭祀の日は狭いバラックに親族やあるいは近所の人まで集まり、たいそう賑やかであった。また、祖先祭祀の翌日に、近所へ食べ物を分けることも行なわれた。もっともそうした供物を用意できずに、家によっては、炒った豆と水だけが供物というケースもあった。家によって差はあるが、比較的多くの供物が用意されるようになるのは、だいたい1960年代後半から1970年代以降のことだったという。

また、祖先祭祀と関わって、朝鮮系住民の家では、チョクポ（族譜。父系血縁原理による一族の家系にまつわる記事を記した書物）が所有されていることもある。ただし、集落内のすべての家に該当するわけではない。第1世代の人びとのうち、長男の場合には、故郷を離れる際や、渡日後に朝鮮半島との間を往復する際にチョクポを持参してきた人もいる。しかし、チョクポを持ってこなかった人も多かったし、次三男の場合には、そもそもそのようなものは持参してきていない。また、チョクポを所持していたとしても、戦禍の中で失ってしまった人もいる。

　1950年代におけるチョクポ所持の状況はこのようなものであったが、1960年代後半以降になると、韓国にある自分の宗族の宗親会からチョクポを取り寄せる者も出てきた[6]。こうした動きは、経済的にある程度のゆとりができてはじめて可能になったものと考えられる[7]。このあたりのことは、次のように語られている。

　チョクポにこだわる人が出てきたのは、生活にゆとりが出てきたから。当時（1950年代）は、そんなこと気にかけている余裕がない。あの頃チョクポを大事に保管していたのはよほどしっかりしている家だった。
　　　　　　　（[A地区] 元住民、朝鮮系住民第2世代、女性、60代）

　以上をふまえると、チョクポについては、1950年代においてはこれを所持しないケースが少なくなく、これらへの関心は、むしろ経済的に余裕が生じて以後、高まったものと見ることができる。

故郷との関係

　前章でも触れたように、福岡市の集住地域で暮らすようになった朝鮮系住民第1世代の故郷は、慶尚道を中心とする朝鮮半島南部であった。植民地時代には、この故郷と日本での生活地との間を行き来していた人も一部いたが、敗戦後、福岡に滞留するようになってからは、往来ができないため疎遠になった。朝鮮半島南部が韓国領になったため総聯系（後出）の人びとは一切故郷との関わりが絶たれてしまった。また民団系（後出）の人びとであっ

ても、朝鮮戦争による社会混乱の中、故郷との連絡は途絶状態になった。また そうした社会情勢とともに、生活に追われ、故郷のことを思い出してもそれ以上にどうすることもできないというのが実状であった。

　かれらが故郷の地を再び踏むことができるようになったのは、民団系の場合は1965年の日韓国交正常化以後、総聯系の場合は墓参団が組織された1975年以後のことである。ある人（総聯系）の場合、墓参団で41年ぶりに故郷を訪ね、93歳になっている母親に再会した。しかし父親はすでに亡くなっていたという。なお、1959年から行なわれた北朝鮮への帰国運動により北朝鮮へ「帰国」した人びとの場合は、韓国領になっている朝鮮半島南部の故郷には、少なくとも戦後一度も足を踏み入れることなく北へ向かったということになる。

　なお、以上の話とは別に、戦後にやってきた密航者について次に触れておきたい。バラック集落には、朝鮮半島からの密航者が入ってくることがあった。かれらはみな単身男性で、小さな漁船を闇船に仕立てたものに乗ってやってきた。敗戦から数年間は、いったん博多から朝鮮半島に帰還して行った者が再びこの地に現われるという者が多く、また、中には闇市で儲けた金を持って故郷と福岡の間を行き来している者もいた。

　1950年代以降の密航者は、朝鮮戦争で荒廃した韓国社会に見切りをつけるような形で日本に渡ってきた者たちだといわれている。この人たちは、いったんバラック集落内の飯場などに身を隠したあと、どこかへ消えていった。関西方面につてをたどって上がっていく者が多かったらしい。

転出と転入

　バラック集落の住民は、再三述べているように主として敗戦直後に博多港に集結した人びとであったが、それ以外にも、バラック集落が形成されてのち、対馬や筑豊をはじめ各地から流入してくる人びともあった。

　対馬からの流入は1950年代後半に集中していた。対馬の山中で炭焼きをして暮らしていた朝鮮系住民たちが、エネルギー革命の影響で炭焼きでは生活ができなくなり、福岡市へ渡ってきたのである。こうした人びとは［D地区］［E地区］［F地区］に多く、全部で20世帯はあったのではないかとい

う（［D地区］元住民、朝鮮系住民第2世代、男性、60代）。

また1950年代後半から60年代にかけて筑豊など各地の炭鉱が閉山された際にも、炭鉱地帯からバラック集落に流入してくる朝鮮系住民があった。かれらも［D地区］［E地区］［F地区］に入ることが多く、20〜30世帯はあったのではないかという（［D地区］元住民、朝鮮系住民第2世代、男性、60代）。

こうした流入者たちは、すでにこの地に居住している者のつてをたどってやってくる場合が多かったというが、中には前住地において生活が成り立たなくなり、着の身着のままで福岡へやってきて、自然と集住地域に引き寄せられたというような人もいる。いずれにせよ、流入者は、来住当初は誰かのバラックに間借りをしていることが多かった。

流入してくる人びとがいれば、バラック集落から転出してゆく人びともいた。集落外に住む親族や旧知のつてで何らかの生業にありつけそうだとなった人や、あるいはこの地では全く食っていけないと判断してここから出て行った人などである。とくに闇市終焉直後には、食い詰めて、バラックを売り、再び前住地の炭鉱地帯などに戻っていく人もあった。

第2節　生業の諸相

敗戦から5年間のバラック集落における生業は、もっぱら闇市と密造酒製造、養豚であった。しかし、闇市は、1949年の物資統制解除をもってその存在意義を失うことになる。このため、闇市によって生計を立てていた住民は、1950年代に入ると、新たな生業を選択しなければならなくなった。以下は、1950年代以降の集住地域の生業をめぐる〈生きる方法〉の事例である。

［無職］

まず、無職の者が相当数にのぼったことを指摘できる。とりわけ、闇市の終焉によって生活手段を失った者たちが、無職者となった。もちろん闇市時代にも無職の者は多くいたが、闇市の終焉によって無職の者がさらに増大し

たといわれている。無職の者の数が具体的な数字として判明しているのは［A 地区］と［B 地区］で、それぞれ 1955 年の調査によると、［A 地区］で 162 世帯中 52 世帯（32％）、［B 地区］で 62 世帯中 14 世帯（23％）であった[8]。もっとも、これらの数字はあくまでも行政による調査への回答結果にもとづくものにすぎず、実際には、無職者といいながら、くず拾いや間歇的な日雇労働に従事する者も少なくなかった（［A 地区］元住民）。

［日雇労働］

　港湾や土木・建設現場で作業員（それらのほとんどが日雇であった）として働く者もあった。1950 年代の戦後復興期に入ると、港湾の流通機能が回復し、港湾労働者の需要が急増したが、8 つの集住地区のうち、旧博多駅前に立地する［C 地区］と、多々良川の東岸に立地する［H 地区］を除いた各地区は、いずれも博多港に近接した位置に立地しており、それらの地区の住民が港湾労働者として博多港で働くようになったのである。

　港湾労働の雇用形態の多くは日雇であり、博多港（現地では博多港のことを「築港」と呼ぶことが多いので、以下、本文中では博多港を「築港」と表記する）入り口には、毎日早朝、港湾での職を求めて多くの日雇労働者が集結した。日雇労働者が集まる場所は「タチンボ」[9]と呼ばれ、それは［B 地区］と［E 地区］のちょうど中間、千鳥橋の西詰と博多臨港警察署の間の路上に位置していた（このタチンボ地点は現在も存在し、毎朝 100 人前後の日雇労働者が集結している。現状については第 6 章を参照）。ここに、港湾荷役会社の社員や、人夫出し業者（後述）に雇われている手配師（後述）などがやってきて、日雇労働者のリクルートを行なうことになっていた。すなわち、ここは早朝の路上に出現する労働市場だったのである。また、タチンボでは、港湾労働者とともに土木・建設労働者の求人も行なわれた。

　当時の日雇労働については、次のような証言がある。夫が総聯のイルクン（無報酬の末端専従活動家。第 7 章註 1 参照）で収入がなく、そのため女手一つで二人の子どもを育てた経験の持ち主である朝鮮系住民第 2 世代の女性（現在 70 代）の語りだ。

第3章　1950年代以降のバラック集落と〈生きる方法〉

　いまから40年前、毎朝、築港のタチンボに通っていた。ハマの仕事（港湾労働）をもらうためだ。築港には大きな外国船がたくさん入ってくる。その船の荷物の積み出しの仕事だ。荷物は、麦とか砂糖黍、トウモロコシなどだった。これらを船内から運び出すのが仕事だった。たとえば、トウモロコシは、船にむき出しの状態で積みこまれてきたものを、麻袋に入れ一袋60kgとか100kgの袋をつくりミシンで縫う。それを船外に運び出してトラックに積み、倉庫に持って行く。女が縫って男が運んだ。こういうのがハマの仕事だった。こういう仕事は、上組（カミグミ）とか日通とか、いろいろな組が請け負っていて、労働者はそれぞれの組に日雇で雇われた。

　朝、タチンボに行って、それらの組の仕事をもらうのだが、常連で雇われている人はいいが、そうでない人の場合は、アブレる（仕事にありつけないこと）ときもある。日雇の仕事があるかないかは、日によって違う。仕事があるかないかは、タチンボに行ってみないとわからない。

　仕事にアブレたときには、組の人が、アブレ賃、足代といって何百円かくれることになっていた。アブレ賃をくれるのは、労働者をこの場所に引きつけておくためだ。タチンボに行ってもアブレてばかりだと、労働者の側も生活があるからタチンボに行かず、どこか他の仕事に行ってしまう。そうすると、雇い主の側は、大量の労働者が必要になったときに、人手不足で困ることになる。だから、とりあえず、雇えるか雇えないかは別として、労働者を毎朝ここに引き寄せるために、仕事がないときにはアブレ賃を支払ったのだ。

　日雇仕事は土木のほうもやった。土方（ママ。以下同じ）に行くと、女には1日500円くれた（40年前のこと）。女のやる仕事は、「左官屋のコドリ」という仕事で、箱の中でセメントに砂を入れて練ったものをつくり、これを左官屋に渡す。すると左官屋が平べったい板みたいなものにそれをつけて塗るという、そういう左官屋の加勢みたいな仕事が多かった。

　その日当が500円。主人の収入はない。だからその500円で1日生活しなければならなかった。米1升買って、子どもが近所の駄菓子屋でつけで買って食べたお菓子代を払って、明日の弁当のおかず買って、それと、土木で汚れているからお風呂へ行く。それでその500円は全部使い切り。ま

さにその日暮らしだった。

　それに、「土方殺すに刃物はいらぬ。雨が三日も降ればいい」といって、雨になると仕事がない。また、晴れていて、タチンボに行っても、仕事がないときもある。その場合、土方の仕事には、ハマの仕事と違って、足代、アブレ賃はなかった。仕事にありつけたときの日銭だけが頼りの苦しい生活だった。

　　　　　　　　　　（[A 地区] 元住民、朝鮮系住民第 2 世代、女性、70 代）

　以上の証言は、朝鮮系住民によるものだが、港湾、土木・建設、いずれの場合も、日雇労働者は朝鮮系住民よりも日本系住民のほうが多かった。ほとんどが日本系住民だったという証言もある（多くの朝鮮系住民より聴取）。日本系日雇労働者と朝鮮系住民との関係については、第 6 章で取り上げる。

[飲食店]

　闇市時代の終焉後、闇市での商売の延長線上で、飲食店を営む者も一定数いた。飲食店は、旧博多駅前の [C 地区] を筆頭に、[A 地区] [B 地区]、および競艇場の目の前にあった [F 地区] [G 地区] に多かった。1955 年の調査によれば、[C 地区] には 12 世帯（全 20 世帯中の 60％）、[A 地区] には 21 世帯（全 162 世帯中の 13％）、[B 地区] には 9 世帯（全 62 世帯中の 15％）の飲食店があった（「博多駅前朝鮮人部落該当者名簿」「東側河岸（大津町・千鳥町）朝鮮人該当者名簿」「西側河岸（下竪町・新校地町）該当者名簿」）。これらの飲食店の大部分がホルモン屋であった。このうち、[B 地区] にあった「金光（かねみつ）食堂」を例に当時の様子を記述すると、次のようになる。

　金光（かねみつ）食堂は、闇市時代から続くホルモン屋で、母と姉妹 3 人でやっていた。おかあちゃんが美人で、また娘 3 人もきれいだよということで、客がひっきりなしに訪れて繁盛した。人夫や職人だけでなく、大手門の官庁関係の人や学校の先生も来た。焼き鯖とかホルモンなどを出していた。ホルモンは 1 日に 20 キロくらい出た。米は 1 日に 5 升炊いた。

立退きになる 1971 年まで店をやっていた。　　　　　　　（同食堂関係者）

　こうした飲食店は、1961 年以降、[A 地区] から [G 地区] まで順次行なわれた各地区の立退きによって除却されており、いま、往時の姿を見ることはできない。その中で、唯一、数軒のバラックが立退きを免れた旧[A 地区]東端部には、現在も、この当時から営業をしている焼肉屋「玄風館」があり、建物の外観、内装ともに当時の姿をいまに伝えている（写真 3-7、3-8）。

[商店]
　闇市での商売の延長線上で商売を営む者もあった。福岡県が実施した調査によると、1955 年当時、[A 地区] には、次のような商店があった（「東側河岸（大津町・千鳥町）朝鮮人該当者名簿」による。各業種に付された数字は該当世帯数。業種名の表記は原資料に従った。以下同じ）。

　　靴商 1、理髪店 1、鮮魚商 1、乾物商 1、駄菓子屋 1、木炭商 1、自転車 1、食料品商 1、燃料商 1、ペンキ屋 1、衣料品店 1、洋裁店 1。

　また、同じく、[B 地区] については、次のような商店があった（「西側河岸（下竪町・新校地町）該当者名簿」による）。

　　食料品店 1、菓子商 1、衣類商 1、燃料店 1、クリーニング 1。

　これ以外の地区については、[C 地区] には呉服屋、八百屋、雑貨屋がそれぞれ 1 軒ずつ、さらに他地区については、雑貨屋が各地区 1 軒〜数軒ある程度だったという。
　なお、この当時、[A 地区]に隣接して「大津町商店街」という商店街があった。この商店街は、そのまま [A 地区] に地続きで接続しているというようなロケーションにあった。こちらのほうは、「日本人の商店街」だったが（[A 地区] 元住民）、その中にも朝鮮系住民が営む朝鮮系食材を扱う店（以下、朝鮮系食材店）が数軒あった。[10]

大津町商店街は、その後、周辺地域の大規模な住宅改良事業・再開発（1986年〜1988年）の結果、消滅し、同商店街にあった店舗の多くは1987年に完成した「博多せんしょう」という2階建ての商業施設（千代商業協同組合が経営。店舗数52）の中に店舗を移している（写真3-9）。その際、数軒あった朝鮮系食材店のうち3軒はこの中に入ったが、別の数軒は、「博多せんしょう」前の道路に面したところに店舗を構えた。この通りには、再開発後に新たに開店した朝鮮系食材店を含めて、現在、7軒の朝鮮系食材店が店を出している。

　それらの店先には、「韓国食品直産販売小物　花子の店」「焼鳥・ホルモン・焼肉専門店」「韓国式湯がきブタ」「韓国の"おいしい食材"専門店　星本商店」「焼肉・豚肉・牛肉・ホルモン　とらや」「韓国食品キムチ　林商店」「ホルモン　結納餅　調味料一式　韓国料理一式　横山商店」などの看板が出されており、いわば小規模なコリアタウンの感がある（写真3-10、3-11）。

　現在、福岡市内の朝鮮系住民の家では、正月や祖先祭祀の際の供物（蒸豚その他）の買い出しは、「博多せんしょう」もしくは、「博多せんしょう」付近の朝鮮系食材店で行なうことがふつうとなっている。

［養豚］

　集住地域では、闇市時代に引き続き、養豚を行なう者もいた。1955年当時［A地区］では7世帯、［B地区］では5世帯が養豚を行なっている（「東側河岸（大津町・千鳥町）朝鮮人該当者名簿」「西側河岸（下竪町・新校地町）該当者名簿」）。また、同時期の住宅配置図には、［A地区］に11、［B地区］に15の「豚舎」の記載が見られる（［A地区］住宅配置図（1955年。図3-1）、［B地区］住宅配置図（1955年。図3-2））。この他、両地区以外でも、［H地区］と［C地区］を除いた各地区で養豚が行なわれていた。

　闇市時代と異なるのは、闇市の終焉とともに密造酒の製造が行なわれなくなり、そのため闇市時代に豚の飼料としていたアレギ（焼酎の絞りかす。第2章第3節参照）を用意することができなくなったことである。そのため、養豚を行なう人びとは、集住地域内の食堂や馬出にある九大病院の食堂に残飯をもらいに通うことになった。

第 3 章　1950 年代以降のバラック集落と〈生きる方法〉　　127

写真 3-7　闇市時代からある焼肉屋「玄風館」
旧［A 地区］の一角に建つ。

写真 3-8　「玄風館」の内部

写真 3-9
大津町商店街一帯の再開発によってつくられた商業施設「博多せんしょう」
朝鮮系食材店も入っている。

写真 3-10
「博多せんしょう」周辺（旧大津町商店街付近）にある朝鮮系食材店

写真 3-11
「博多せんしょう」周辺（旧大津町商店街付近）にある朝鮮系食材店

［廃品回収］

　いわゆる「くず拾い」（現地の人びとの表現）のことである。1950年代以降の集住地域の生業の中では、スクラップなどの廃品回収が大きな位置を占めていた。人びとは、敗戦直後から、金属類、とりわけ銅や真鍮は高く売れるといって、それらを焼け跡から探し出したり、半壊の建物（ビルや寺院など）から持ち出したりして回収業者に売っていたが、1950年に朝鮮戦争がはじまると、古鉄スクラップにも高い値がつくようになった。そこで、人びとはスクラップ回収も行なうようになったのである。また、スクラップとともに、古着や古紙などの回収もこの時期からさかんに行なわれるようになった。

少なくない住民が、市内を回ってスクラップや古着、古紙など各種廃品を回収した。また、人によっては、石堂川や那珂川に沈む金属類を目当てにボートの上から川ざらいをしたり、博多港に潜って金属類を拾ったりもした。このようにスクラップや廃品を拾い集めてくる人びとは「バタ屋」と呼ばれたが[11]、これに対して、回収した廃品を買い取って整理をした上で廃品再生業者に売る者もあり、かれらは「寄せ屋」と呼ばれた。

 1955年頃には、寄せ屋は、［A地区］とその近隣に5～7か所、［B地区］にも数か所、さらに［B地区］のすぐ西側一帯（築港口周辺）に5か所、そして［H地区］にも1か所あった。寄せ屋では、持ちこまれたスクラップの解体などを行なうが、バラック集落は、そのための作業場を用意するのに最適だった。

　　廃品回収の仕事には、作業場がいる。持ちこまれた機械類を分解して金属類を取り出したり、電線を焼いて中の銅線を取り出したりするのだが、そのためには作業場がいるのだ。朝鮮部落はそういう仕事には向いていた。隣りのバラックを買い取って作業場にしたりできたし、それに電線を焼いて煙を出しても、ここなら誰も文句は言わなかった。ふつうのところなら、隣近所がうるさいかもしれないが、ここではそんなことで文句を言われることはなかった。みんながやっていたからだ。
　　　　　　　　　　　　（［B地区］元住民、朝鮮系住民第2世代、女性、70代）

　　アカ（銅）をとるのに家の前で車を燃やす。うちがやってたのはそれ。朝鮮部落はいいよ。ああやって煙出しても誰も文句言わない。うちは近所の空き家も買って、解体の作業場にした。車1台くらいわけなかった。
　　　　　　　　　　　　（［A地区］元住民、朝鮮系住民第2世代、女性、70代）

 次に、バタ屋の仕事について聞き取り資料を提示してみよう。

　　古鉄、スクラップは、町の中をリヤカーで回って回収した。一軒一軒、「古新聞とか古鉄ないですか」と立ち寄るのだ。すると、新聞とか何か金

属類を出してくれたりする。それを、一貫なんぼというふうに計算して金を払って集めてくる。量ってなんぼ。新聞紙も、量ってなんぼ。鉄も、銅、真鍮、鉛、みんな値段が違う。それから、たまに、邪魔になるから持って行ってくれといってビンやボロきれを金を取らずにくれる人もいた。

回るのは、家（[A地区]）から出て、天神までの片道4km、あるいはもう少し遠出をしたときは平和通りを回って西新までの片道8km、といった範囲だった。その範囲をリヤカーで往復するのだ。西新だったら往復16kmになる。朝からずっと回って、リヤカーにいっぱいになったら問屋（寄せ屋のこと）に行って荷物を降ろし、代金をもらって帰ってくる。

問屋は、大津町（[A地区]の東隣）に2軒、石城町（[B地区]の西隣）に数軒あった。問屋では、集めてきたものを、買ってきたときの値段よりも少し高い値段で売る。それでわずかな稼ぎになったのだ。

日によっては、全く品物が出ない日もあった。品物が出るまで歩き続けるから、いつのまにか西新を越えたあたりまで行ってしまうのだ。それでも品物が出ないときもある。完全にアブレだ。アブレたからといって、家で子どもたちが待っているのであまり遅くまで粘ることもできない。やむをえずアブレのまま帰ることになる。しかし、家に帰っても金がない。金がないから、アブレの日はありあわせでどうかこうかして暮らすしかなかった。本当にその日暮らしだった。

口で簡単に言うけど、あの当時は、悲惨だったですね。情けないっていうか、何でこんなことせにゃいかんのかと。それ考えたら、いま、10円の金も無駄に使われんよ。

あの頃は、歯を食いしばって働いた。女の体で、重たいリヤカーを毎日毎日引いていたのだ。いまじゃ、こんなふうにテレーっとしてるけどね。

　　　　　　　（[A地区] 元住民、朝鮮系住民第2世代、女性、70代）

廃品回収の最盛期は1950〜60年代であったが、その後も廃品回収業者は存続し、現在でも、寄せ屋は、石城町（旧[B地区]の西側に位置する）に4軒、また[H地区]に1軒あり、それぞれ営業を行なっている。このうち、小規模なものは、野宿者が持ちこむ空き缶類の購入を中心に仕事を行ない、

また大規模な業者（石城町にある）は、福岡市内一円からトラックで運びこまれるスクラップを中心に扱っている。

一方、バタ屋を行なう朝鮮系住民のほうはきわめて少数になっているが、それでも［Z団地］に暮らすTJ氏（朝鮮系住民第1世代、男性、70代）のように、細々とではあるが廃品回収を続けている人もいる。

［人夫出し、間貸し、簡易宿所］

集住地域の住民の中には、人夫出しを生業とする者もいた。「人夫出し」とは、港湾荷役業者や土木・建設業者からの求めに応じて日雇労働者をリクルートし、これを元請業者へ派遣する仕事のことである。本書では、この人夫出しを生業とする者（業者）のことを「人夫出し業者」と呼ぶことにする。また、この人夫出し業者は、自らが所有する飯場（労働者に食事と寝床を有償で提供する施設）に労働者を寄宿させることが多く、本書ではこうした飯場のことを「人夫出し飯場」と呼ぶことにする（日雇労働者および人夫出し業者らは、人夫出し業者のことを「人夫出し」、人夫出し飯場のことを「人夫出し」「飯場」「下宿」などと呼んでいる）。人夫出し業者は、［A地区］［B地区］［E地区］［F地区］［G地区］にそれぞれ5軒程度あったという（1955年頃）[12]。

人夫出し業者とともに日雇労働者相手の生業として、間貸しを行なう者も多かった。間貸しとは、自宅バラックの一部、もしくは自宅とは別に自らが所有するバラックを、3畳から4.5畳の小部屋に分けて、その部屋を日雇労働者などの間借り人に賃貸することである（以下、本書では、部屋を賃貸することを「間貸し」、賃貸される部屋のことを「貸間」、貸間を借りることを「間借り」と、それぞれ表記する）。間貸しは、規模の大小を問わなければ、住民の相当数が行なっていた。ただし、間貸しによる収入のみで生活する者はおらず、みな、何らかの生業と兼業する形で間貸しを行なっていた。

間貸しの家賃は、1か月単位であったが、これに対して、日払いで宿所を提供する施設は、簡易宿所である[13]。簡易宿所は、現地では、「宿屋」「旅館」「ドヤ」などと称されていたが、その機能は、日雇労働者に寝床を提供することにあった（食事はつかない）。簡易宿所は、［A地区］で2軒、［B地区］

で1軒、［C地区］で1軒が、それぞれ営業していた（1955年頃）。

　ところで、当該フィールドの朝鮮系住民が、日雇労働者相手の人夫出し、間貸し、簡易宿所を生業の一つとするに至った背景には、戦前期におけるかれらと「飯場」「労働下宿」「下宿」との密接な関わりがあった。かれらの多くは、当該フィールドに居住する以前、日本各地の鉱山や工事現場、あるいは港湾などにおいて、「飯場」「労働下宿」（これらは人夫出し飯場に相当）、「下宿」（間貸し、簡易宿所に相当）などで生活しながら種々の重労働に従事していた。また才覚ある者は、人夫を束ねて土建下請業（人夫出し業）を営んだり、「飯場」や「下宿」を経営したりもした[14]。すなわち、朝鮮系住民にとって、人夫出し飯場や間貸し、簡易宿所といった世界は、比較的身近な存在であった。それゆえに、かれらの中から、人夫出し、間貸し、簡易宿所の経営を解放後の生業の一つとして選択する者も出現したということが考えられる。

　なお、以上の人夫出し、間貸し、簡易宿所は、いずれも朝鮮系住民が、港湾、土木・建設関係の日雇労働者相手に行なう生業であったが、日雇労働者のほうは、ほとんどが日本系住民であった。このことを含めて、人夫出し、間貸し、簡易宿所は、集住地域における〈生きる方法〉を理解する上で、きわめて重要な要素である。したがって、これらについては第6章で詳細に記述を行なう。

　［その他］

　集住地域の生業としては、この他にもいくつかのものがあった。たとえば、1955年当時の資料（「東側河岸（大津町・千鳥町）朝鮮人該当者名簿」「西側河岸（下竪町・新校地町）該当者名簿」）には、次のような職業が記載されている（業種の後ろの数字は従事世帯数。以下同じ）。

　　運転手5、団体役員3、製剤1、大工1、職人1、職工1、事務員1（以上［A地区］）。

　　溶接業1、大工1、屋台1（以上［B地区］）。

またこの他にも、傘直しや博多駅での靴磨きといった仕事もあったし、女性の場合、しじみの殻剥き（魚屋からの下請け仕事）やミシン踏みなどの内職を行なう人も多かった。

　以上、集住地域の生業を眺めてきたが、人びとはこれらの生業のうちのどれか一つを選択して専念していたわけではない。前節の家族のあり方を説明したところでも触れたように、個人が、あるいは家族が、多様な生業を組み合わせて複合的に行なわれた。また、その選択、組み合わせも、固定的なものではなく、状況に応じて柔軟に変更された。
　たとえば、ある一家の場合、1950年代のある時期には、夫は土木日雇、恵比須橋の上でのりんご販売、同じく魚の販売、妻はしじみの殻剥き、土木日雇とくず拾い（バタ屋）と競艇場や役所の掃除夫の仕事を行ない、1960年代になってからは、夫は土木親方ののち小規模な人夫出し飯場とホルモン屋を経営、妻もそれらの仕事をこなす、といった状況であった[15]。
　他にも、夫は土木日雇の仕事があるときはそれに出て、ないときはくず拾い（バタ屋）、妻は養豚と密造酒製造、ときには競艇場の売り子、子どもはくず拾いの手伝いと得意先への密造酒の運搬といった事例や、夫は金属加工の工場づとめをしつつ密造酒製造機の製作と販売、妻と姑は人夫出し飯場と食堂の経営といった事例など、さまざまなケースがあった。
　集住地域において、一つの生業に専念する形態も見られるようになったのは、高度経済成長期を経たのちの、1980年代に入ってからである。高度経済成長によって、日本列島に暮らす朝鮮系住民の経済生活は次第に安定を獲得していったが（文京洙 1995：44-52）、それ以前においては、通常は「生業」とはみなされないものも含め、目の前にあるあらゆるものごとが、考えられる限りの知恵をもって組み合わされ、生活の糧を得る手段とされていたのである。

第3節　南北住みわけ

(1) 南北の対立

　前章で見たように、福岡市の朝鮮系住民集住地域には、1945年段階で朝聯福岡県本部が結成されている。それは、人びとの参加意識において温度差はあったとはいえ、第2回大会で500人を動員するほどの大きな組織であった。そして、朝聯は全国組織であり、東京の本部を中心に、各県の本部が組織されていたが、福岡県本部もその中の一つに位置づけられるものであった。
　朝聯は、綱領（第2章第5節参照）にあるように、朝鮮系住民の大同団結的性格を有していたものの、思想的には共産主義を信奉する人びとによって指導されるという実態があった。そのため、東京においては、朝聯の結成直後に、朝聯の共産党支持を批判するグループが、「朝鮮建国促進青年同盟」や「新朝鮮建設同盟」を結成した。そしてこれらの組織をさらに発展させたものとして1946年10月、「在日本朝鮮居留民団」（1948年の大韓民国建国以後は「在日本大韓民国居留民団」）が結成された。今日の「民団」（「在日本大韓民国民団」）の前身である。
　民団の結成は、各地方においても行なわれ、福岡県でも結成されている。ただし、民団の福岡県本部結成にあたっては、朝聯側からさまざまな妨害がなされ、朝聯支持者と民団支持者との対立による暴力事件も発生した。そうした状況下で、福岡市内での民団地方本部結成は断念され、小倉市（現、北九州市）において福岡県地方本部の結成が行なわれた（1946年12月）。民団地方本部が福岡市内に事務所を移すことができたのは、1952年になってからである（福岡韓国民団史編集委員会編2000：80）。
　朝聯、民団結成の2年後の1948年8月に大韓民国が、同年9月に朝鮮民主主義人民共和国が建国されると、民団は韓国（南）支持に回り、朝聯は共和国（北）支持に回った。ここにおいて、二つの民族団体における南北対立の構図が明確になった。

第 3 章　1950 年代以降のバラック集落と〈生きる方法〉　　135

　そして、1950 年に朝鮮戦争が勃発すると、南北の対立はさらに鮮明な対立抗争の形をとることとなった。「県下の南北戦争」（福岡県警察史編さん委員会編 1980：859）という表現もなされている。たとえば、「朝鮮戦争 2 周年の昭和 27 年 6 月 25 日、福岡県下では各地で北朝鮮系の朝鮮の人々を主体とする集会、デモ、ビラ撒布等が行われ」、福岡市内では、「同日午前 10 時ごろ、市内大浜新校地に集まった約 80 名が、呉服町までデモ行進したあと、博多駅、東中洲、天神の 3 か所で細菌戦、強制送還、破防法反対の署名運動を行った」（福岡県警察史編さん委員会編 1980：859）。

　このデモが発端となり、県内では、若松市、八幡市などで北朝鮮系（在日朝鮮統一民主戦線）と民団との暴力沙汰を含めた抗争事件が発生している。福岡市の場合、大規模な抗争事件はなかったようであるが、若干の小競り合いはあったといわれている。

　このような状況の中で、朝鮮系住民の多くは、いずれかの団体に所属し、デモなどにも動員されることになっていった。そしてデモや集会への参加などの過程で、イデオロギーの刷りこみも行なわれていった。こうして、民族団体の幹部や活動家、熱心な民族団体支持者たちがそれぞれ相当数輩出されることとなったが、もっとも、ここには温度差もあり、たとえば、次のような声もある。

　1946 年当時、20 代前半だった男性の一人（［B 地区］元住民、朝鮮系住民第 1 世代、現在、福岡市郊外に居住）は、

　　解放の翌年、自分が 20 歳を過ぎた頃だったが、旗がいきなり揚がった。友達にあれなんだ？と聞いた。友達もよくわからなかった。向こうの旗とこっちの旗と模様が違うね、とか言っていた。朝聯と民団というものができて、あの旗がそれぞれの旗だったということがわかったのは、もうしばらくしてからだった。

と語っている。この人は、「自分は朝鮮籍だったので、気がついてみたら自動的に朝聯（のちに総聯）に所属していることになって」おり、1950 年代には組織の一員としてデモにも参加している。しかしながら、その話しぶり

から判断するに、彼はそれほど熱心な組織支持者というわけではなかったようである。むしろ、彼はのちにある事業で経営手腕を発揮して財を築くが、生涯を通じて自らの商売が最優先の関心事だったと思われる。民族団体への関わり方には、人によって温度差があるのである。

(2) 住みわけの進行

　このような温度差を含みはしながらも、1950年代は、民族団体の凝集性が高まり、同時に、それと機を一にして南北の対立が激しくなっていった時期であることは否定できない。そのことは、集住地区（[A地区]と[B地区]）において、所属民族団体による住居配置上の住みわけが進行したという事実に如実に示されている。

　1950年頃までは、[A地区][B地区]のどちらの地区にも、総聯系住民（総聯の結成は1955年であり、それ以前は、朝聯、および在日朝鮮統一民主戦線が前身となる組織であったが、ここでは便宜上、「総聯系」の語で統一する）と民団系住民とが混在して居住していた。ところが、朝鮮戦争がはじまり、また1952年に民団の県本部が福岡市内（博多区西堅粕）に移転してきてからは、民団系住民の間に隣近所に住もうとする傾向が出てきた。すなわち、地域内での転居によって民団系住民が固まって住むようになったのである。

　この転居は、当初、火災が契機となって行なわれることが多かった。[A地区][B地区]は、木造のバラックが密集しているため、しばしば火災が発生している。地区が全焼に近い状態にまで至った大規模火災は、[B地区]で立退き直前の1970年に起こっているが（原因は不明。放火説もある）、それ以外にも、小規模の火災は数年に1回は起こっていたという（それらの火災も、多くは原因不明であるが、中には「ヤケブトリ（焼け太り）」といって、保険金目当てに自らの家に放火する者もいたといわれている。「ヤケブトリ」は、焼け出されてかえって裕福になることの意）。

　こうした火災で焼け出された者が、たとえば、[A地区]に住む民団系住民であった場合には、[B地区]の民団系住民の近所で間借りをしたり、あ

るいは［B地区］に住む総聯系住民と話し合って土地やバラックの交換（［B地区］の総聯系住民は［A地区］に入手した土地に新しいバラックを建ててそこへ転居。焼け出された［A地区］の民団系住民は［B地区］で入手したバラック（土地）へ入居など）を行なうなどして、次第に、民団系住民が［B地区］のほうに、総聯系住民が［A地区］のほうに、それぞれ固まって居住するようになったのである。

　そして、逆に、［B地区］で火災が起きて、総聯系住民が焼け出された場合には、総聯系住民は川向こうの［A地区］に転居した。その際、［A地区］の民団系住民との間でバラックや土地の交換などが行なわれ、その結果、［A地区］の民団系住民が［B地区］へ転居して行くこともあった。

　こうした動きは、1950年代を通じて次第に強まっていったという。そして、その後、火事で焼け出されなくても、［A地区］の民団系住民による［B地区］への転居、［B地区］の総聯系住民による［A地区］への転居も行なわれるようになったという。

　　最初は、橋一つをはさんで、両岸で、みんなごちゃごちゃに住んでいた。南と北で別れて住むようなことはなかった。それが、10年から15〜6年して、北と南となんとなく引越しして別れて住むようになった。なんとなく、自然と別れて行った。そして、別れ出すと、残った者たちは周り近所と組織が違うとなんとなく合わなくて、また引越して行くということになった。南の人間（民団系住民）と北の人間（総聯系住民）とが徹底的に対立していたというわけではないが、なんとなくお互いに合わなくて別々に住むようになった。
　　　　　　　　　（［B地区］元住民、朝鮮系住民第2世代、女性、70代）

　もっとも、こうした転居とは別に、［B地区］に住んでいた総聯系住民が、周囲に民団系住民が増えてゆくのに影響されて、民団へと所属変更するケースも生じていた。また、［A地区］では、民団系住民が少なく、総聯系住民が多い状態であったため、とくに民団への所属変更を考えることなく、そのまま総聯所属を維持する者が多かったといわれている。そして、どちらかと

いえば、所属する民族団体にあわせて転居を行なったのは、民族団体の活動に熱心な人たちで、「一般人」の場合は、周囲の様子を見ながら、あるいは成り行きで自分の所属する民族団体を決めていたともいわれている。

　このように経緯はさまざまであるが、いずれにせよ、1950年代後半には、石堂川をはさんで、

　　　東岸＝［A地区］＝総聯系＝北系
　　　西岸＝［B地区］＝民団系＝南系

という住みわけが見られるようになっていた[16]。なお、このような住みわけの事例は、これまでの朝鮮系住民に関する学術研究やルポルタージュなどでは報告がなく、いまのところ福岡市独特の現象であるということができる。

　こうした、［A地区］と［B地区］における住みわけは、その後の、集住地区の立退きのあり方に大きな影響を与えることになったが、これについては、次章で取り上げる。

　ところで注意しておかなければならないのは、［A地区］［B地区］以外の集住地区では、以上のような住みわけは行なわれず、南北の混住が最後まで続いていたという点である。そして、両地区以外では、民族団体への動員は行なわれていたものの、たとえば、総聯については、

　「総聯バリバリ」（総聯の幹部や活動家、および総聯の活動にとくに熱心な総聯系住民のことをいう表現。集住地域で多用されている）は、［A地区］だった。それ以外のところでは、総聯に属してはいても、「総聯バリバリ」はそう多くはなかった。あまり熱心でないのも多かったのだ。［A地区］はちょっと特別。
　　　　　　　　　（［F地区］元住民、朝鮮系住民第2世代、女性、70代）

という声もあった。
　あるいは、民団については、

民団に熱心なのも多かったが、それは金持ちクラス。ふつうの労働者は、役員にもなれないし、別に恩恵もあまりない。大きなお金を動かすような人たちが役員とかにおさまる。うちは、韓国に行くのに便利だから総聯から民団に変えたが（1980年頃）、だからといって民団の活動に熱心なわけではない。

（［F地区］元住民、朝鮮系住民第2世代、男性、70代）

と語られている。このように、民族団体への関与の仕方については、人によって、また集住地区によって、温度差がある。

第4節　住民間の関わりあい

（1）連帯と葛藤

　バラック集落の住民は、朝鮮系住民といっても、前住地はさまざまであり、この地にやってくるまでのそれぞれの人生も多様であった。そうしたこともあって、敗戦直後のバラック集落においては、第2章第3節で取り上げた語りにあるような、「朝鮮人同士みんな仲良くなんてことはなかった。朝鮮人は朝鮮人かもしれないが、大阪からも九州からもどこからも、あちこちから知らない者が集まり、明日をも知らない状態だ。人心が悪い。秩序なんかない。ボーっとしてたら生きていけない。強いものが勝ちだった」（［A地区］元住民）という状況があったし、またその後、1950年代に入っても、そうした雰囲気はバラック集落の中に多かれ少なかれ存在したという（［A地区］および［B地区］の複数の元住民の回想による）。

　とはいえ、かれらの暮らしに、人びとの助け合いとか連帯、あるいは親密感の共有といったものが全くなかったというわけではない。たとえば集落の中の近隣関係においては、さまざまな助け合いのやりとりがあった。その日の食糧も満足に入手できないことがある状況の中で、近隣での食物の融通は

よく行なわれたし、近所の3家族くらいが一緒に食事をすることも少なくなかった。食事を一緒にするのには、次のような事情があった。

　近所で食物を手に入れられない家族があっても、隣近所のどこかの家に食べ物があればそこで食事をした。そうすれば、食事ができないということだけは避けられた。そのときどきで食べ物のある人がない人に食わせる。お互いにそうやって助け合った。
　　　　　　　　　（［A 地区］元住民、朝鮮系住民第2世代、女性、70代）

こうした共食は広く行なわれており、これについては次のような語りも聞くことができる。

　ちょっとしたおかずがあれば、隣近所があつまって夕食をいっしょに食べた。　　　（［A 地区］元住民、朝鮮系住民第2世代、女性、60代）

　夕方になると、部落中のあちこちの路上で七輪の煙があがり、隣近所が一つの七輪をかこんでホルモンをほおばっていた。
　　　　　　　　　（［B 地区］元住民、朝鮮系住民第2世代、女性、70代）

　どこの家も自分の家と同じで、ふらっと入っていき、「ご飯ちょうだい」となる。酒が飲みたければ、「酒くれ」だった。
　　　　　　　　　（［A 地区］元住民、朝鮮系住民第2世代、女性、60代）

　近隣での助け合いは、食に関するもの以外にも、仕事の紹介、日々の生活に使う小さなお金の貸し借り、幼児の世話などもさかんに行なわれた。また、夫婦喧嘩の仲裁もしょっちゅうであった。
　こうした近隣関係、とくに女性たちの結びつきの上での結節点となっていたのが共同水道であった。各バラック集落には何か所かの共同水道が設けられており、女性たちはそこで洗濯や炊事を行なったが、ここが文字どおりの「井戸端会議」の場になっていた。ここは集落内の人間関係についてのう

わさの坩堝のような場所であったが、そこで語られる世間話の中で仕事の情報、嫁とりの情報などさまざまな情報がやりとりされていたという。

また、ここでのつきあいなどを母体にしてタノモシ（頼母子）を組む人びとも少なくなかった。タノモシとは、10名前後の構成員で毎月金を拠出し、月ごとに順番で構成員の一人が各月の全員の拠出金を引き落とすという経済的な互助組織である。[17]これによって引き落とした金で、子どもの結婚費用やバラックの購入資金、屋台や店の開業資金、借金の返済などがまかなわれた。

以上の記述をふまえると、バラック集落には、助け合いや連帯といった関係性もたしかに醸成されていたということがわかる。
とはいえ、バラック集落内の人間関係がすべて円滑に展開していたわけではない。たとえば、次の語りに見られるような状況があった。

　　仲がいいときはいいんだが、血の気の多いのも多く、よく喧嘩にもなった。
　　　　　　　　　　　　　　　　　　　　　　　　　　　　（［G地区］元住民）

　　いろんな人間の寄せ集めであるから、隣近所仲良くなんてことばかりではなかった。人を騙したりするずるいやつもたくさんいた。
　　　　　　　　　　　　　　　　　　　　　　　　　　　　（［B地区］元住民）

　　昨日の味方は今日の敵。みんな生活に追われて、お行儀よくなんかしていられなかった。　　　　　　　　　　　　　　　　　（［A地区］元住民）

　　人の商売を取った、取らないという話は日常茶飯事。
　　　　　　　　　　　　　　　　　　　　　　　　　　　　（［B地区］元住民）

　　朝起きてみたら、隣りの家が増築してうちの窓を勝手にふさいで壁にしてしまっていた。　　　　　　　　　　　　　　　　　（［A地区］元住民）

保険金目当てに自分の家に火をつけて、隣近所も類焼させてしまうような自分勝手な馬鹿者もいた。　　　　　　　　　　（［B 地区］元住民）

　タノモシのオヤ（発起人――引用者註）になって、自分が一番先に金を引き落とし、そのままトンコ（逃亡）してしまう者もいた（逃亡してしまい、翌月から金を支払わないということ――引用者註）。
　　　　　　　　　　　　　　　　　　　　　　　　　（［A 地区］元住民）

　みんながまとまるのは、何か外敵に対して自分たちを守ろうとするときだけ。あとは、意外にばらばらだった。　　　　　（［A 地区］元住民）

　妬みや嫉妬も多かった。うちの娘を県外の金持ちの家に嫁がせたら、あそこは総聯の幹部までしているのに、言っていることとやっていることが違う（総聯は社会主義を標榜しているのに、金持ちに嫁がせたのはそれに矛盾しているという意味――引用者註）といってさんざん悪口を言われた。　　　　　　　　　　　　　　　　　　　　　（［A 地区］元住民）

といった元住民たちの声からもわかるように、そこには、さまざまな利害をめぐる駆引きや狡知の競いあい、エゴイズムの発現、あるいは嫉妬などといったさまざまな葛藤が存在していた。

　バラック集落の暮らしは、助け合いや連帯だけで成り立つような単純なものではなく、さまざまな葛藤を抱えこんだ複雑な性格のものであった。バラック集落の人間関係には、一方に助け合いや連帯といった関係性があり、一方に駆引き、狡知、エゴイズム、嫉妬といったさまざまな葛藤があった。人びとは、この両者の間を揺れ動きながら、生活を営んできたということができるだろう[18]。

(2) 階層性

　敗戦直後から1950年代前半にかけては、バラック集落の人びとの生活レ

ベルは、多少の個人差はあったにせよ、比較的同じような貧しさの中にあった。しかしながら、1950年代後半以降、とりわけ1960年代に入ってからは、住民の中から、少数ではあるが、廃品回収、飲食店、人夫出し、金貸し、大規模な間貸しといった事業（さらにのちには遊戯業（パチンコ店）や当初の小規模な金貸しが発展した金融業が加わる）で少しずつ成功する者も出てきた。そしてそうした人びとと無職、日雇の者たちとの間に経済的な階層差が発生したのである。

また、事業で成功した人びとの中には、貯えた財産をもとに集住地域以外の場所に住居を設け、集住地域を去って行く人もいた。その場合、かれらは、集住地域内に所有していたバラックを他の住民に売却したり、あるいは貸家や間貸しに出したりした。貸家・間貸しの場合は、集住地域外に住みながら、家主として所有するバラックから家賃収入を得るという仕組みであった。

あるいは、集住地域内に居住しながらも、自宅バラック以外のバラックを新たに購入し、そこを賃貸することで家賃収入を得るという者もいた。

こうしたバラックの売買や貸家・間貸しにより、集住地域内には住宅階層の面での階層分化も生じていた。すなわち、大きくは、自己のバラックを所有する階層とそれを借りる階層との分化が生じており、また、それぞれの階層の中では、バラックを多数所有する階層と少数しか所有しない階層、バラックを一軒まるごと借りて居住する階層とバラックの一部に間借りする階層といった階層分化が生じていたのである。

以上のことは、次の証言に如実に表現されている。

 同じ貧乏でも、その中に階級があるのよ。バラックの家主と間借り人のように。うちなんか、その中で、最低の部類だったね。ある人が借りたバラックの中の一部屋を、そのバラックの借主に家賃を払って間借りしていたんだから。
     （[A地区] 元住民、朝鮮系住民第2世代、女性、60代）

なお、集住地域内には、いわゆる「任侠」の世界に通じる人びとも暮らし

ていた。伝説化している人物としては、闇市時代からその名をとどろかせていた「六尺大山」と「三尺小山」の二人がいる。前者は、身長が６尺の巨体で、後者はその配下の者であった。「六尺大山」たちは、周辺地域のいわゆる「愚連隊を集めて、いろいろなことをやって金集めをしたりしていた。また、堅気の若い衆の結婚の世話などもしていた」「子分は、朝鮮人もいたが、それよりも日本人の数のほうが多かった」（[A地区]元住民）という。

第5節　外部からのまなざし

　本書が記述対象としている集住地域、とりわけバラック集落は、集住地域外に住む一般の福岡市住民から、「朝鮮部落」などと呼ばれ、偏見と差別のまなざしで眺められることが少なくなかったようである。たとえば、「子どもの頃、親から、川向こうは柄が悪いといって、石堂川の向こう側（東側）には行くなと教えられていた」（中央区で育った日本系住民、女性、40代）、「タクシーも『朝鮮部落』の入り口までは行くが、怖がって中までは入らなかった」（博多区に長く暮らすタクシー運転手。日本系住民、男性、50代）といった言説が存在する。

　また、マスコミ報道においても否定的な表現が用いられていた。たとえば、『アサヒグラフ』1957年2月3日号には、石堂川河岸のバラック集落について写真と解説からなる記事が掲載されているが、そのタイトルは、「郷土の名折れ　博多の水上バラック」（傍点は引用者）であり、本文中には、

　博多港の入口に近い石堂川下流河岸のこのバラック群は、帰国するために博多に集まって船待ちしていた朝鮮人が朝鮮動乱で帰国を見合せ、川岸の疎開地跡の空地に定着したのがはじまりといわれる。バラックは年々ふえる一方で、川の上にまでハミ出し、今では二百二十戸を数えている。観光博多の目ざわりであり、一日も早く姿を消して欲しいというのが市民の願いである。（傍点は引用者。「郷土の名折れ　博多の水上バラック」『ア

サヒグラフ』1957年2月3日号、23頁）

とある。
　さらに1950年代の県議会でも、バラック集落について次のような認識が示されていた。

　　福岡市を貫流して博多湾に注入する御笠川（石堂川）の下流両岸及び博多駅一帯には朝鮮人家屋を中心として四百余戸の不良建築物が、陸地並びに水上に雑然と集団部落を構成し、これが国道三号線及び博多港よりの福岡市玄関の要衝を塞ぎ、市の美観、交通、環境衛生、教育上その他各般に亘って好ましからざる現象を呈し福岡市の都市計画事業の一大障害となり、最大の懸案事項となっております。（傍点は引用者。1956年の県議会に議案として提示された建設・大蔵・厚生・外務の各大臣および自治庁長官あて意見書（「御笠川下流地域等における不良建築物の移転促進に関する意見書」）の一部。福岡市編 1984：332）

　このように、バラック集落については、一般市民、マスコミ、議会など諸次元において、否定的なまなざしが強く存在していたようである。もっとも、集住地域に対するまなざしは、これらに尽きるものではない。集住地域に隣接して居住し、日常的に集住地域の住民と接触があった人びとの場合にはまた異なる認識が存在していたことに注目したい。
　すなわち、「喧嘩をしたりして、（朝鮮系住民を）『朝鮮人』といってくさす者もいなくはなかったが、向こうもこっちも貧しいドカタだったので、けっこう、相通じるものがあった。いまでも親しく行き来している友達が何人かいるよ」（[A地区]に隣接するL町在住の日本系住民、男性、70代）という状況も存在していたのである。
　また、闇市時代からバラック集落の飲食店に出入りしていた日本系住民たちの中には、1950年代以降も引き続き馴染みの客として集落を訪れる者も少なくなかった。バラック集落の住民も、こうした日本系住民に対しては、「来るものは拒まず」（[A地区]元住民）という姿勢で、かれらを受け

入れた。[19)]

　ただし、「親しくつきあっていた日本人でも、酒が入ったときに、『朝鮮人が何を言うか』などとわめきだしたりする者もいた」（[A地区]元住民）のであり、親密な対面的関係があったからといって、必ずしも偏見と差別が払拭されていたとはいいきれない面があったこともまた事実であった。

　バラック集落へ向けられた集落外からのまなざしについて、現時点で筆者の手元にあるデータは以上である。ある地域についてのまなざしやイメージは、人によってさまざまであり、またある一個人においてもそれが固定されたものとなっているとは限らない。こうしたこともあり、ある地域についてのまなざし、イメージといったものを記述することはたいへん難しい。以上の記述は、あくまでも現時点で筆者の手元にあるデータを紹介したにすぎないものとなっている。

　以上、本章では、1950年代以降、立退きに至るまで（[H地区]は現在まで）の集住地域の生活について、バラック集落の状況を中心に記述してきた。そこでの知見をまとめると以下のようになる。

　1950年以前の集住地域では、闇市での商売やそれと関わる密造酒製造、養豚などが主な生計手段であったが、物資の統制が解除された1949年以降になると、それまでとは異なる生業のあり方も見られるようになった。それは、日雇労働、飲食店、各種商店、養豚、廃品回収、人夫出し、間貸し、簡易宿所、あるいは職人といったものであったが、これらの生業はどれか一つに専念するというものではなく、多様な生業のいくつかを組み合わせて行なうのがふつうであった。そこには目の前にあるチャンスは何でも活用するという〈生きる方法〉の貪欲さを見て取ることができる。

　こうしたさまざまな生業に従事する中で、住民の中には経済的な成功を収める者も出現するようになった。そして、成功者と非成功者、富裕層と非富裕層、あるいは持ち家層と非持ち家層、家主と間借り人などといった階層分化が生じるようになったのである。

　こうした階層分化のみならず、集住地域の住民の生活には、内部にさまざまな差異、個別性があり、住民は決して均質的な存在などではなかった。そ

して〈生きる方法〉の実践にあたっては、個別の利害関係に即して、さまざまな駆引き、狡知の競いあい、あるいはエゴイズムの発現なども展開されたのである。住民間には助け合いや連帯といった関係性も存在していた。と同時に、さまざまな葛藤が存在していたことに注意しなければならない。

　ところで、1950年代から60年代にかけては、民族団体が大きな力を持った時代であった。朝鮮半島における南北分断の影響を受け、集住地域住民の間でも総聯系住民と民団系住民とで対立が見られるようになった。このことはとりわけ石堂川河岸地区における南北住みわけという形で現われた。ただし、そうした住みわけは、成り行きや周囲の状況への追随として行なわれる場合もあり、住民意識に温度差があったことも事実である。また、石堂川河岸地区以外の場所では、それほど強い南北対立関係が見られたわけではなく、したがって、ここにも民族団体に対する温度差の存在を指摘することができる。

　すなわち、一方に民族団体の幹部や活動家、熱心な民族団体支持者たちの存在はありながらも、同時にそれとは異なる生活のあり方を実践する人びともまた存在したのである。集住地域住民の主観においても、また客観的な社会状況においても、1950〜60年代は「民族団体の時代」といってよいが、そのような時代にあっても、民族団体への関与の仕方には人により温度差があったのである。

註

1) 両図のうち、図3-2には、「下堅町 新校地㊆部落見取図 昭30・10現在」という表記がある。また、図3-1は、図の表題や作成時期は記されていないが、様式の一致、保管状況、および同図に関わる調査に立ち会った人物（現［X団地］住宅管理組合理事）の証言から、図3-2と同時にセットで作成されたものと判断される。同人物によるこれらの図面についての説明によると、1955年当時、福岡県が役人を動員して［A地区］と［B地区］のバラック配置を調査した。その結果がこの図面で、図面自体は、［A地区］から［X団地］への立退き・移転をめぐる交渉の際に、当時の住宅組合長が県から入手したものという。なお、資料名にある㊆とは、「朝鮮人」を意味する暗号で、「セ」とは「朝鮮人」を意味する差別語「センジン（鮮人）」の「セ」であろうとのことである。現在、両図は［X団地］の住宅管理組合事務所に保管されている。
2) とくに、いわゆる「徴用」身分の男性単身者は優先的に帰還送出されていた。第2章第1節参照。
3) このようにバラック集落の生活には、住民同士の助け合い、連帯が見られたが、ただし、その暮らしには一方で、さまざまな葛藤も内包されていた。集落の生活が、助け合い、連帯だけで成立していたわけではないことに注意しておきたい。この点については、第4節であらためて言及する。
4) この語りを聴取したのは2005年1月であるが、その直前の2004年11月当時、梁石日原作の小説『血と骨』が映画化され福岡でも上映されていた。映画の『血と骨』（崔洋一監督）では、済州島出身の主人公、金俊平が家族や周囲に対して繰り広げる暴力の数々が生々しく描かれている。この映画を見たこの語りの話者は、「暴れまわるアボジ」の例えとして金俊平を持ち出しているのである。
5) 朝鮮系住民の婚姻に関しては、1980年代以降、日本系住民との婚姻が増加するようになったが、かつては朝鮮系住民同士での婚姻が大部分を占めていた。これについては、外村大（2004）が「人口動態統計」「婚姻統計」のデータにもとづいて次のように整理している。すなわち、韓国・朝鮮籍男子の場合、韓国・朝鮮籍女子を配偶者として選択する比率は1950年代末には80％を超えていたが、1970年代半ばには70％程度となった。さらにその後、下降が進み、1985年になると50％を割りこむようになった。一方、韓国・朝鮮籍女子が韓国・朝鮮籍男子を結婚相手に選ぶ比率は、1960年代前半までは80％を超えており、また1970年頃までは70％程度の比率を維持していたが、1982年になると50％以下となり、1990年には20％を割りこんだ。外村は、以上のデータをふまえ、1960年代までは韓国・朝鮮籍者同士の結婚が一般的であったのに対して、1970年代以降は、「日本人」を配偶者として選択する韓国・朝鮮籍者が珍しくなくなり、さらにその数は増加していったとまとめてい

第 3 章　1950 年代以降のバラック集落と〈生きる方法〉　　149

　　る。
6)　とくに、民団系（次節で詳述）の住民の中にそうした人が多かったといわれている。また、総聯系であっても、民団系の親族などがいる場合には、その人を通してチョクポの入手を依頼することがしばしば行なわれた。
7)　この点については、筑豊の朝鮮系住民集住地域を調査した原尻英樹も、（チョクポは）「戦後、ある程度の経済力をつけた後に、本国から取り寄せている者が多い」（原尻 1989：119）という指摘を行なっている。
8)　「東側河岸（大津町・千鳥町）朝鮮人該当者名簿」「西側河岸（下竪町・新校地町）該当者名簿」の記載内容にもとづく。両「名簿」は、1955 年に福岡県が［A 地区］と［B 地区］の立退き・移転事業を進めるための基礎データとして、前掲註 1 の図面とあわせて調査・作成したものである。資料名の「該当者」とは、立退き・移転該当者の意である。また、後出の「博多駅前朝鮮人部落該当者名簿」も両「名簿」と同様の資料で、両「名簿」作成と同時期に、［C 地区］の立退き・移転事業を進めるための基礎データとして調査・作成されたものである。これらの資料は、［A 地区］から［X 団地］への立退き・移転をめぐる交渉の際に、当時の住宅組合長が県から入手したもので、現在、［X 団地］住宅管理組合事務所に保管されている。
9)　タチンボとは、早朝に特定の路上に出現する労働市場において手配師（求人仲介者）などから仕事を斡旋してもらうために立っている日雇労働者のことをいうのがふつうである。しかし、築港においては、かれらが集まる地点（路上の労働市場）のこともタチンボと称されてきた。
10)　大津町商店街については、「博多港には日本でも最多数の引揚者が上陸したが、そうした大陸からの引揚者と、大陸への引揚者が集まる中継点として、西日本最大級の闇市（大津町商店街の前身）が立つなどしてにぎわったのである」とする説明がなされている（羽江 1998：150）。
11)　バタ屋とは、「ごみ箱や道路上の廃品を集め歩いて生活する人」（池田弥三郎・金田一春彦編『国語大辞典』学習研究社、1980 年）である。
12)　前掲「東側河岸（大津町・千鳥町）朝鮮人該当者名簿」によれば、［A 地区］に「土建下請業」4 世帯とある。元住民からの聞き取り結果と照合すると、これが人夫出し業者に相当するものと考えられる。
13)　簡易宿所とは、旅館業法に定められた、「『簡易宿所営業』とは、宿泊する場所を多数人で共用する構造及び設備を主とする施設を設け、宿泊料を受けて、人を宿泊させる営業で、下宿営業以外のものをいう」（旅館業法第 2 条 4）に該当する宿泊施設のことである。いわゆるドヤ（ヤドをさかさまにした表現で、宿を意味する隠語）がこれにあたる。
14)　戦前期の朝鮮系住民と「飯場」「労働下宿」などとの関わりについては、河明生（1997）による整理がある。それによれば、移民当初に土建業の日本系親方の下で働いていた朝鮮系土方のうち、一部の者が朝鮮系土方、人夫の募集係として働くようになったが、やがて、そうした者たちの中から独立して下請け、孫請けの土建親方

となる者も出現するようになった。かれらは、新たに渡来した朝鮮系住民を労働者として雇う際にその宿所として「土建飯場」を用意し、これを利用しながら土方労働者を親請け業者に紹介し、労働者の賃金の1割〜2割のマージンを得ていたとされる。

　また、朝鮮系住民経営の労働下宿・下宿屋も、所持金の乏しい新規無計画渡日者の典型的居所だった。下宿屋は、工場地帯もしくはその近隣の不良住宅地域において営業し、そこでは、敷金、権利金、保証人などは必要とされなかった。その場合、下請け、孫請けの朝鮮系土建親方が、その妻や知人の経営する下宿屋に配下の労働者を宿泊させることも行なわれていた（河明生 1997：186-187）。

15）　なお、この事例の場合、夫（朝鮮系住民第2世代、男性、70代）はその後、1960年代後半から人夫出し飯場の収益をもとに土地の売買交渉の仕事を開始。1970年代に入り集住地域外に転出して建設会社経営。また一時的にパチンコ店も経営。80年代に息子に資格を取らせて、建設会社の他に不動産会社も経営（妻はこれらの会社の手伝いと主婦業）というコースをたどって現在に至っている。

16）　ただし、1950年代後半になっても、［A地区］には民団系住民も若干はいたし、［B地区］住民の中にも総聯系住民が含まれていたのであり、完全な住みわけがなされていたというわけではない。

17）　これには利子があり、たとえば10名でタノモシを行なう場合、早い段階の月に金を受け取った者は、翌月から当初の拠出金に利子を加えた額を拠出する。遅い段階の月に金を受け取る者は、これらの利子を含めた金額を受け取ることになる。

　なお、こうした経済的互助組織は、朝鮮半島のケー（契）に相当するものであるが、1950年当時にあっても集住地域で組まれたこの互助組織は、朝鮮語の「ケー」ではなく日本語の「タノモシ」の語で呼ばれていたという（70代の複数の朝鮮系住民による）。

　また、こうしたタノモシは女性だけが行なった。「男の場合は、金があると博打につぎこんでしまうのが多かった」（朝鮮系住民第2世代、女性、70代）ともいわれている。

18）　なお、朝鮮系住民集住地域の暮らしの中に、連帯（もしくはある種の秩序）と葛藤の両面があることについては、他の地域からも報告がある。伊丹市中村の集住地域を調査した三浦耕吉郎は、話者による「〔住民は〕ほとんど同じ国の人やさかい。もう、あのとき（敗戦直後——引用者註）は、みんな人間がおぼこいし、隣近所の愛情はあるし、全部自分のきょうだいみたいで、助け、それがあるし。そやさかい、みんなもう、ねえさんみたいに、妹みたいに、もう、ね、そんな」（三浦 2006：185）という発言を紹介しつつ、一方で次の記述も行なっている（記述は、調査者同士の対話という形で行なわれている）。

　　　「いまからは想像もできないことだけど、話を聞いていると、住民同士のあいだの軋轢やら対立も、相当なものだったようだね。〈権利売買〉（集住地域内

の土地の使用権の売買――引用者註）的なルールがある一方で、〈契〉という頼母子の掛け金を着服したり、保険金目当てに自宅に放火したりといった剥き出しのエゴイズムの暴発が、いたる所に見受けられていた。」

「つまり、土地の占有や利用をめぐるルールや秩序といっても、あの当時は、あるようでなかったし、また、ないようでもあった、といったところか。」

（三浦 2006：192-193）

　ここにも、福岡のフィールドにおけるのと同様、連帯と葛藤の両極の間を揺れ動く住民たちの姿を見て取ることができる。
19)　もっとも、それは一般の日本系住民に対しての話であって、警察や行政に対しては、前章第3節で指摘したような「防御・抵抗の構え」をもってこれに対応したのであった。

第4章

集住団地への移転と〈生きる方法〉

　前章までの記述の中で扱ってきた8つのバラック集落のうち、［A地区］（一部を除く）から［G地区］までの各地区に対しては、1960年代以降、福岡県や福岡市によって、順次、立退き事業が実施された。その際、住民たちは、行政によって用意された代替団地などへの転居を余儀なくされたが、本章では、立退き・移転の際の住民と行政との交渉の過程や代替団地移転後の人びとの生活を取り上げ、そこにおいて展開された〈生きる方法〉について記述する。

第1節　［X団地］

(1) ［A地区］の立退き交渉と［X団地］の建設

　1945年以後に形成された石堂川河岸・旧博多駅前・博多港一帯の集住地域について、福岡県および福岡市当局は、これらを都市問題として捉え、その排除を計画していた。

　早くは1948年に、石堂川河岸のバラック集落に対して、福岡市の要請にもとづく占領軍による強制排除の動きがあった。「ある日、住民になんの断りもなしに、ブルドーザーがバラックを壊し始め」、「驚いた住民がただちに中止させたので、被害は4〜5軒ですんだが」、これに対して住民たちは、生活権の侵害であるとして「県知事に抗議し、相互の意見を出し合い、事後対策を協議していくことを確認し合った」（黒木 2002：158）。

この事件を契機に設立されたのが、住民による住宅組合であった。住宅組合は、「龍頭崎住宅組合」という名称（「龍頭崎」は石堂川河口付近の地名）で、両岸あわせて一つの組合であった（のちに「大浜住宅組合」と改称）。組合には、理事をおいた。組合長1名と理事18名が役員だった。組合長には、文字の読み書きができる人がなった。数年おきに交替したが、朝聯から出向してきた者が組合長になることもあった。組合では、各戸から毎月組合費を徴収していた。

行政側は、集住地域一帯のうち、石堂川の東河岸（[A地区]）の立退きを最優先しようとしていた。なぜならば、東河岸のバラック地区は、東方向（筑後方面）から入ってきた国道3号線を河岸沿いに上流方向へ抜けさせようとする福岡県等行政当局の計画にとって真っ向から障害となっていたからである。1950年代に入り、戦後復興とともに自動車交通量が増加してくると、この国道の敷設が喫緊の課題となったのである。このことについては、県議会でもしばしば取り上げられており、たとえば、1956年の県議会では、建設・大蔵・厚生・外務の各大臣および自治庁長官あて意見書（「御笠川下流地域等における不良建築物の移転促進に関する意見書」）が議案として提示されている（第3章第5節所引の当該「意見書」の内容を参照）。

こうした状況下、県と市は、1950年代を通して、大浜住宅組合との立退き交渉を続けてきた。しかし、前章で見たように、商店や飲食店、廃品回収、人夫出し、間貸し、簡易宿所などの生業の場を構え、また劣悪な環境といわれながらも、すでにここに生活の根をおろしていたこの地域の住民は、立退きには応じることができなかった。これに対して、県、市からの立退き要請は再三にわたったが、その過程で行なわれた交渉の中で、組合側は、立退き後の住居の確保、交通の便の確保、立退き後の生活手段（生業）の確保、相応の保障金などを要求した。

この間、県と市では、立退き代替住宅の建設を計画し、代替住宅の戸数の算定などを目的に、石堂川両岸バラック集落の現況調査に入っている。その結果が、前章第1節で取り上げた図面と名簿である。そして、この調査結果をふまえ、県と市は、最初の立退き代替住宅、すなわち本書でいう[X団地]の建設に入った。[X団地]の用地は、東区金平に準備された。もともとこ

の地は私有地で、芋畑であったところだが、ここを、旧金平村出身で国会議員であった松本治一郎の世話で国が購入、それをすぐに県と市に払い下げるという形で用地確保が行なわれた。

　[X団地] 予定地は、[A地区] から東に約800mの地点にあり、九州大学医学部附属病院の裏塀に接しているところであった。また、石堂川方面からこの土地に入ってくる途中には、まず「松原区共同墓地」という墓地があり、次いでさらに予定地寄りには、火葬場跡（大正年間より1945年まで市営金平火葬場として使用）があった。また、同火葬場跡と附属病院を隔てる塀の病院側には、附属病院の火葬場（病死者を火葬した）もあった。[X団地] 予定地は、いわゆる「場末だった」（[X団地] 住民）。

　[X団地] は、県と市が6000万円ずつ出して建築し、1959年8月に完成した[1]。戸数は220戸（県営110戸、市営110戸）で、鉄筋コンクリート2階建て（屋根は瓦）の長屋型連続住宅であった。間取りは、1階が6畳相当の板の間（炊事場付き）、玄関、トイレ、廊下、押し入れ、2階は3畳と4.5畳が一間ずつに、押し入れがそれぞれ付いていた。坪数は、1階5坪、2階5坪の合計10坪（33m²）で、間口は2間であった（第5章第1節 図5-3参照）。そして、この建物の裏に、空地（1戸あたり4坪、約13m²）が設けられていた。いわゆるテラスハウス形式[2]の住居である。

　この団地の建設にあたって、住民側は、どのような住宅をどこにつくるのか、などという話は一切聞かされていなかったという。「住民側に、図面を見せて相談などということは全くなかった。それである日、こんなのをつくったから移れという。でも、見てみたら、これは狭すぎる。ふたを開けてみたら、ひどすぎたのだ」（[A地区] 元住民、朝鮮系住民第1世代、男性、80代）。

　このようにして建てられた [X団地] への転居を、住民側は当初、拒否した。その理由として住民たちがあげたのは、

① 一世帯に多くの家族がいる朝鮮系住民にとってこの住居では狭すぎる。
② 移転先の団地は住居スペースのみであり、これまで生業としてきた

食堂や飯場、作業場のスペースがない。

というものであった。

　そして、県、市との交渉ではこの点の改善を求めていった。住宅組合側は、「川べりに住んでいたときと同じように、店を出せるようにしてもらいたい。団地を、［A地区］や［B地区］のように、食堂があったり、朝鮮の食材を買うことのできる朝鮮市場のような場所にしたい」と主張した。また、この要望とともに、入居後の生活資金として1戸あたり10万円を借りたいとの申し入れも行なった。しかし、行政側は、これらの要求を承諾しなかった。

　こうした行政側の反応に対し、組合側は、「それならば一切、県、市のいうことに耳を傾けることはできない」として、立退きに応じない姿勢を強く打ち出した。そのため、代替団地の建物は完成したものの入居者がいないという状態が1年以上続いた。

(2) 協定成立と入居プロセス

　こうした組合側の強い態度に対して、行政側は、なんとか妥協点を見出したいとし、大浜住宅組合へ話し合いの再開を申し入れる。これに対して、組合側は、行政側に妥協の余地があることを察知し、交渉を再開することにした。以後、行政と組合との間での粘り強い交渉が続けられたが、そこでの最大の争点は、居住空間の拡大であった。

　行政側が設計し、準備した代替団地の床面積や間取りは、当時の公営住宅の床面積や間取りに広く見られた一般的な水準のものであった。しかし、朝鮮系住民側は、それに対して、「自分たちの生業形態や家族の人数にとっては、手狭である」という意見を持っていた。そして、「使い道のあまりない庭はいらないから、そこに部屋を増設してほしい」と考える者が多くいた。

　そこで、住宅組合側は、そうした意見をもとに、行政側に対し、テラス部分への増築を提案した。その際、組合側は、増築費用は全額行政側が負担すべきだと主張したため、行政側は当初この提案を拒否した。しかし、すでに

建設した団地への入居が大幅に遅れている状況と、国道開通を急ぎたいという事情から、行政側は、話し合いのたびに少しずつ歩み寄りの姿勢を見せるようになった。

すなわち、行政側は、当初、住宅の増改築は認められないとしていたが、住民の立退きという事情を考慮して、これを容認する方向に向かったのである。ただし、費用負担については、予算的に措置が不可能だとして、金融機関からの融資を行政が斡旋し、その融資に対する返済は、住民自身の自己負担にすることという案が提示された。

これに対して、組合側は、あくまでも行政による費用負担を要求したが、これについては、全く埒が明かなかったため、ついに、組合側は、行政との間で次のような条件を取り決め、立退き・移転に応じるという結論を出した。

① 福岡県と福岡市は、住民が各戸裏にある 13m² の空き地に 2 階屋を増築し、1 階は店舗に、2 階は住居として使用することを認める。
② 増築部分の建築費は 1 戸あたり 8 万 8500 円であるが、これは県と市から支払われる保証金を担保に住宅組合が金融機関から 2000 万円の融資を受けることで捻出する。融資を受けた建築費は移転後に融資先へ返済する。

この取り決めを定めたことで、立退き・移転への動きは急速に展開することとなり、ついに、福岡県知事・福岡市長と住民代表との間で次のような協定書が取り交わされるに至った。協定書（1960 年 11 月 25 日付）の要点を摘記すると次のようになる。

1　補償に関すること
　① 甲（福岡県知事、福岡市長。以下同じ）は、［X 団地］に移転する三地区（石堂川両岸の朝鮮系住民集住地域のことをさす――引用者註）居住の朝鮮人に対して金 1 千 1 百万円を支払う。
　② 上記金額は、［X 団地］への移転、河岸バラックの撤去後に支払う。
2　移転に関すること
　① 移転に先立ち、甲は現地の調査・測量をするので乙（三地区居住朝

鮮人。以下同じ）は物件の確認に立ち会うこと。
　②　移転および家屋の撤去は乙の協力により所有者が行なうこと。
　③　移転期間は家屋の撤去を含めて 1961 年 3 月末日までとする。ただし、移転および家屋の撤去は数地区に区分して実施することとし、その区分および日程については協議して決める。
　④　協議して決めた指定日までに撤去されない残存物件については所有権を放棄したものとみなし、乙の立会い確認の上、甲において適宜処分する。
3　入居に関すること
　①　［X 団地］への入居資格者は、現に三地区に居住するものに限る。
　②　甲は［X 団地］入居者が住宅の管理運営のため入居者組合（法人組織）を設置することを認める。
　③　甲は入居者組合に団地内の住宅管理を委任する。
　④　家賃は 1100 円とし当月 10 日までに納入すること。
4　施設に関すること
　①　浴場および集会所、遊園施設については協議の上設置する。
5　協定の成立に関すること
　①　この協定は、福岡県議会ならびに福岡市議会の議決を得たときには別段の行為を要せずに本協定として成立するものとする。
　　　署名：甲　福岡県知事　鵜崎多一
　　　　　　　　福岡市長　　阿部源蔵
　　　　　　乙　三地区居住朝鮮人代表　金竜田[3]

　このような協定が結ばれたのち、住宅組合のかわりに、もう一つの住民側の団体である「龍頭崎商工組合」が、県、市からの補償金を担保に、九州相互銀行から増築費用 1699 万 2000 円の融資を受けた（1961 年 4 月）。借用金の弁済期日は 1964 年 8 月 25 日であった。
　なお、この増築については新聞でも報じられたが、その記事の中に「公営住宅の増築は認められないことになっているのでこれは違法建築だが、県、市は目をつぶるということになっている」との記載がある（「石堂川じり住

宅（博多）のその後——今月中に新居へ、補償金担保で増築も」『朝日新聞』（福岡版）1961年2月13日）。また、この記事から30年後の1993年に「福岡市X朝鮮人商工協同組合」と「[X団地]住民一同」が県、市に対して提出した[X団地]建替えの陳情書には、「県、市当局は、私達の生活の向上に深い関心を示され、住宅建増工事の容認及び浴場、集会場の設置など温かい行政上の処置まで講じてくださいました」（傍点は引用者）との記述が見られる。

　さて、以上の経緯を経て、いよいよ増築が行なわれることとなり、入居予定者は、1戸あたり8万8500円の借金をした上で、増築工事を行なった。増築工事は1961年度中に行なわれ、完成を見た。増築部分は、1階は土間（コンクリート敷き）で、2階にはたたみが敷いてあり、それぞれ広さは、8畳分であった。1階には4枚の板戸（窓はなかった）が付けられており、そのうちの1枚をはずして出入りするようになっていた。また、屋根はトタン屋根であった。[X団地]住民の間では、こうして増築された部分を「建増し」、増築以前の、当初からの建物を「本館」と称している。

　この増築が完成し、やっと石堂川河岸からの移転・入居が開始された（写真4-1、4-2、4-3）。ここまでの交渉の過程について、朝鮮系住民側で交渉に臨んだことのあるKK氏（[X団地]住民、朝鮮系住民第1世代）は、「この交渉は、県、市よりも住民側に有利な感じだった。県、市は、とにかく一刻もはやく国道3号線を通さなければならないので、時間がなかった。早く立退いてもらいたかったので、条件はこちらに有利だったような気がする。県、市のほうが忙しかったからだ」と回想している。

　入居開始当初の家賃は、全戸一律1,100円であった。家賃は、「本館」について徴収されたものであり、個人負担で建築された「建増し」部分については、家賃はかからない。家賃は、その後、物価の上昇にあわせて値上げも行なわれたが、全戸一律同金額であることには変わりがなかった。しかし、1996年の公営住宅法改正に伴う「福岡市市営住宅条例」などの改正により、1998年度より、それまでの固定家賃方式を改め、毎年度、入居者の収入と住宅規模や立地条件、建築時からの経過年数によって家賃が設定されるようになり（応能応益家賃制度）、現在に至っている（『福岡市政だより』1132号、

写真4-1　［X団地］入り口付近

写真4-2　［X団地］
団地建設当初からの「本館」部分。左右それぞれの棟の「本館」部分（当初つくられた玄関がある）が通路を挟んで向かい合っている。2階の物干し台などは、入居者が個々に設置したもの。

写真4-3　［X団地］
建物の右側は、最初に建てられた「本館」。左側は、増築（第1次増築）によって建てられた「建増し」部分をさらにリフォーム（第2次改築）したもの。駐車場用地がないため、路上に駐車用の枠をつくって自動車を停めていることがわかる。

1997年5月)。現在、この基準に従い、4,000円、4,500円、5,000円、6,100円の4階層の家賃設定がなされている。

なお、現在では、[X団地]内の道路は舗装され、下水道も整備されているが、入居当初には、道路は舗装されておらず、下水道もなかった。また、トイレは汲み取り式だった。したがって、車が通れば土埃が舞い、また炊事場の下水は側溝にそのまま流れてゆくようになっていた。食べ物のかすなどが側溝に流れ、ドブネズミがそれを餌にして繁殖し、たいへんだった。その後、組合で交渉し、マンホールをつくってもらった。それ以後、ドブネズミは出なくなった。また、トイレも15年ほど前に一斉に水洗化してもらった。水洗化の費用は、1軒あたり約20万円だったが、それは県と市が負担した。

また、入居当時、住民たちは洗濯物を「建増し」に面した道路で干していた。団地の建物には物干し場がなかったからである。しかし、路上ではスペースが狭く、早い者勝ちでスペースを占拠するため、隣近所同士、物干しのことでよく喧嘩が起こっていた。そのため、入居からしばらくすると、多くの家で2階に物干し用のバルコニーを増築するようになった（増築については、第5章第1節参照）。

(3)「総聯の団地」

ところで、ここで注目されるのは、[X団地]にはどこからどのような人びとが入居したのかという問題である。[X団地]は、石堂川河岸の[A地区]と[B地区]に居住する朝鮮系住民の入居を前提に建設されたが、入居者の多くは[A地区]の者であり、[B地区]からの移転はほとんど見られなかった。[A地区]は、前章で触れたように、総聯系住民が大半を占める地区であり、一方、[B地区]は、民団系住民が大半を占める地区であった。

では、なぜ[A地区]はどちらかといえば移転に積極的なのに対し、[B地区]は移転に消極的だったのか。それは、この移転の話に積極的に対応したのが総聯であったためである。ひとたび総聯が移転に応じる姿勢を見せると、対抗する民団側は、同じ団地への移転には応じられないということに

なった。

　また、民団系住民が大半を占めた［B地区］は、人夫出し飯場の経営者も多く、団地では、飯場経営ができないことを理由に移転に反対する者が多かったことも理由としてあげられる。このような経緯から、［X団地］には、総聯系住民だけが居住するようになったのである。

　そうした居住者の特性を反映して、［X団地］では、たとえば、団地内に数か所あるスピーカーから流れる町内放送は、朝鮮語で行なわれていた（1990年代以降は、住民の中に第2世代、第3世代で朝鮮語を解さない者が増えてきたため日本語で行なわれるようになった。写真4-4）。また、放送のはじまりの合図として流される音楽は、朝鮮民謡や朝鮮民主主義人民共和国の音楽であった。そして、三・一節（1919年の三・一独立運動を記念する日）や光復節（8月15日）には、一日中、朝鮮民主主義人民共和国の音楽が流されていた。

　また、町内放送のスピーカーの下には、総聯のスローガンを掲示する枠が設けられ、そこに「美帝打倒」（アメリカ帝国主義打倒）、「美帝は南朝鮮から撤退せよ」（アメリカは韓国から撤退せよ）などとチョソングル（朝鮮文字。韓国でいうハングルのこと）で書かれた政治的スローガンが掲げられていた。

　また、総聯の政治集会などへの住民の動員に関しては、動員される個々の住民がどの程度、集会の趣旨を理解しているかどうかはともかく、とにかく参加するのが当然とされる雰囲気があった。こうしたことから、［X団地］に対しては、「総聯の団地」「『ペルゲンイ』（アカ野郎。共産主義者のことをさす）の団地」という呼び方が［B地区］をはじめとする他の地区などからなされていた。

　なお、［A地区］にも少数の民団系住民がいたが、その人たちは、［A地区］のバラック撤去に際して、［X団地］への移転はせずに、［B地区］へ引越して行った。

　例外的なケースだが、［X団地］に、［B地区］の民団系住民の入居もあった。これは、この家族の世帯主（民団系住民）の兄（長男）が総聯に属し、［X団地］に入居することにしたため、自分たちも［X団地］へ入居することを決めたというものである。しかし、妻（民団系住民）は、引越ししてから数

写真4-4 [X団地]の町内放送用スピーカー
かつては、朝鮮語で町内放送が行なわれていた。また、スピーカー下の鉄枠の中には、総聯の政治的スローガンなどが掲げられていた。

週間、[X団地]で暮らしたが、その間、「雰囲気があわない」と強く感じたという。そのため、妻は子どもを連れて、もとのバラックに帰ってしまう。市には、移転が完了してから書類を提出することになっており、バラックは、その書類の提出後に取り壊されることになっていた。引越し後、数週間は、まだ移転・入居届けを市に提出していなかったため、バラックは取り壊されずに残っており、そこに戻ったのである。そして、夫も妻子を追って、しばらく後に元のバラックに戻ってきた。夫の親戚（総聯系住民）からはさんざん文句を言われたが、家族でもとのバラックで暮らすことにしたのである。そして、夫が戻って空家となった[X団地]の部屋については、市へ申し出て返納した。

民団系の者にとって[X団地]の「雰囲気」があわなかったというこのケースは、[X団地]が「総聯の団地」としての性格が濃厚な団地であることと密接な関わりがあるといえよう[4]。

ところで、新築の[X団地]に、民団系の住民が転入して来ないことについては、行政側にとっては、予想外のことだったようである。団地には220の住戸がつくられたが、これは[A地区]と[B地区]の民団系住民の入居も見越して用意されたものであった。しかし、実際には、民団系住民の入居がほとんどなかったために、民団系住民のための住戸が空き家になってしまった。当初、こうした要因によって生まれた空き家は、約50戸（全体の

4分の1）だったといわれている。そのため、県、市では、急遽、それまで予定のなかった［C地区］住民の入居を計画し、［C地区］の総聯系住民が、数世帯、［X団地］に入居した。

　しかし、それでも、［X団地］の全戸が埋まることはなかったため、［X団地］住宅管理組合（入居開始後、それまでの住宅組合を改組して結成された）が調整役となり、すでに入居している住民の家族が、たとえば息子を世帯主にするなどして、新たに空き住戸へ入居することが認められた。

(4) 生活の展開

　［X団地］への入居によって、バラック時代に行なっていた生業からの転業を余儀なくされた人びとも多かった。たとえば、バラック時代に、古鉄回収・仕分けや紙くず問屋など廃品回収を生業としていた人びとにとって、団地の土間は作業場として狭すぎるため、職業を変えるか、別の場所に新たに作業場を用意しなければならなかった。バラック時代に飲食店をやっていた人びとも、団地内ではよそからの客が来ないため、別の職業に転業するか、福岡市内の別の場所に焼肉屋などを開店しなければならなかった。

　こうした中で、［A地区］や［B地区］で人夫出し飯場や簡易宿所を経営していた者たちは、団地では飯場や簡易宿所をつくることができないといって、立退きに強く反対した。このような状況下、行政側は、バラック集落において従前から人夫出し飯場や簡易宿所を経営していた者に限って、連続した2～3戸をまとめて借り、ここを手直しして飯場や簡易宿所を経営することを認めたといわれている（［X団地］住民）。

　そのような措置は取られたものの、小規模な飯場を団地内に設けることは可能であっても、一定規模以上の飯場を設けるには団地は手狭であるため、団地の周囲に土地を購入してそこに飯場を建てる者が多かった（この場合、経営者自身は、［X団地］に居住した）。その結果、現在、［X団地］の周辺には、多くの人夫出し飯場が立地し、また低家賃の木賃アパートなども多く立地している。こうした一連の施設は、いずれも日雇労働者向けの施設であり、これらが集中して存在することにより、［X団地］を含む一帯はいわゆ

る「寄せ場」に相当する地域となっている。この寄せ場については第 6 章で詳しく取り上げる。

［X 団地］には、入居開始と同時に民族学校も建てられた。福岡朝鮮初級学校である。学校用地は福岡市の土地を有償で借用するという形をとった。建物は、立退き・移転の際の付帯条件として、市が費用負担して建設した。1970 年代に入って、児童数超過のために同じ東区内の和白に移転するまで、最盛期には、120 人の子どもたちがここで学んだ。福岡市内だけでなく、大分県や佐賀県、熊本県からも入学してくる児童がおり、かれらは［X 団地］内の各家庭に下宿しながらこの学校に通っていた。現在、この建物は、福岡朝鮮初中級学校附属幼稚園として使用されている（写真 4-5）。

また、「平和湯」という公衆浴場も古材を利用して市が建てた。入居開始当初は、各戸に風呂はなく、この公衆浴場を利用することになっていた。その頃は、「芋の子を洗うがごとく」の混雑ぶりだった。その後、各戸の第 2 次増改築（第 5 章第 1 節参照）が進む中で、内風呂を設ける家が増え、「平和湯」の利用者は減った。しかし、現在でも、内風呂を持たない家が若干存在し、また、老人などは公衆浴場への入浴を毎日の楽しみとしているため、営業は続けられている。現在の入浴料は、大人 300 円、中学生 150 円、子ども 100 円であり、値段が安いため、団地外の近隣地域から入浴に来る客もいる（写真 4-6）。

こうして生活の基盤が徐々に整えられた［X 団地］には、近隣関係における親密性や連帯感の共有も見られるようになった。それは、たとえば次のように語られるものであった。

夕方になると、団地内のあちこちで七輪の煙が上がった。路上で、ホルモンを焼いて、近所のみんなでの夕食である。通りがかりの住民もそこで腰をおろしていっしょに食べた。そして、子どもたちはもちろん、大人たちも団地内のあちこちの家をフリーパスで出入りしていた。夫婦喧嘩も、開けっぴろげの窓や玄関を通じて近所じゅうに実況中継されていた。みんな一つの家族のようだった。

（［X 団地］住民、朝鮮系住民第 2 世代、女性、70 代）

写真4-5　［X団地］内にある福岡朝鮮初中級学校附属幼稚園
かつては、福岡朝鮮初級学校として使用されていた。

写真4-6　［X団地］内の公衆浴場「平和湯」

　もっとも、第3章第3節でも見たとおり、こうした回想が現時点でなされ、またその内容どおりの実態がたしかにあったとしても、一方には、バラック集落時代に引き続き、貧富の差や、雇用―被雇用関係、大家と借家人・間借り人の関係といった階層差が存在した。

　加えて、住民間では、さまざまなレベルでの駆引き、狡知の競いあい、エゴイズムの発現が展開され、種々の葛藤やトラブルも発生している。たとえば、［X団地］からは、1960年代前半に、帰国事業により北朝鮮へ「帰国」する世帯もあったが、これによって発生する空き住戸の権利譲渡をめぐり、前住者（転出者）と新規入居者との間でさまざまな駆引きや狡知の競いあい、金銭トラブルが発生したこともあったといわれている[5]。

　また、［X団地］居住の人夫出し業者の間で、人夫の調達をめぐってトラ

ブルとなり、暴力沙汰が発生したこともあった。あるいは、住民が行なっていた頼母子講（朝鮮語で「契」と呼ばれるものに相当するが、[X団地]住民はこれを「頼母子講」と呼んでいる）で、オヤがメンバーの掛け金を持って韓国へトンコする（逃亡する）というケースも発生している。

　さらに、住民の間からは、次のような発言もなされている。

　　ここ（[X団地]──引用者註）にきたらあることないこと噂されて、わたしはなあも信じられん人間になった。そういうのがここの人間なんよ。だからわたしはこの団地は嫌い。わたしは団地でも若い人とか、団地の外の日本人の方がつきあいやすいし、いい。
　　　　　　　　　　　　　　　（[X団地]住民、朝鮮系住民第1世代、女性）[6]

　以上のような事例からわかるように、[X団地]には、近隣関係における親密性や連帯感の共有もたしかに存在したものの、一方では、個別的な利害関係や価値の非同一性も存在していた。[X団地]は、単純な一枚岩的社会ではなかったのである。
　さて、[X団地]の人口は、最盛期には1,200名を越えたときもあったというが、2004年現在では、約500名にまで減少している。1980年代のバブル期以降、入居2世代目以降の世代を中心に、団地を出てよその土地で暮らす者が増え、団地には高齢となった入居第1世代の者たちが残された。現在、昔日の活気はなくなり、団地はひっそりとしている。

第2節　[Y団地]

(1) [B地区] [C地区] の立退き交渉と [Y団地] の建設

　[A地区]から[X団地]への立退き移転が1961年に実現すると、福岡県と福岡市は、ただちに石堂川東岸に国道3号線を通した。また、1986年

写真 4-7 [Y 団地] の「本館」部分

には、国道3号線の真上に、都市高速1号線道路（千鳥橋ジャンクション～呉服町）も開通している。現在、かつてバラックが川にせり出していたあたりには、都市高速道路の高架を支える柱が打ちこまれている。

　こうした [A 地区] のクリアランスに対し、1960 年代を通じて、[B 地区] のバラック集落はそのまま存在し続けた。1965 年当時の住宅配置図では、石堂川東岸（[A 地区]）のバラック集落の記載は一部を除き消滅しているのに対し、西岸（[B 地区]）には「朝鮮人住宅地域」という記載が見られる（第1章第3節 図 1-5）。

　しかし、行政側は、[B 地区] を放置する考えはなく、1970 年を目標に、[B 地区] の立退き計画を立案していた。その計画は、[B 地区] については、[X 団地] からさらに北東へ約 2km の地点の、ある建設会社の資材置き場を購入し、そこに立退き用として [Y 団地] を建設するというものであった。同団地の工事は、1960 年代末に行なわれ、1970 年に完成している。

　竣工した団地は、合計 90 戸（県営 45 戸、市営 45 戸）、鉄筋コンクリート 2 階建てで、屋根もコンクリート製である（写真 4-7）。間取りは、1 階が 6 畳 1 間に玄関、炊事場、トイレ、風呂場（スペースのみで浴槽は自分で用意することになっていた）、2 階が 6 畳と 4.5 畳の部屋が一つずつ、それに 1 畳分の押し入れであった。坪数は、1 階 6 坪、2 階 6 坪の合計 12 坪（40m²）。間口は 3 間であった。これに、裏庭として 9 坪の空地が付属しており、1960 年代に日本各地の低層団地の様式として採用されていた、いわゆるテラスハウス形式に相当するタイプの建物であった。

この［Y団地］の間取りと［X団地］のそれとを比べればわかるように、［Y団地］の間取りは、［X団地］のそれよりも一回り大きいものであった。しかし、この間取りであっても、家族数の多い家庭にとっては空間的に満足できるものではなかった。また、［B地区］で飲食店、廃品回収業、人夫出しなどをしていた人びとにとっては、市街地から離れた埋立地の上にある［Y団地］は、営業上、デメリットが大きかった。そのため、［B地区］の住民たちは、行政による立退き勧告を無視し、［Y団地］への移転を拒否し続けた。これにより、団地完成後、約1年間にわたって、入居者がいないという事態が生じた。

とはいえ、その間、［B地区］の住宅組合と県、市との間では交渉が続けられていた。そこでの住民側の主張は、［X団地］同様、［Y団地］でも裏庭空地に増築を認めよ、というものであった。これに対し、行政側は、増築費用の住民負担を条件に、増築を容認するという結論を提示してきた。そこで、住民側はその内容を検討し、最終的には立退きに合意するに至った。ただし、その場合、住民の中には経済的理由などから増築を希望しない者もいたため、住宅組合では、増築は希望者のみが実施することと決定した。

増築費用の調達については、行政との話し合いの中で、行政側から次の2案が提示された。

① 増築希望者が業者（ダイワハウス）と各戸68万円で増築工事を契約する。その費用は住宅組合が一括して銀行から借り、各戸が使う。そしてこれを各戸5年ローンで返済する。
② 県と市が増築部分を建て、その費用を各戸20年ローンで返済する。

これについて、住宅組合で行なわれた議論では、20年ローンでは、完済の頃に住宅の老朽化も進んでいるはずで、ローン返済は早く済ませたほうがよい、という声が多く、①案が採択された。そして、融資は福岡銀行から受けることになった。

ダイワハウスが行なった増築工事は、9坪の裏庭空地に、「本館」（増築以前からある居室部分を［Y団地］の住民たちは「本館」と称している）と接

続させる形で鉄筋モルタルの建物を建てるというものであった。この工事では、建物の大枠のみがつくられ、内装は別途、各戸が負担して自由に行なった。内装工事は、各戸が大工を雇って行ない、値段交渉も大工と住民の直接交渉であった。内装には、最低100万円はかかったが、200万円〜400万円くらいかける家も多かった。内装工事の費用は、現金払い、もしくは大工と相談の上、月賦で支払った。

　この内装工事は、「本館」部分についても行なわれた。たとえば風呂用のスペースとされていたところに床を張りたたみを敷いて居室部分を拡大するなどであるが、この場合には、「本館」の外部に、路地に張り出す形で新たに風呂場を増築するケースが多かった。

　こうした増築は、全90戸のうち、64戸が行ない、26戸は増築を行なわなかった。増築を希望しない住戸は、団地内の一番はずれに位置する棟に入居することになった。そのため、現在でも、海寄りに建つ4つの棟は、増築以前の形をとどめるか、もしくは、のちに裏庭空地にプレハブ小屋を設けるなどの簡単な増築のみが施された住戸からなっている（写真4-8）。

(2) 入居と生活の展開

　このような増改築の経緯を経て、[Y団地]へは、1971年に第一号の入居が行なわれ、1973年に入居が完了した。入居は、[B地区]に加え、[C地区]からも行なわれている。住民構成は、[B地区]からが約9割で、[C地区]からは約1割であった。

　入居当初の[Y団地]の家賃は、全戸一律4,200円であった（のち、制度改定により、1998年度からは、最低4,700円、最高11,000円に設定されている）。

　入居開始当初に増改築、内装工事（第1次増築）を行なったのちも、バージョンアップのための内装および外装の工事（第2次増改築、第3次増改築……）を行なった家も多い。これについては、第5章第1節で詳述する。

　増改築部分を利用して、商店、食堂などの商売をする者や、人夫出し飯場を経営する者もあった。ただし、現在では、団地の近隣にショッピングセン

写真4-8　［Y団地］の「本館」部分
第1次増築を行なわなかった棟で、建設当初の原形をとどめている（ただし、写真右端の住戸は後に自主的な増築を行なっている）。

ターやコンビニエンスストアができたことなどが原因で、商店、食堂のほとんどは廃業した。また、人夫出し飯場も建設不況の影響で廃業に追いこまれているという状況である。

　［Y団地］には、住居棟の他に、公衆浴場もつくられていた。各戸には風呂スペースは用意されていたが、浴槽は個人で設置することになっていた。そのため、入居当初、内風呂を持たない家が少なくなかったからである。その後、内風呂を持つ家が増加し、公衆浴場の利用者が激減したため、15年前に廃止され、現在、公衆浴場のあった場所は空地となっている。

　また、［Y団地］には、［X団地］には設けられていない駐車場が当初から用意されていた。団地の裏手に設けられた80台を収容できる駐車場がそれである。

　さらに、［Y団地］の敷地内には、韓国政府の文教関係の出先機関である「福岡韓国教育院」も建てられている。また、団地の集会所には、「福岡市韓国人商工協同組合」の事務所も置かれている（写真4-9）。

　［X団地］が「総聯の団地」であるのに対し、［Y団地］は「民団の団地」といわれてきた。ここに移転してきた旧［B地区］住民のすべてが民団系であるからである。そして［Y団地］住宅管理組合（入居開始後、それまでの住宅組合を改組して結成された）の理事長は、民団系の組織である「福岡市韓国人商工協同組合」の理事長が兼務することになっている。また、「福岡

写真4-9　［Y団地］集会所

韓国教育院」の門前には国旗掲揚塔があり、大韓民国の国旗である太極旗が毎日掲揚されている。

　このように、［Y団地］には民団系住民が居住することにより、福岡市の朝鮮系住民集住団地には、

　　［X団地］＝総聯系＝北系
　　［Y団地］＝民団系＝南系

という住みわけが見られるようになった[7]。

　なお、［Y団地］は、福岡空港への航空機の航路の真下に位置しており、低空飛行する航空機の騒音が激しい。夏に窓や玄関を開放した場合、騒音で戸内での会話も困難になるほどである。このため、［Y団地］の住宅管理組合は、福岡空港公団との交渉を重ね、その結果、外壁の防音化工事、防音ガラス窓への交換、各戸へのクーラー（室外機1台、クーラーは1階と2階にそれぞれ1台）と換気扇（1階と2階にそれぞれ1台）の設置を実現させている（1990年頃）。

第3節　［Z団地］

（1）［D地区］［E地区］［F地区］［G地区］の立退き交渉と［Z団地］の建設

　立退きによる［A地区］（一部を除く）の除却は1961年、［B地区］［C地区］の除却は1973年であったが、これに対して最後まで残ったのが、［D地区］［E地区］［F地区］［G地区］である。これら3地区は、いずれも博多港臨港地区の市有地に立地していた。これらの地域は、「終戦後博多港が引き揚げ基地であった時代に、住居のない人々が市有地内にバラックを建てて住みついたのがはしりであ」り、「その後も、港湾特有の住み易さを求めて住みつき、昭和40年当時は、1,000世帯以上、人口約4,000人が約5万m²の市有地を占拠していた」（福岡市編 1992：1133）とされる地域である。

　これらの地域は、［A地区］［B地区］［C地区］および［H地区］が、朝鮮系住民中心の住民構成であるのに対し、「住民の多くが『日本人』で、その中に朝鮮人が混ざって住んでいる（ただし、ばらばらではなく、固まっていたが）という感じだった」（［F地区］元住民）といわれている。

　福岡市は、この「臨港地区内の無断建築」を問題視し、1958年段階で、「無断建築処理対策委員会」を設置している。そして、港湾局が立退き交渉にあたったが、成果はあがらなかった。

　その後、1964年に、［F地区］に貨物輸送用臨港鉄道の線路敷設が計画され、線路用地の確保のため、用地に該当する箇所の立退きの必要性が急浮上してきた。そこで、「福岡市無断建築物処理要領」が制定され、次のような措置をとった上で、「強制除却」がなされることになった。

　　○　自力でほかに住宅を建てる人には移転費を交付する。
　　○　家は建てるが土地のない人には市が選んで土地を払い下げたり、土地代を融資する。
　　○　行き先のない人には市が土地、家を提供し十年年賦で払い下げる。

そして、市は代替住宅を市内の津屋地区と香椎地区に建設し、立退きにそなえた。これに対して、住民側は立退きに強く反対し、反対運動を繰り広げた。その過程では、行政側との激しい対立の場面が何度も見られたが、最終的に、1966年9月、福岡市による強制代執行が行なわれた。そのときの様子は、「県警機動隊、博多水上署員100人の警護の下に、田代局長以下80人がヘルメット姿で、家内に居据った反対住民の罵声に構わず家財道具をダンボールに詰め込み、家の外側より取りこわしていった。この間、周囲を取り巻いた反対住民の怒号と、一時緊迫した状態も起こったが、取りこわしは順調に進み」、「正午すぎには予定した26世帯の取りこわし作業を終了した」(福岡市編 1992：1136)というものであった。
　この強制代執行による立退きは、鉄道用地確保にかかる箇所に関するものに対してだけ行なわれたものであったが、その後、このときの強制代執行を契機に、鉄道用地以外の箇所の立退きも進められていった。最終的な立退き除却は、1980年に終了しているが、それまでに除却された無断建築物の総数(1964〜1980年)は、

　　［D 地区］ 158 世帯
　　［E 地区］ 104 世帯
　　［F 地区］ 123 世帯
　　［G 地区］ 701 世帯

であった(福岡市編 1992：1139)。なお、図4-1は以上の経緯を図示したものである。

(2) ［Z 団地］への入居

　立退き対象地域に居住していた人びとは、立退きに際して自力で住宅を用意するケースもあったが、多くは市の用意した代替団地に入居することになった。この場合、日本系住民は、東区の津屋および香椎に建設された団地や、やはり東区内の名島に建設された団地に入居していった。これに対し

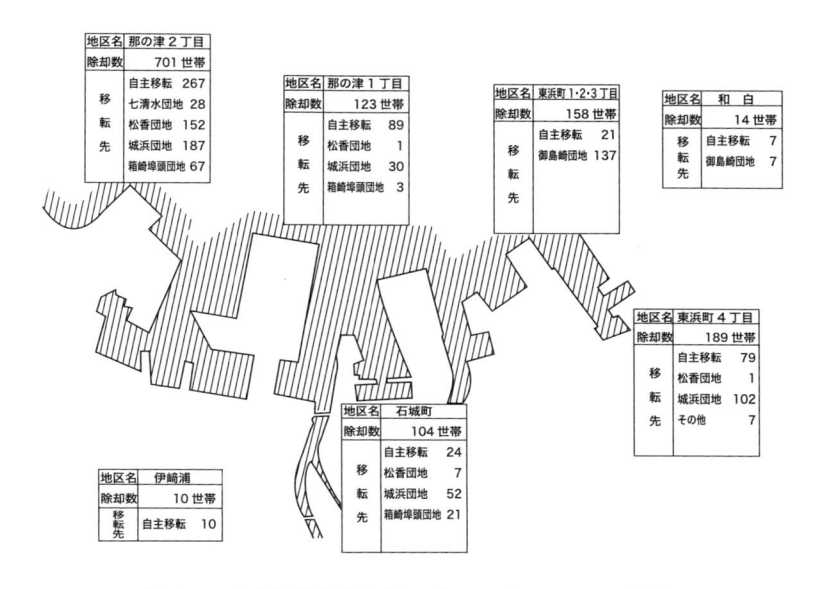

第 4 章　集住団地への移転と〈生きる方法〉　　175

地区名	那の津 2 丁目
除却数	701 世帯
移転先	自主移転 267
	七清水団地 28
	松香団地 152
	城浜団地 187
	箱崎埠頭団地 67

地区名	那の津 1 丁目
除却数	123 世帯
移転先	自主移転 89
	松香団地 1
	城浜団地 30
	箱崎埠頭団地 3

地区名	東浜町 1・2・3 丁目
除却数	158 世帯
移転先	自主移転 21
	御島崎団地 137

地区名	和　白
除却数	14 世帯
移転先	自主移転 7
	御島崎団地 7

地区名	東浜町 4 丁目
除却数	189 世帯
移転先	自主移転 79
	松香団地 1
	城浜団地 102
	その他 7

地区名	石城町
除却数	104 世帯
移転先	自主移転 24
	松香団地 7
	城浜団地 52
	箱崎埠頭団地 21

地区名	伊崎浦
除却数	10 世帯
移転先	自主移転 10

図 4-1　無断建築物除却状況（1981 年 3 月 1 日現在）
　＊福岡市編（1992：1139）をもとに作成。

て、朝鮮系住民は、かれらを入居させるために建設された［Z 団地］に入居させられた。

　［Z 団地］への移転者は、［E 地区］から 21 世帯、［F 地区］から 3 世帯、［G 地区］から 67 世帯となっており、これらの合計は、91 世帯となる[8]。

　［Z 団地］の完成は、1975 年であった。しかし、入居開始は 1976 年であった。ここでも、団地完成後、入居に至るまでの交渉に約 1 年の時間がかかっている。

　なお、入居の 1976 年は、『福岡市史』における、「結局、臨港地区無断建築の約 60％を占める那の津二丁目の不法建築は 51 年（昭和 51 年――引用者註）までに、ほとんど完了した」（福岡市編 1992：1137）とする記事に符合している。

　［Z 団地］は、他の二つの団地とは異なり、所有者は、福岡市のみで、福岡県は関与していない。この団地は、［X 団地］［Y 団地］と異なり、鉄筋コンクリート 5 階建ての住居棟 3 棟からなる中層団地である。戸数は、3 棟あわせて 110 戸（1 棟 40 戸、2 棟 40 戸、3 棟 30 戸）である。間取りは、6 畳間（たたみ）が二つと 3 畳間（板張り）が一つ、台所、風呂、トイレからな

る（写真4-10）。家賃は、入居開始当時から近年まで各戸一律1か月6,500円であったが、制度改定により、1998年度からは、8,400円から13,000円の間で設定されている。入居にあたっては、世帯構成員数が6名を超えると、同一の世帯主名義で、自動的にもう1戸、隣室を割当てられた。また、老人は、1階、2階を優先的に割当てられた。

　この団地は、5階建て中層団地であり、構造上、［X団地］や［Y団地］のような増改築を行なうことができない。そのこともあり、団地の住居棟とは別に、店舗棟が用意されていた。

　店舗棟は、住居棟に囲まれるようにして、団地の中央部に並べられている鉄筋のプレハブ群で、そこには合計60の店舗スペースが用意された。各店舗スペースは、1階がコンクリートの土間で広さは12畳（6坪）、2階は板張りで広さは6畳（3坪）である（写真4-11）。店舗スペースには使用料が課され、金額は、入居当初以来、一律1か月3,500円で固定されて現在に至っている。

　店舗スペースを借りることができたのは、［Z団地］入居前のバラック時代に、何らかの商売をしていたという条件を満たした者である。この場合、住民の中には、この条件を逆手に取って、それまで商売をしていなくても、［Z団地］への移転直前に急ごしらえの「商売」をはじめ、それにより［Z団地］の店舗スペースを手に入れたという者もいる。これもまたしたたかな〈生きる方法〉の実践である。

　入居当初は、この店舗スペースで、雑貨屋や駄菓子屋、食堂などの店が出されたが、地理的条件から、客が団地内の住民に限られるため、開店から2〜3年で、みな閉店してしまった。現在は、60ある店舗スペースのうち、使用されているのは約20で、それらは建設会社事務所、飯場、金属加工所作業場、廃品回収業作業場、もしくは住宅などである。商店は1軒もなく、残りの約40は空きスペースで、住民の倉庫、簡単な物置などとして使用されている。

　［Z団地］住民の所属民族団体については、民団も総聯も両方ある。近年の傾向として、韓国籍＝民団系住民が増加しているが、総聯系の者もおり、［X団地］＝総聯系、［Y団地］＝民団系、のような民族団体と団地とのセット

第4章　集住団地への移転と〈生きる方法〉　　177

写真4-10　[Z団地]の様子

写真4-11　[Z団地]店舗棟
２階建ての鉄筋プレハブで、全部で６０戸分ある。

は、ここでは見られない。そして、この団地では、市の指導で、団地内の掲示板にポスターなどを掲示するときには、住宅管理組合の許可印が必要とされており、その際、民族団体等に関わる政治的ポスターの掲示は許可されないことになっている。

　[Z団地]は、三つのバラック集落からの移住者によって構成されている。その場合、それまで住んでいた地区が違っても、民族団体での活動などを通じて、以前からお互いの顔を知っていたというケースもある程度はあったが、一方、異なる集落に暮らしていたため、[Z団地]入居まで、お互いに全く面識がなかったという住民たちも相当の数に上った。

　こうした条件に加えて、[Z団地]は、他の長屋形式の団地とは異なり、中層5階建てで、各住戸が鉄のドアで仕切られる構造であるため、[Z団地]

においては、近隣のつきあい、住戸間の行き来は、非常に希薄なものとならざるをえなかった。

　こうした状況は、入居以来今日まで続くものであるが、とりわけ1990年代以降は、団地住民の転出や、転出に伴う住民の入れ替えによって居住者の流動性が高まったため、住民の間の親密性や連帯感の共有は、皆無ではないものの、ほとんど育っていないといわれている（[Z団地] 住民）。ある住民は、このような状況について、次のように述べている。

　　この団地は、みんなばらばら。みんなお互いに無関心。みんな好き勝手にやりたい放題やっている。

　あるいは、団地住民（いずれも朝鮮系住民）の間で、団地内の用地の使用権などに関して、市役所への匿名の密告がなされたりなど、さまざまな葛藤やトラブルが発生している。これらの事例からは、決して一枚岩ではありえない [Z団地] の状況が理解されよう。

　以上、バラック集落の立退き・移転によって形成された三つの朝鮮系住民集住団地について、その形成過程やそこでの生活のあり方等について記述してきた。これまでの記述にもとづき、三つの団地についての基本的事項をまとめると表4-1のようになる。

表4-1　朝鮮系住民集住団地一覧

	X団地	Y団地	Z団地
完成年	1959	1970	1975
入居開始年	1961	1971	1976
建物（「本館」）の構造	鉄筋コンクリートブロック簡易耐火構造2階建て	鉄筋コンクリート2階建て	鉄筋コンクリート5階建て
住戸数	220	90	110
民族団体	総聯系が多い	民団系が多い	総聯・民団混在
主な前住地	[A地区] [C地区]	[B地区] [C地区]	[E地区] [F地区] [G地区]

第4章　集住団地への移転と〈生きる方法〉　179

第4節　団地外からのまなざし

　ところで、これまで記述してきた三つの団地について、団地の外部からはどのようなまなざしが向けられてきたのであろうか。

　第3章第5節でも述べたように、ある場所についてのイメージのあり方は、個人によって差異がある。また一個人の中でもそのイメージは必ずしも固定されたものとはなっていないであろう。したがってこうした、場所についてのイメージを安易に一般化することは不可能である。そのことを確認した上で、ここでは現時点で筆者の手元にあるデータを紹介しておくことにしたい。

　まず、団地住民自身が語る、団地外の人びとからのまなざしについてのデータを取り上げてみよう。

　［X団地］に住みながら団地の外で商売（洋服屋や麻雀店）をしてきたK氏（朝鮮系住民第1世代、女性、1921年生）は、客の日本系住民から聞いた団地のイメージを次のように語っている。

　　昔うちは洋服屋しよったけ、ほとんど日本人付き合いが多かったけ、仕入れ行く時も来るお客さんも日本人やったけ。でも、団地の中に遊びに来る人おらんやったね。それから、祇園町麻雀屋しよったたい。麻雀屋しよったら日本人ばっかり来るやろ。「おばさん、［X団地］[9]は生きた犬が入ったら出てこんち」。それだけ恐ろしいということたい。タクシー乗って行ったら［X団地］言うたら降ろされるちゅうて。タクシー乗って行ったら昔は乗り逃げがおったわけたい。「ちょっと待ってお金持ってくる」言うて金払わんやったり。飯場が多かったやろが、飯場とこ行ったら降りて石投げられてお金もらわんやったりしたわけたい。

　　（タクシーは）絶対「団地」言ったらとまらんやったよ。「団地」言うたら乗ってもね「［X団地］」言うたら降りて言われる。最近は言わんよ。そいけ評判悪かったわけたい。タクシー乗る人はよそから来て乗り逃げす

るわけたい。家がみんな同じ家やろ。そこでちょっと待って言うてあっちこっち行ってしまうわけたい。昔はイルボンサラミ（日本人）から恐ろしがられよったね。いまはそんなことはない。　　　（柳井2006：400）

［Y団地］住民も次のように語る。

　外からのレッテルが悪い。近所に住む日本人の子どもたちはこの団地（［Y団地］）には遊びに来んよ。やっぱり親が言うんじゃない？　朝鮮人部落だから。小学校の子どもたち、めったにうちの団地に住む小学生の家には遊びに来ないよ。
　　　　　　　（［Y団地］住民、朝鮮系住民第2世代、女性、50代）

　日本人は、ここは朝鮮部落だといって、えずかる人もいる。ここは朝鮮部落と言って名を売っているのだから、周りの日本人はそのことはみんなわかっている。あそこに入ったら殺されるのではないかと言う人もいる。うちは日本人の小学校の先生を下宿させたことがあったが、その先生は、周りの日本人から、「よくあんなところに住めるね」と言われたそうだ。
　　　　　　　（［Y団地］住民、朝鮮系住民第2世代、女性、60代）

次に、団地外の人びとが語る団地についてのイメージを取り上げてみよう。1981年に、校区内に［X団地］が立地する小学校に新任教員として赴任し、その後人権教育に情熱を傾けていった徳成晃隆は、赴任当時を回想して次のように述べる。

　私がA小学校に新任教師として赴任する時、当時、セールスの仕事をしていた友人がよかれと思って言った発言が記憶に残る。「お前の赴任する町には部落や朝鮮人が一杯いる。俺たちの業界ではあの地区には絶対行くなと言われている。用心しとけよ。何されるかわからんぞ」。彼は実際その町の誰とも本当に出会ったこと、商売したこともなかったはずである。その発言を聞き、問題を指摘できない私と、彼の言動と意識はどれほ

第 4 章　集住団地への移転と〈生きる方法〉　　181

どの違いもなかった。　　　　　　　　　　　　（徳成 2006：441）

　同様の声は他にもあり、筆者自身も本研究の過程で、60 代の日本系住民（公務員を退職した男性）が、［X 団地］について、「あそこの朝鮮人団地に車で迷いこんだら、ただでは帰してもらえない」と語るのや、50 代の日本系住民（男性）が、［Y 団地］について、「あそこは朝鮮人の団地。やくざもたくさん住んでいて、怖ろしいところだ」と発言するのを耳にしている。あるいは、40 代の日本系住民（女性）も、かつて石堂川東岸に位置する高校に通うことになったとき、父親から「学校がそこにあるのは仕方がないが、石堂川から向こうには朝鮮人が住んでいる。あれらとはぜったいに関わりあいになってはいけない」と言われたと回想している。
　もっとも、こうした発言は、徳成も述べるように、団地との直接的接点を持たぬ人びとの幻想の産物にすぎないものである。［X 団地］の住民と日常的に接触している近隣地域の住民の認識は、それらとは異なるものとなっている。
　たとえば、［X 団地］内の公衆浴場には、近隣に住む低所得層の日本系住民も通っており、かれらと［X 団地］住民との間では、親しいつきあいが日常的に展開されている。そして、ときには、団地住民から仕事などを紹介されることもあるという[11]。あるいは、さきに取り上げた［Y 団地］住民による、団地外からのまなざしについての語りの続きでは、

　　（［Y 団地］に下宿していた小学校の先生（日本系住民）に対して）うちの夫はやさしかったし、よく野菜をやったりしていたので、（周りの日本系住民からの「よくあんなところに住めるね」という声に対して）「そんなことないよ。ぜんぜん怖くないよ」と説明したそうだ。でも、先生自身が周りから怖がられていたっていう冗談を言っていたな。わたしたちとつきあう日本人は、ここはいいところだよと言うけれど、ふつうの日本人は怖いところだと思っている。実際のところ、別に怖くはないよ。喧嘩もあったけど、怖いってことはないだろう。まあ、周りから見れば怖かったかもしれないが。

([Y団地] 住民、朝鮮系住民第2世代、女性、60代)

と語られている。

　これらの事例をふまえると、団地外住民に団地住民との直接的な接点がある場合には偏見、差別とは異なる認識が存在していたということができるだろう。ただし、次のような声もある。日常的に親しくつきあっている近隣の日本系住民であっても、「何かトラブルがあったり、酒が入ったりすると、『この朝鮮人が』というように、手のひらを返したように差別的になる者も、みんながみんなではないが、中にはいる」（[X団地] 住民）。

　なお、以上取り上げてきたのは、[X団地] と [Y団地] についての状況であった。これに対して [Z団地] については、筆者の調査の過程では、日本系住民がそこを「朝鮮人団地」などとして特殊視する事例を確認することはできなかった。これはあるいは、[Z団地] については、完成後間もない時期に近隣に類似の規格の県営団地が多数建設されたため、[Z団地] はいくつもある公営団地の中の一つとしてしか人びとの目に映らないようになっているからなのかもしれない。ただし、このことも含めて、[X団地][Y団地][Z団地] いずれの団地についても、外部からのまなざしについて筆者はこれ以上のデータを所有していない。したがって、これらのデータだけで結論めいたことを述べることは避けなければならない。以上の記述は、あくまでも現時点における筆者の手元のデータを紹介するにとどまるものである。

　さて、本章では、前章までで扱ってきた各バラック集落の立退きから代替団地への入居に至る過程にスポットをあて、立退き・移転の際の住民と行政との交渉過程や代替団地移転後の生活における〈生きる方法〉について記述してきた。そこからわかることはおよそ次のような点である。

　当該フィールドにおける立退き・移転は、住民側が望んでのものではなかった。したがって、かれらは立退きに反対であった。しかし、行政側は強く立退きを要請してきた。そうした状況下、住民たちは行政との交渉を繰り返し、完成した代替住宅への移転拒否という抵抗の実践を〈生きる方法〉として展開した。そしてその結果、増築の黙認や増築費用の融資などの成果を

勝ち取っている。

　この場合、立退き・移転に際して、行政による圧倒的な力が働いていたことは事実であり、住民たちは、大筋ではその力に従わされたことに変わりはない。しかし、それでもかれらは行政側の絶対的な力によるコントロールに屈服したのではなく、自分たちの主張を行政側にある程度認めさせている。そこに見出せるのは、自らをとりまく大きな状況に飲みこまれそうになりながらも、そこになんとか自らの主張をすべりこませてゆこうとする〈生きる方法〉である。

　ところで、行政を相手に交渉や抵抗を展開するに際して、住民たちはこれを集合的に実践することを志向していた。そのため、交渉・抵抗の過程において住民間には一定の足並みの一致が見られた。とはいえ、そうした志向や状況は行政による外圧への対峙という場面においてこそ成立可能なものだった。外圧への対峙という場面をのぞけば、あるいはそうした場面においても水面下では、住民の生活は一枚岩的なものであったわけではない。そこでは、階層の違いに起因するものも含めて、個別の利害関係の計算にもとづく、さまざまな駆引き、狡知の競いあいが展開され、またエゴイズムの発現も見られたのであった。

註

1)　［X団地］および後述の［Y団地］は、福岡県と福岡市が半分ずつ費用負担をして建設している。そのため、完成後も現在まで、各団地の半数の棟を県が、残り半数の棟を市が所有しており、団地に関する管理事務や折衝ごとの対応も、県、市の両方がそれぞれ半数の棟について行なっている。そして、住民との話し合いの場にも、必ず、県、市両方の担当者が出席をしている。ただし、実務レベルの業務内容では、県は市の実務に追従する傾向が見られるという。

2)　テラスハウスとは、辞書の定義では、「低層の連続住宅で、戸ごとにテラスと専用の庭をもつもの」（松村明監修『大辞泉』小学館、1995年）のことであるが、日本では、1960年代に多くつくられた低層庭付き団地のことを、建築学界、建築業界や不動産業界ではテラスハウスと称している。テラスハウスについては、佐藤滋（1989）の研究を参照。

3)　この「三地区居住朝鮮人代表　金竜田」という人物については、調査の過程で次のような情報を入手できた。

　それによると、当時、金竜田氏は60歳代で、［B地区］で慶州旅館（図3-1の家屋番号41）というバラックづくりの簡易宿所を経営していた人物である。当時の朝鮮系住民としては数少ない文字の読み書きができる人物であったこと、年齢的にも代表になるのにふさわしかったこと、総聯の活動家であったことなどの理由で代表に選ばれた。

　交渉終了後、金竜田氏も［X団地］に入居し、自宅で小さなタバコ屋を営んでいたが、数年後、「上方に行って人夫出し（後述）をする」といって家族で関西方面へ転居していったという。

4)　［X団地］は、このように入居当初は「総聯の団地」という性格が濃厚であったが、その後、1980年代以降の全国的な「総聯離れ」、すなわち、朝鮮籍から韓国籍へと国籍を変更し、それに伴って総聯から民団へと所属団体を変える人びとが増加する傾向の中で、［X団地］においても次第に韓国籍取得者が増え、現在、［X団地］の権利所有者の3分の1が韓国籍＝民団系になっていると言われている。

5)　北朝鮮への「帰国」などによって空き住戸が生じた場合、余剰住戸、店舗スペースの有効利用の観点から、住宅管理組合の管理下において、住戸、店舗スペース、およびそれらの名義を新しい入居希望者（親族、もしくは縁故のある朝鮮系住民に限る）に譲渡（名義変更）することが認められていた。その場合、前住者（転出者）が自己負担で増改築を行なった「建増し」部分については、前住者と新規入居者との間で、相応の対価の授受が行なわれていた（対価が設定されたのはあくまでも私有物である「建増し」部分についてであり、「本館」に対して対価が設定されていたわけではない）。こうした譲渡は、円滑に行なわれることがふつうであったが、場

第 4 章　集住団地への移転と〈生きる方法〉　　185

　　　合によっては何らかのトラブルが発生したケースもあったといわれている。
6)　福岡県人権研究所主任研究員の柳井美枝は、2004 年に［X 団地］住民を対象に生活史の聞き取りを行ない、「浜松団地のコミュニティ状況――在日 1 世生活史の聞き取りを中心に」(柳井 2006：405-406) というレポートを執筆している。この発言は、同レポートに掲載されているものである。
7)　管見では、これまでの朝鮮系住民研究やルポルタージュでは、集住団地における民族団体別の住みわけについては事例の報告がない。当該フィールドにおける事例は、バラック時代の住みわけ状況とともに、注目すべき事例であると言える。
8)　［D 地区］［E 地区］［F 地区］［G 地区］それぞれにおける住民全体の移転状況は次のようになる (福岡市編 1992：1139)。

　　　　　［D 地区］　158 世帯のうち、自主移転 21、O 団地 137。
　　　　　［E 地区］　104 世帯のうち、自主移転 24、香椎 (M 団地) 7、名島 (S 団地) 52、
　　　　　　　　　　　［Z 団地］21。
　　　　　［F 地区］　123 世帯のうち、自主移転 89、香椎 (M 団地) 1、名島 (S 団地) 30、
　　　　　　　　　　　［Z 団地］3。
　　　　　［G 地区］　701 世帯のうち、自主移転 267、津屋 (N 団地) 28、香椎 (M 団地)
　　　　　　　　　　　152、名島 (S 団地) 187、［Z 団地］67。

　　　以上のうち、朝鮮系住民が入居した団地は原則として［Z 団地］であり、それ以外の団地には日本系住民が入居した。また、自主移転の中には、朝鮮系住民も含まれている。
9)　引用の原文では、団地の実名が記されているが、ここでは本書で用いている符号によって表記する。
10)　引用の原文では、小学校の実名が記されているが、ここでは符合で表記する。
11)　なお、このことからわかるように、［X 団地］(および後述の各団地) の朝鮮系住民は、かれらだけに閉じられた世界で暮らしてきたわけではない。団地在住の朝鮮系住民は、個人差はあるものの、多かれ少なかれ、近隣の日本系住民や、あるいは生業、職場、学校などのつながりで、集住地域から遠く離れたところの日本系住民とさまざまな人間関係を築いてきている。

第5章

住まいをめぐる〈生きる方法〉

　前章で見たとおり、福岡市の朝鮮系住民集住地域に暮らしてきた人びとの多くは、立退きによってバラック集落から集住団地へ移転した。

　現在、これらの団地（とくに［X団地］と［Y団地］）に足を踏み入れると、すぐに目に付くのは見事なまでの建物の増改築ぶりである。これらの団地は、もともとは県・市によって建てられた住宅であり、各住戸（［Z団地］の場合は店舗棟も）は、元来、統一規格によって建築されている。しかし、現状では、それぞれの住戸・店舗棟にはさまざまな増改築が施されており、このことは、これらの団地の持つ大きな特色となっている。

　本章では、集住団地で展開される増改築、およびそうして構築された住まいに関わる生活上の実践を、〈生きる方法〉の観点から記述したい。

第1節　団地の増改築

（1）［X団地］における増改築

　［X団地］は、立退き・移転をめぐる粘り強い交渉過程を経て、最終的に1961年に入居が開始された。この入居にあたっては、当初建設された「本館」部分に加え、「建増し」部分の増築が、県、市の容認のもとで実施された。しかし、この増築は、立退き・移転の当事者である住民にとっては、満足のいくものではなかった。

　すなわち、この「建増し」部分は、行政側が設定した規格に従って一律に

つくられたものであったが、実際に生活を営む上では不便なことが多かったのである。たとえば、当初の計画では、土間と板戸からなる１階部分は店舗として利用することが考えられていたが、[Ｘ団地] は、石堂川河岸とは違い、市街地から離れた場所にあるため客が来ず、団地内の住民を顧客とする雑貨屋、タバコ屋、駄菓子屋、食堂、タッペギチャンサ（ドブロク屋）、居酒屋など（それぞれ１～数軒が営業を行なっていた）の場合はともかく、その他の、団地外からの客をあてにした飲食店はほとんど成り立たなかった。

そこで、1961年の入居開始から数年後には、当初の増築（第１次増築）によって完成した部分に、さらなる増改築（第２次増改築、第３次増改築……）を施す者が続出するようになった（写真5-1、5-2）。

増改築は、具体的には次のような形で行なわれた（表5-1参照）。

① 「建増し」の土間に床を張り、居室とする（写真5-3）。
② 「本館」平側外壁に風呂やシャワー室を張り出し増築する（写真5-4）。
③ 「本館」または「建増し」の２階に物干し用のバルコニーを設置する（写真5-5、5-6）。
④ 「建増し」平側に玄関を新設する。そして、「本館」側の玄関は勝手口として使用する（写真5-7、5-8）。
⑤ 「本館」または「建増し」の居室にベニヤ板で仕切り壁をつくり、３畳程度の小部屋を複数つくる。この小部屋は、人夫出し飯場等として使用するための部屋である。
⑥ 「本館」または「建増し」において、隣戸との間の戸境壁を貫通させ、２戸１化、あるいは３戸１化をはかる（写真5-9、5-10）。
⑦ 「本館」または「建増し」の平側に、さらなる張り出し増築を行なって居室化する。これは、平側外壁と道路との間にあるわずかなスペースを目一杯利用しようとするものである（写真5-11、5-12）。
⑧ 角部屋の場合、「本館」または「建増し」の妻側に、さらなる張り出し増築を行なって居室化する。妻側外壁と道路との間にあるわずかなスペースを目一杯利用しようとするものである（写真5-13、5-14、5-15、5-16、5-17、5-18）。

第5章　住まいをめぐる〈生きる方法〉　　189

写真 5-1　［X 団地］の様子（「建増し」側）

写真 5-2　［X 団地］の様子（「建増し」側）

写真 5-3　「建増し」部分の内部
もともとは土間であったところに床を張り、居室としている。

写真5-4　第2次増改築によって設置された風呂場

写真5-5　2階に設けられたバルコニー

写真5-6　2階に設けられたバルコニー

第5章　住まいをめぐる〈生きる方法〉　　191

写真5-7　「建増し」側の玄関

第2次増改築が行なわれた「建増し」部分。建設当初は、「本館」部分につくられた玄関を住戸への出入りに使用することになっていたが、増改築によって「建増し」側に大きめの玄関をつくり、現在は、「本館」側を勝手口として、「建増し」側を玄関として使用している家が多い。

写真5-8　「本館」側の(旧)玄関

現在は、勝手口として使用されている。ただし、住戸表示はこの「本館」側についているため、郵便物は、このドアにあるポストに入れられる。

写真5-9「建増し」部分

隣接する2戸を連結して1戸に(＝2戸1化)している。写真中央のクーラー通気パイプのある部分が連結前の戸境部であった。

写真 5-10　2戸1化連結部分
天井中央に戸境壁の痕跡が残っている。

写真 5-11　「本館」平側および妻側に張り出し増築をしたケース

写真 5-12　「建増し」平側にさらに増築をしたケース

第5章　住まいをめぐる〈生きる方法〉　　193

写真5-13　「建増し」妻側1・2階部分に張り出し増築をしたケース

写真5-14
「建増し」妻側1・2階部分に張り出し増築をしたケース

写真5-15
「建増し」妻側1・2階部分に張り出し増築をしたケース

表5-1　各団地における主な増改築の内容

団地名	主な増改築の内容
［X団地］	① 「建増し」の土間に床を張り居室化。 ② 「本館」平側外壁に風呂やシャワー室を張り出し増築。 ③ 「本館」「建増し」の2階に物干し用のバルコニーを設置。 ④ 「建増し」平側に玄関新設。 ⑤ 「本館」「建増し」の居室にベニヤ板で仕切り壁をつくり、3畳程度の小部屋を複数設置。 ⑥ 「本館」「建増し」において、隣戸との戸境壁貫通（2戸1化、3戸1化）。 ⑦ 「本館」「建増し」の平側に、張り出し増築を行なって居室化。 ⑧ 角部屋の場合、「本館」「建増し」の妻側に、張り出し増築を行なって居室化。
［Y団地］	① 「建増し」の土間に床を張り居室化。 ② 「本館」の浴室用スペースに床を張って居室化（風呂場やシャワー室は「本館」平側相当部の外壁面に張り出し増築）。 ③ 「本館」「建増し」の2階に物干し用のバルコニーを設置。 ④ 「建増し」平側相当部分に玄関設置。 ⑤ 「本館」「建増し」において、隣戸との戸境壁貫通（2戸1化、3戸1化）。 ⑥ 「建増し」の平側相当部分外壁に外付け階段を設置した上で、「建増し」2階の平側相当部分にも玄関を設置。 ⑦ 「本館」「建増し」の居室にベニヤ板で仕切り壁をつくり、3畳程度の小部屋を複数設置。 ⑧ 「本館」「建増し」の平側相当部分に張り出し増築（数畳分）を行ない居室化。 ⑨ 角部屋の場合、「本館」「建増し」の妻側相当部分に張り出し増築を行なって居室化、もしくは浴室化。
［Z団地］ （住居棟）	① ベランダにある住戸仕切り板撤去。 ② 押入れを撤去して居室を拡大。
［Z団地］ （店舗棟）	① 各店舗・事業所の用途ごとに間取りを調整し、内外装施工。 ② 戸境壁貫通（2戸1化、3戸1化）。

第 5 章　住まいをめぐる〈生きる方法〉　　195

写真 5-16　「建増し」妻側
道路まで目一杯張り出し増築をしている。

写真 5-17
「本館」および「建増し」妻側の 1・2 階部分に張り出し増築をしたケース

写真 5-18　「建増し」妻側 2 階部分に張り出し増築をしたケース

こうした増改築は、現在までに［X団地］のすべての住戸で実施された。各住戸にあっては、これらのうちの１種類の増改築のみを行なった場合もあれば、複数種類の増改築を組み合わせて実施した場合もある。また、増改築は１度にとどまらず、数年おきに、数次にわたって行なってきたというケースも多い。

　そして、こうした増改築は、各戸が各々の生活の実情をふまえて個別に実施したため、増改築の規模、空間の使い方、間取り、デザイン、かかった経費などにおいて、きわめて多岐にわたっており、一つとして同じつくりの住戸はないという状況になっている。

　なお、以上のような増改築において、建物内部の構造的なレベルでの加工は「建増し」において顕著に見られるものであって、「本館」ではあまり実施されていないことに注意しておきたい。すなわち、「本館」の加工はもっぱら外壁部を中心としたものにとどまっているのである。これは、「本館」は県、市の所有物であるため、内部の構造的改変は避けられている（住宅管理組合で「本館」の内部構造の改変については制限してきた）のに対し、「建増し」はもともと個人の費用負担によって建築した「私有物」であるため、第２次以降の増改築も「私有物」への加工として自由に実施されたからである。

　次に、以上のような増改築の一例について、図面を示しておこう。[1] 図5-1、図5-1′を参照されたい。これは［X団地］内のある住戸の断面図で、図5-1に説明用の加筆を行なったものが図5-1′である。図5-1′のⅠ（１階）・Ⅱ（２階）の部分が「本館」で、増Ⅰ（１階）・増Ⅱ（２階）の部分が「建増し」である。

　図5-2、図5-2′は、この住戸の平面図（２階部分）である。これらの図において、AⅡ・BⅡが「本館」部分であり、増AⅡ・増BⅡが「建増し」部分である。この住戸の場合、AⅡ・増AⅡの居住世帯と、BⅡ・増BⅡの居住世帯とが親族同士であるため、AⅡとBⅡの間、増AⅡと増BⅡの間の戸境壁はそれぞれ貫通され、二戸一化がはかられている（もともと、AⅡ・増AⅡからなる住戸（A）とBⅡ・増BⅡからなる住戸（B）とはそれぞれ別個の住戸であった）。ちなみに、［X団地］完成当初の、増築がなされていなかった段階の住戸平面図は図5-3である。図5-3を見た上で、図

第5章 住まいをめぐる〈生きる方法〉　197

図 5-1　ある住戸の断面図（[X 団地]）
＊作成：清水郁郎

図 5-1'　ある住戸の断面図（[X 団地]）〈説明用〉
＊作成：清水郁郎

図 5-2　ある住戸の平面図（[X 団地]）
＊作成：清水郁郎

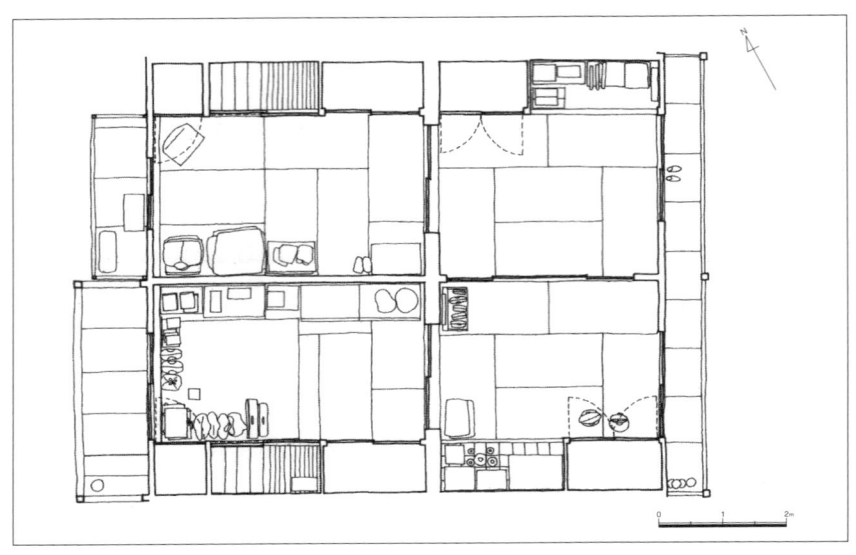

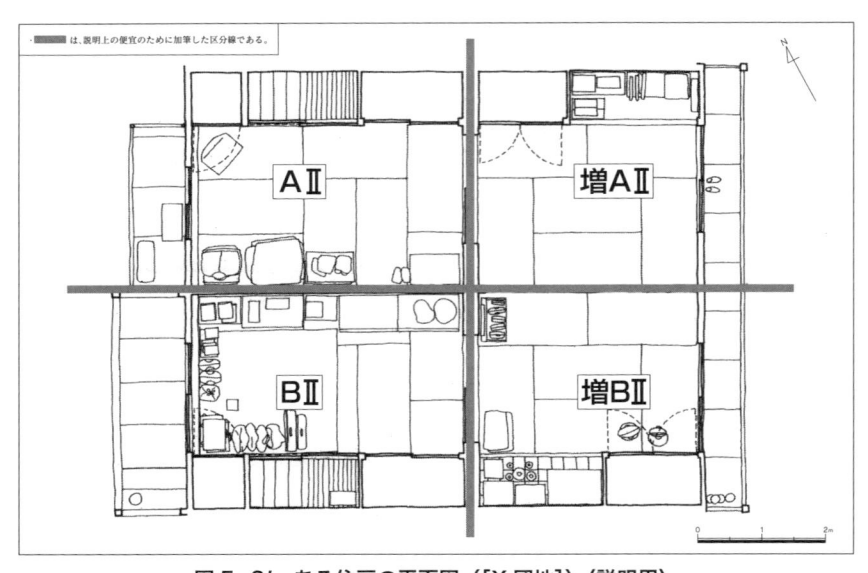

図 5-2'　ある住戸の平面図（[X 団地]）〈説明用〉
＊作成：清水郁郎

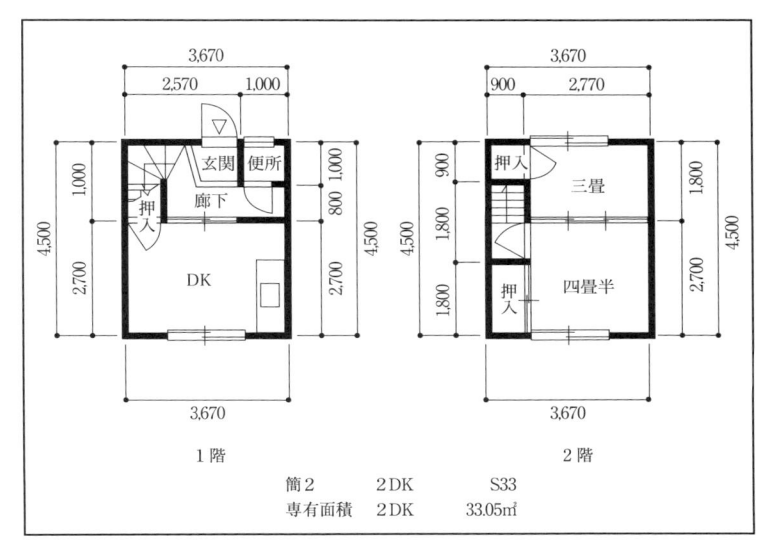

図 5-3　[X 団地] 完成当初の住戸平面図（1959 年）
増改築が行なわれる以前の原形である。
＊ [X 団地] 住宅管理組合資料提供。

5-1 から図 5-2′までを見ると、そこに住戸をめぐる〈生きる方法〉実践のあとがはっきりと示されていることを確認できるだろう。

(2) [Y 団地] における増改築

　[Y 団地] においても、[X 団地] 同様、入居開始に際して「建増し」の増築が行なわれている（希望者のみ）。この増築は、「建増し」の大枠と外装は一律基準によって、内装は住民各自が大工と交渉して自由に、それぞれ施工するというものであった。
　こうして 1971 年に入居が開始されたが、入居後、数年が経過すると、各住戸において、さらなる増改築を行なおうとする者が現われるようになってきた。バージョンアップのための内装および外装の工事（第 2 次増改築、第 3 次増改築……）を実施しようというものである。こうした増改築は、団地内のあちこちで行なわれ、入居から 15 年が経過した頃には、団地内のほぼ

全戸において何らかの2次的、3次的増改築工事が完了しているという状況が出現した。

［Y団地］で行なわれてきた第2次増改築以降の増改築は、およそ次のようなケースである（表5-1参照）。

① 「建増し」の土間に床を張り、居室とする。第1次増築のときには商店や作業場として使用するために土間としていた「建増し」1階部分に、第2次増改築以降、床を張って居室化させるケースである。ただし、［Y団地］の場合は、［X団地］と違い、第1次増築段階から「建増し」内部の構造や内装は各住民が自由に決定できることになっていたため、第1次増築時にすでに「建増し」部分に床を張っている家も多かった（写真5-19、5-20）。

② 「本館」内部にあらかじめ用意されていた浴室用スペースに床を張って居室化する。そのかわりに、「本館」平側相当部分[2)]の外壁面に風呂場やシャワー室を張り出し増築する（写真5-21、5-22、5-23、5-24、5-25）。

③ 「本館」または「建増し」の2階に物干し用のバルコニーを設置する。第1次増改築の際に実施済みの住戸も少なくなかったが、第2次増改築以降に実施した住戸もあり、これは後者のケースである（写真5-26）。

④ 「建増し」側に玄関を設置する。そして「本館」側玄関は勝手口として使用する。あるいは、「建増し」側と「本館」側にそれぞれ別の世帯が居住する場合には、「建増し」側に居住する世帯が「建増し」側玄関を、「本館」側に居住する世帯が「本館」側玄関をそれぞれ使用する。なお、「建増し」側への玄関設置は、住戸によっては第1次増築時に実施されていた。ここでのケースは、その段階では「建増し」側に玄関がなかった住戸が、第2次増改築以降に「建増し」側に玄関を設置するものである（写真5-27、5-28）。

⑤ 「本館」または「建増し」において、隣戸との間の戸境壁を貫通させ、2戸1化、あるいは3戸1化をはかる（写真5-29）。

⑥ 「建増し」の平側相当部分外壁に、外付け階段を設置した上で、「建

増し」2階の平側相当部分にも玄関を設置する。こうすることで、「建増し」2階部分を、「建増し」1階部分、「本館」1階部分、「本館」2階部分とは区別された独立の住戸にする（写真5-30、5-31）。
⑦　「本館」または「建増し」の居室にベニヤ板で仕切り壁をつくり、3畳程度の小部屋を複数つくる（写真5-32）。
⑧　「本館」または「建増し」の平側相当部分に、さらなる張り出し増築（数畳分）を行ない居室化する。平側相当部分の外壁と道路との間にあるわずかなスペースを目一杯利用しようとするものである（写真5-33）。
⑨　角部屋の場合、「本館」または「建増し」の妻側相当部分に、さらなる張り出し増築を行なって居室化、もしくは浴室化する。これは、妻側相当部分の外壁と道路との間にあるわずかなスペースを目一杯利用しようとするものである（写真5-34、5-35）。

　［Y団地］で行なわれた第2次以降の増改築は、およそ以上のような内容である。こうした増改築は、団地内のほとんどの住戸で実施されている。各住戸にあっては、これらのうちの1種類の増改築のみを行なった場合もあれば、複数種類の増改築を組み合わせて実施した場合もある。また、増改築は1度にとどまらず、数年おきに、数次にわたって行なってきたというケースも多い。そして、このような増改築は、各戸が各々の生活の実状をふまえて個別的に実施されたため、増改築の規模、空間の使い方、間取り、デザイン、かかった経費などが、きわめて多岐にわたっている。
　なお、これも［X団地］と同様のことであるが、建物内部の構造的なレベルでの加工は「建増し」において広く見られ、「本館」においては、例外はあるものの多くは外壁部を中心としたものにとどまっている。これは、「本館」は県、市の所有物であるため、内部の構造的改変は避けられている（［Y団地］住宅管理組合でも「本館」の内部構造の改変については制限してきた）のに対し、「建増し」部はもともと個人の費用負担によって建築した「私有物」であるため、第2次以降の増改築も「私有物」への加工として自由に実施されたからである。

写真5-19　［Y団地］の様子
手前の建物の一番手前が「本館」、その右に増設されている部分が「建増し」である。

写真5-20　［Y団地］の様子
手前の建物の一番手前が「本館」、その左に増設されている部分が「建増し」である。

写真5-21　第2次増改築によってつくられた風呂場
手前の物干し場には、朝鮮系衣装が干されている。

第5章 住まいをめぐる〈生きる方法〉　203

写真 5-22
「建増し」に張り出し増築された
シャワー室（1階）

写真 5-23
「建増し」に張り出し増築された
シャワー室

写真 5-24
「建増し」に張り出し増築された
シャワー室

写真 5-25
「本館」妻側相当部分に増設された
浴室（1階）とバルコニー（2階）

写真 5-26 「建増し」に設置された物干し用バルコニー

写真 5-27 「建増し」部分

この「建増し」部分は、第1次増築による「建増し」部分をさらにリフォーム（第2次増改築）したもの。[X団地] 同様、建設当初は、「本館」側に玄関が設置されていたが（写真5-28）、この写真のように、第1次増築、もしくは第2次増改築後、「建増し」部分に新たに玄関を設けて、こちらを常用するようになっている家が多い。

写真 5-28 「本館」側玄関
勝手口として使用するようになっているケースも多い。

第 5 章　住まいをめぐる〈生きる方法〉　　205

写真 5-29　「建増し」部分
2 戸 1 化されている。

写真 5-30
「建増し」側に外付け階段を設置し、2 階にも玄関を設けている

写真 5-31
「建増し」側に外付け階段を設置し、2 階にも玄関を設けている

写真 5-32 「建増し」側に多数の小部屋を設けているケース

写真 5-33 「建増し」側にさらに張り出し増築をしている

写真 5-34 妻側相当部分にさらに張り出し増築をしている

写真 5-35　妻側相当部分にさらに張り出し増築をしている

(3) ［Z 団地］における増改築

　［X 団地］と［Y 団地］が、2 階建て連立住宅であるのに対して、［Z 団地］の住居棟は 5 階建て中層建築である。大がかりな増改築は、建物の構造上、難しい。また、［X 団地］や［Y 団地］の場合は、入居開始段階で行政公認の増築（第 1 次増築）が行なわれているのに対し、［Z 団地］ではそうした動きはなかった。

　しかし、住民は、入居後の時間の経過の中で、自分たちの生活の実情に即した住みやすさを求め、可能な範囲での軽微なリフォームを実施するようになった。また、立退き前に商店や作業場を営んでいた者には、入居時に店舗スペースの配当があったが、こちらのほうは、2 階建てプレハブであることから、増改築が比較的容易であり、全 60 戸分用意された店舗スペースにはさまざまな形での手が加えられている。

　住居棟については、次のような改築が実施されている（表 5-1 参照。写真 5-36）。

① ベランダにある住戸仕切り板を取り外し、隣接する住戸同士で行き来ができるようにする。
② 押入れを撤去し、その部分まで居室を拡大する。

写真5-36 ［Z団地］の様子

　こうした増改築は、全110戸の住戸のうち、3分の1程度の住戸で実施されているのではないかといわれている（複数の住民）。
　また、店舗棟については、次のような増改築が行なわれている（表5-1参照）。

① 基本的に、使用する職種によって用途が異なるため、それぞれの用途（商店、食堂、人夫出し業者などの事務所、人夫出し飯場、廃品回収業者作業所など）にあわせて間取りを調整し、内装、外装などを施す。トイレやシャワー室を設ける場合もある（写真5-37、5-38、5-39）。
② 隣接する店舗スペースの戸境壁を貫通させて2戸1化、あるいは3戸1化をはかる。

第2節　団地建替え

（1）［X団地］の建替え計画と交渉過程

　［X団地］では、築後30年を経て、1990年代に入ると建替えを希望する

第5章　住まいをめぐる〈生きる方法〉　209

写真5-37　[Z団地] 店舗棟

写真5-38　[Z団地] 店舗棟

写真5-39　[Z団地] 店舗棟
廃品回収を生業とする住民の作業場として使用されている。

声があがりはじめた。そして、1993年に、「福岡市X朝鮮人商工協同組合・[X団地]住民一同」により陳情書が福岡県知事・福岡市長にあてて提出されている。
　その内容から必要箇所を抜き出してみると、次のようになる。

　　団地の住宅事情でありますが、既に三〇年以上の対応ママ年数も過ぎたことから住宅の老朽化が進み雨漏りや壁、階段の腐食や脱落、白蟻の異常な発生など住民の苦情があとを絶ちません。事実、当時の屋根瓦は簡易セメント瓦であり、表面液が完全にはげおちて業者も全面葺替の時期に来ていると言っております。
　　また、団地内の舗装道路も欠陥箇所が多く、業者も全面改修の必要性を強調しております。
　　次に車両の問題でありますが、移転当時僅か二台を数えた自動車がいまでは百七十台を超えております。車社会と言われる現在、自動車の所有は生活に欠かせないものとなっており、当時の住宅建築はこれらを予測したものではありませんでした。当団地におきましても駐車場の確保が大きな問題となり、団地外に数箇所駐車場を確保致しましたが全車両の収容は到底難しく、やむをえず県、市当局にお願いして団地内路上駐車を容認しているのが現状であります。
　　しかし御承知の様に団地内の道路幅はせまくこの事が団地内の生活環境をますます悪化させており、生活上、交通上のトラブルがあとを絶ちません。
　　最後に、団地住民の一番の心配事は火災です。
　　住宅は一応ブロック式耐火建造物ではありますが建増し建造物には耐火設備が施されておらず類焼を免れるのは不可能であり、その上団地内の路上駐車は消防車の進入の大きな障害物となっております。
　　万一、火災が発生した場合大惨事になることは必至であります。
　　県、市当局におかれましては、[X団地]のこうした現状を充分に御参酌下さいまして現在地に従来通りの協定家賃にもとづいた高層アパート住宅を建設して下さる様全住民の総意をもって陳情いたします。

第 5 章　住まいをめぐる〈生きる方法〉　　211

　この陳情書が指摘する［X 団地］の生活上の問題点は、①住宅老朽化、②道路の全面改修、③駐車場不足、④火災対策、であり、それらの解決のために、高層アパートへの建替えを要望するというものである。

　この陳情書は、［X 団地］の「住民一同」の名のもとに提出された。もっとも、この陳情内容がまとめられる以前には、増改築部分に相当の手をかけてきた世帯などは、現状維持を主張する場合もあった。しかし、「本館」部分の老朽化については、多くの人が認めるところであり、増改築部分への補償金の交渉を行ないながら建替えを要求してゆくことで住民の意見は最終的にほぼ一致し、上記の陳情書の提出となったのである。ただし、その後も、この建替えの方針に対して、これを白紙段階に揺り戻そうとする声もなくはなかったといい、水面下では建替え反対の声も根強かったといわれている。

　行政側では、［X 団地］の耐用経過年度を 2003 年度（1958 年完成から 45 年後）としていた。そこで、2003 年度以降の建替えは当然のことと認識されていた。陳情書の提出は 1993 年であったので、それから 10 年間、建替え計画の検討と住宅管理組合との協議が進められることとなった。

　そして、2001 年 10 月に、福岡県知事（甲）・福岡市長（乙）と［X 団地］住宅管理組合長（丙）との間で「福岡県営［X 団地］・福岡市営［X 団地］の建替に関する基本協定書」が、また、福岡県建築都市部長（甲）・福岡市建築局長（乙）と［X 団地］住宅管理組合長（丙）との間で「福岡県営［X 団地］・福岡市営［X 団地］の建替に関する確認書」がそれぞれ取り交わされた。

　「福岡県営［X 団地］・福岡市営［X 団地］の建替に関する基本協定書」では、

- 建替後の住宅は、［X 団地］の現所在地に建設する。
- 建替住宅は、福岡県と福岡市がそれぞれ 110 戸建設する。
- 建替住宅の建設は、仮移転先住宅（建替促進住宅）への仮移転完了後、速やかに着手する。
- 建替促進住宅は福岡市博多区千代 6 丁目に 2003 年度完成を目途として 110 戸を建設する。
- 仮移転が必要な住宅の入居者は、建替促進住宅に仮移転するものと

する。
○ 甲、乙、丙は、建替住宅完成後、仮移転者を速やかに建替住宅に再入居させる。
○ 仮移転の必要が無い住宅の入居者は、建替住宅完成後、速やかに建替住宅に直接入居するものとする。
○ 甲、乙、丙は、建替住宅の住戸タイプ、家賃、移転料、現住宅の当初入居前における一律増築部の補償等について、これまでの協議を尊重しながら、継続して協議する。

といった項目が盛りこまれた。
　また、「福岡県営［X団地］・福岡市営［X団地］の建替に関する確認書」では、

○ 建替住宅のタイプは、3LDK（70㎡程度）を基本とする。3DK及び2DKの住戸の整備も継続して協議する。
○ 現住宅の当初入居前における一律増築部分についてのみ、補償を行なう。
○ 移転料については、仮移転時、再入居時及び直接入居時に支払うものとする。

とされている。そして、具体的には、13階建ての高層住宅の建設が計画されたのである（図5-4）。この新住宅は、敷地の3分の1が住居棟、3分の1が広場（公園）、3分の1が駐車場とされることになっている（図5-5）。
　予定住戸数は、現在の［X団地］の住戸数と同一の220戸である。このうちの半分は県の負担で、残り半分は市の負担で建設することになっている。
　新住居棟（以下、新棟）の建設は2004年から開始される。工事にあたっては、新棟の建設用地に建っている旧住居棟（以下、旧棟）の住民（109戸）は、仮移転先住宅への一時移転が必要である。仮移転先住宅へ移っている間に新棟を建て、新棟完成後に仮移転先住宅から入居するという段取りである。また、直接、新棟の建設用地にかからない旧棟の住民（111戸）については、新棟建設中も、従来どおり旧棟で生活し、新棟完成後に旧棟から移

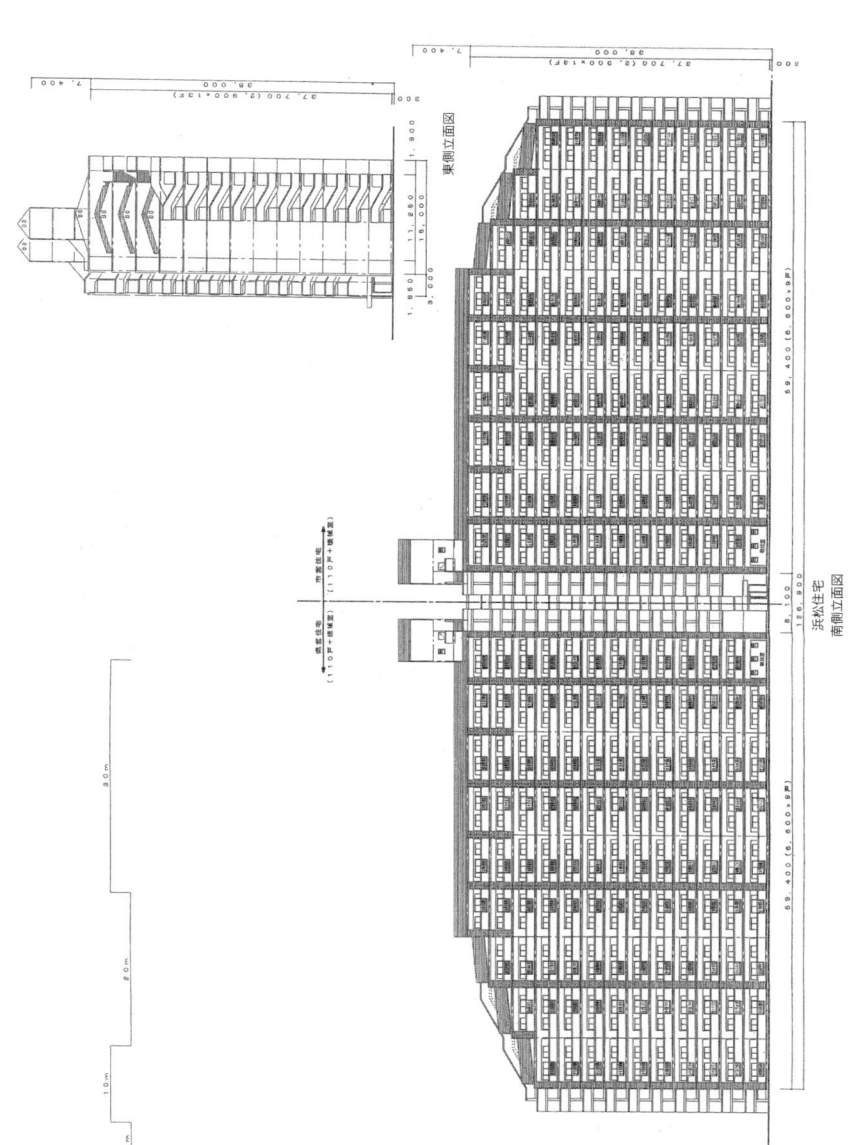

第5章　住まいをめぐる〈生きる方法〉　213

図5-4　新[X団地] 立面図

＊[X団地] 住宅管理組合提供資料を複写。

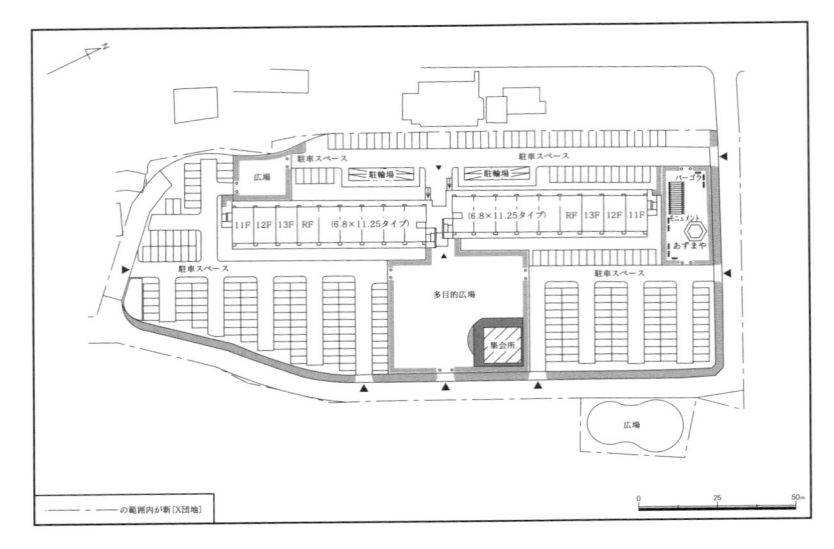

図5-5　新[X団地]配置図
＊[X団地]住宅管理組合提供資料をトレース。

転・入居する。そして、全戸の入居が完了後に、新棟以外のスペースに広場（公園）と駐車場をつくるため、旧棟を取り壊すことになっている。

仮移転先住宅（「建替促進　市営千代6丁目住宅」）は、[X団地]から徒歩5分の場所に建設された（2003年4月に完成。写真5-40）。しかし、2003年9月の時点では、まだ、この仮移転先住宅への移転は実現していなかった。その理由は、

① [X団地]における旧棟の増改築部分に対する補償問題。
② 引越し費用の問題。
③ 新駐車場の駐車料金の問題。

の三つが解決していないからであった。

①については、住民側（住宅管理組合）は、「入居当時、8万8500円を負担して増築部分をつくった。この8万8500円は、物価スライド制の考え方でいくと、現在、30倍になっているはずである。したがって、265万5000

円になっているはずである」と主張。だが、県、市側は、「建築後40年間でかなり老朽化しているから、265万5000円そのままが補償金にはならず、せいぜい40万円である」と主張。しかし、住民側は、それには応じられないとした。そこで、再三再四交渉が重ねられ、県、市側は、妥協案として1住戸あたり一律100万円の補償を提示してきた。しかし、それも受け入れられないとして、組合側はまず200万円を、その後、交渉の継続の中で150万円を要求した。すると、県、市側は、今度は妥協案として120万円を提示してきた。これに対し、住民の間では、そこで妥協せず、150万円は死守すべきだとの意見が強かった。

　②については、県、市側は、「仮移転先住宅に一時入居する人には、[X団地]から仮移転先住宅までの引越し費用として25万円、また、新棟完成後には、仮移転先住宅から新棟までの引越し費用として25万円、合計50万円を支払うが、仮移転先住宅への入居を経ずに、旧棟から新棟へ入居する者には、旧棟から新棟への引越し費用25万円のみを支払う」と言ってきた。これに対し、住民側は、「仮移転先住宅への一時入居をしない世帯も、工事中の騒音や塵に耐えるのだから、その迷惑料として25万円を支払い、引越し費用とあわせて50万円を支払うべきだ」と主張した。この点について、県、市と住宅管理組合との間で膠着状態が続いた。

　③については、県、市側は、「建替え後の住宅では、駐車場料金と管理費をあわせて5,000円がかかる。このうち管理費は1,000円で、残りが駐車場料金だ」と言ってきた。これに対し、住民側は、「近隣の公営住宅の駐車場料金は1,000円が相場であり、それに比較すると高額である」と主張した。

　以上のように、住民側と県、市側との折り合いがつかないため、9月段階では、すでに完成している仮移転先住宅への入居ははじまっていなかった。これは、40年前の、[X団地]への転居の際を彷彿とさせる状況である。

　その後、数か月かけて交渉が繰り返された。最終的な折り合いがついたのは、年が明けた2004年1月のことである。そこでの結論は、

　①　補償金は120万円とする。
　②　引越し代金は、仮移転先住宅への入居を経て新棟へ入居する者には

2回分の引越し費用50万円を、仮移転先住宅への入居を経ずに新棟
　　へ入居する者には1回分の引越し費用25万円を支払う。
　③　駐車場料金と管理費は5000円とする。

となった。補償金は市の提示した妥協案に落ち着き、騒音等への補償金の要求は断念し、駐車場料金と管理費は当初案のままとなった。この内容は、県、市側の主張に対して住民側が完全に譲歩したものとなっている。その理由については、「県、市が提示してきた条件に不満はあるものの、団地の老朽化がはげしく、いつまでも無理を言っていてもはじまらない」からだったとある住民は述べている。

　仮移転先住宅への移転は、2004年夏に行なわれ、該当部分の旧棟の取り壊し、新棟の建築工事が開始された。

　［X団地］の建替え事業は、こうして開始された。工事が終わって、新棟への入居が可能になるのは、2006年の予定である（写真5-41、5-42）。

(2)　［Y団地］の建替え

　福岡市建築局によると、東区所在の朝鮮系住民集住団地については、［X団地］→［Y団地］→［Z団地］の順で、順次、建替え事業を実施していくことになっており（2003年、同局関係者より筆者聴取）、2006年に［X団地］の建替えが完了すると、次は［Y団地］の建替え事業が実施に移されることになっている。このことは、2003年に［Y団地］住宅管理組合へ通達されたが、その結果、住民の間には大きな当惑が広がった。

　1971年の入居以来、［Y団地］の住民はさまざまな〈生きる方法〉の実践により、この団地を自らの居住空間として構築してきた。そして、現在、多くの住民がそれなりの住みやすさを感じ、また愛着を抱くに至っている。たしかに、「本館」部分については、経年的な老朽化が一定程度進んではいる。しかし、住民たちは、「建増し」部分を中心に度重なる増改築を行なって、それなりに住みやすい空間を構築してきた。そのため、建替えの必要性はほとんど実感されていないというのが現状である。

第 5 章　住まいをめぐる〈生きる方法〉　217

写真 5-40　［X 団地］の建替え工事期間中に使用する「建替促進住宅」
［X 団地］から徒歩 5 分の場所に建てられた。

写真 5-41　取り壊し工事が進む［X 団地］（2005 年 8 月）

写真 5-42　建築中の新［X 団地］（2006 年 1 月）

またこれに加えて、この団地が将来的に払い下げの対象になるということを住民たちが信じてきた点も、建替えが想定されてこなかった要因となっている。すなわち、[Y団地]の住民たちによると、[Y団地]は将来的に払い下げになるという話を聞かされていたという。

　だいたい、この団地は将来、払い下げが受けられると聞かされていた。わたしは、役員ではなかったから詳しくは知らないが、そのような話が昔はあったらしい。ただし、当時の住宅管理組合の理事長が、一筆をとっておけばよかったのに、それがないので証拠はない。だが、たしかに当時、市役所の人が払い下げが将来あるよと言っていたとみんな記憶している。

ところが、建替えの話が持ちこまれた際に、住民側が行政側にこの件を問いただしたところ、行政側の回答は、現在、そのような制度は存在せず、払い下げは不可能であるというものであった。

　それで、この前、市役所の人に確認したら、「昔、そういう話があったらしいことは聞いているが、現在、そのような制度はない」とのことだった。「そもそも、書いたもの(書類)がなければ、どうすることもできない」とも言われた。

　[Y団地]の住民は、将来の払い下げを予想した上で、増改築をはじめとするさまざまな団地住みこなしの実践を展開してきた。しかし、いま、その予想が否定され、住民の住まいをめぐる今後の見通しがきわめて不安定な状況に置かれるに至ったのである。
　こうした状況下、現在、住民の多くは、建替え計画に対して強く反対、もしくはきわめて消極的、という態度をとっている。その理由としては、

　平屋なら車から降りてすぐに家に入れるのに、高層だったら（車を）駐車場に入れて、階段上がって自分の家まで行かなければならない。老人にはたいへんだ。

というように、建替えによる高層化で、生活上、不便な点が多くなることを厭う者が多い。また、次の発言のように、高層化することによって、隣近所との人間関係が維持できなくなることを心配する声もある。

　ある知り合い（朝鮮系住民）が、[X団地]の近くに土地を買って家を建てて住んでいたが、自宅が火事にあって焼け出され、数年間、東区内の団地を転々とした。そのとき、高層団地にはじめて住んだが、それまでの地についた2階建てなら、みんなが通りながら「お元気ね」とか言って声をかけたり、立ち寄っていったりしてくれていたのに、高層の8階には誰も上がって来ず、誰とも会わないような日が続くようになってしまった。4年後、また元の場所に家を建てなおして住んだら、再び昔のようにみんなが声をかけ、家に立ち寄っていく毎日になった。この人は、つくづく言っている。高層には年寄りは住めないと。

　（建替えで）高層ビルに入れこんでしまったら、老人は出てこない。あんな箱に入れこまれてね、あー、困る、人間生活。食べるものも、みんなでわいわい食べたほうがおいしいし、ここみたいにガラス戸だったら中に入りやすいし。ヨコのものをタテにしようったって無理だ。高層は老人にはつらい。

　高層になったら、階段上がってきますか？　わざわざエレベーターで上がって来ますか？　友達が寄ってこなくなってさみしい。

　鉄のドアでピシャッと閉めきったら、わざわざ開けて入ってこない。横に開ける戸なら簡単に開けて入ってくる。横開きの戸で、地についた家がいい。高層はだめだ。

　鉄のドアになったら、誰が隣りで死んでいるかもわからない。

あるいは、建替えによって、これまでの増築部分を含めた居住空間の広さの確保が不可能になることや、多額の費用をかけて行なった増改築部分を手放さざるをえなくなることを嫌って、これに反対するという意見も多い。

　高層になったら、いまの広さはなくなる。いま、1階と2階、本館と建増しあわせて30坪ある。これが3LDKに入れられたら狭い狭い。

　建増し部分に500万とか800万とかかけている。それが、建替えになったら、パーになる。補償金なんてそんなにくれるわけがない。最近、工事をした人なんか、たまらない。だいたい、建増し部分は私物だってことは、県、市も認めているんだから。そう簡単に建替えには応じられない。もししたければ、建替えが必要なら、本館だけを建替えればいい。中で鉄板を張って、建増し部分が崩れないようにして、本館だけを崩してもう一回新しい平屋の本館をつくればいい。

ところで、この場合、興味深いのは、何人かの住民によって次のような語りがなされている点である。

　だいたい、払い下げせずに、ここを高層化するなんて、そんな馬鹿なことがあるか。朝鮮人っていって馬鹿にして。本当のことを言ったら、わたしたちの1世が炭鉱で働いていて、その後、解放で、帰るといって大浜（[A地区] [B地区]のこと）に来て、でも帰れなくなって、そして立退きがあってここに来たわけだ。そのようないきさつがあるのに、なぜ日本（の行政のやり方）に従って高層にしなければならないのか。
　　　　　　　　　（[Y団地]住民、朝鮮系住民第2世代、女性、60代）

　われわれにとって、ここはふるさと。福岡の在日韓国人はみんなここから育っていった。ここはふるさとなのだ。このふるさとを、日本の役所からどうこう言われる筋合いはない。ここは韓国人の村。歴史がある。1世が徴用で日本に連れてこられて、炭鉱のタコ部屋で命を削って、そして、

解放されても(朝鮮に)帰るに帰れず、大浜にとどまった。その上、汚い、どかせろといわれて、そこでやっていた商売もやめさせられて立退いた。そして今度はここ([Y団地])で根を張った。いまやここがふるさとだ。そういう歴史の経緯がある。そういうわれわれの話に耳を傾けないで、一方的に、「はい、建替えます」はありえない。これは民族問題なんだ。
([Y団地]住民、朝鮮系住民第2世代、女性、60代。上掲した発言の話者とは別の人物)

ここでは「朝鮮人」「1世」「炭鉱」「立退き」「ふるさと」「韓国人」「歴史」「徴用」「タコ部屋」「解放」「民族問題」といった言葉が語られている。

筆者は、この語りを聞いたとき、ある種、驚きを禁じえなかった。というのも、たとえば、後者の語りを語った人物は、10年前に家族で日本国籍を取得しており、また、筆者との日常会話の中で、それまでこうした語彙を用いた「民族」や「歴史」の語りは全くなされて来なかったからである。また、前者の語りの話者は、韓国籍であるが、筆者に対し、「この20年来、民団の活動には全く参加したことがない」と常々語り、またあるときには、「もうわれわれは日本人ですよ」とも語っていた人物である。そして、筆者がこの語りを聴取したのちも、建替えについての話題以外の話題では、2名とも、全く「民族」や「歴史」について語ることがないのである。

こうした人物たちが、上のような「民族」「歴史」の語りを語っている。これはどういうことか。およそ次のように考えることができよう。かれらが置かれている状況は、住まいをめぐる〈生きる方法〉に対して、外圧がかけられている状況である。そしてこの外圧に対抗するための言説として、「民族」や「歴史」が持ち出されている。このことはつまり、「民族」や「歴史」の語りは、所与のものとして日常的に語られているのではなく、状況——この場合は外圧の存在——に応じて動員されるものということになる。そしてこのような「民族」「歴史」の動員も、かれらが生み出し実践する〈生きる方法〉の一つだということができよう[3]。

以上が、調査時点での建替えをめぐる住民の反応のおおまかな内容である。行政側にとっては、[Y団地]の建替えは既定路線となっており、今後、交渉が重ねられていくことになるが、そこでは住民による強い反対、あるい

は何らかの駆引きの実践が予想される。今後の展開は、予断を許さないところとなっている。

　なお、[Z団地]も将来は建替えの順番が回ってくることになっているが、建替えが現実化するまでに時間的余裕があるためか、住民たちにまだ切迫感は見られないようだ。しかし、建替え計画策定のための入居状況調査はすでに行なわれている。こうしたことから、水面下では不安が広まりはじめているのかもしれない。ただ、[Y団地]で聞くことができるような反対の声はまだ聞くことができなかった。

　以上、本章では、集住団地での生活のあり方をより詳細に検討すべく、住まいに焦点を絞って記述・検討を行なってきた。その内容をまとめておくと次のようになる。

　三つの集住団地において住民たちは、自らの居住空間を可能な限り拡大し、住みやすい空間として再構成しようと、住戸、あるいは店舗の増改築をきわめてさかんに行なってきた。その際、それは、入居当初の第1次増築を除けば、住戸ごとに思い思いに行なわれたため、結果として、団地内には一つとして同じ間取りの住戸はないといわれるほど、バリエーションに富んだ居住環境が生み出されることになった。こうしたバリエーションに富んだ状況には、住民の〈生きる方法〉の個別性、価値の非同一性が視覚的に表現されていると見ることもできるだろう。

　三つの集住団地で行なわれてきたこれらの増改築には、住民たちが、自らの置かれた状況の中で、状況に一方的に従属させられるのではなく、持てる材料を最大限に活用しながら、したたかに、かつたくましく状況を改変し、生活を構築しようとする〈生きる方法〉のあり方をうかがうことができる。

　ところで近年、集住団地には行政主導による建替えの話が持ち上がっている。これに対して、住民側には、老朽化を理由に建替えを希望する意見とともに、建替えによる生活環境の変化、とりわけ建替え後に現在の住戸よりも狭い空間に居住しなければならなくなることなどを嫌って、建替えに反対する意見がある。とくに、すでに建替え工事が着手されている[X団地]はともかく、これから建替え計画が具体化してくることになる[Y団地]におい

ては、反対意見が根強い。

　その場合、注目されるのは、反対意見が言語化される際に、日常的には必ずしも強く意識されているわけではない「民族」や「歴史」が語りの中で強調されるようになっている点である。そこに見られるのは、「民族」や「歴史」を状況に応じて柔軟に動員するというかれらのしたたかな〈生きる方法〉である。

註

1)　以下、本節における図5-1、図5-1′、図5-2、図5-2′は建築人類学者の清水郁郎氏（芝浦工業大学准教授）に依頼して作成していただいたものである。筆者は、本節で取り上げる事例の説明を、図を用いて行なうべく、同氏に筆者の調査に同行していただき、図面作成をお願いした。

2)　［X団地］が瓦による切妻型屋根であるのに対し、［Y団地］は平面型の陸屋根であるが、平面図的に見て長方形の陸屋根型住居において、長い辺に相当する部分と短い辺に相当する部分のことを、それぞれ簡潔に表現する用語が存在しない。そこで、「長い辺に相当する部分」は切妻型住居の平側と同位置、「短い辺に相当する部分」は切妻型住居の妻側と同位置にそれぞれあたることから、便宜上、それぞれを、「平側相当部分」「妻側相当部分」と表記することにする。なお、以上の用語の使用法については、西川竜二秋田大学准教授（建築学）から教示を得た。

3)　集住地域に対する外圧に対して、「民族」や「歴史」が対抗言説の中に動員されるケースは、他地域においても見出せる。たとえば、京都府宇治市の「ウトロ」と通称される朝鮮系住民集住地域（宇治市伊勢田町）では、土地所有者と住民との間で土地の明け渡し、立退きをめぐって裁判が展開されてきたが、その過程で、「ウトロは在日のふるさと」「ウトロを無くすことは在日の歴史を無くすこと」（地域内の立て看板）といった言説がさかんに持ち出されるようになった。また、立退き反対集会などでは、朝鮮系民俗芸能の農楽などが演じられるようになっている（地上げ反対！ ウトロを守る会1997、金基淑2000）。

第6章

寄せ場としての集住地域

　第3章で若干言及したことだが、集住地域には、バラック時代から、朝鮮系住民のみならず、日本系住民、とりわけ日雇労働者の居住が見られた。これは現在でも続いていることである。かれらは、集住地域内の人夫出し飯場や貸間、簡易宿所（いずれも朝鮮系住民が経営）などで暮らしてきたが、こうした人夫出し飯場、貸間、簡易宿所などが多数存在し、多くの日雇労働者が暮らす当該集住地域には、いわゆる「寄せ場」（日雇労働者街）としての性格が顕著に見出せるところとなっている。

　本章では、集住地域の朝鮮系住民たちが展開してきた〈生きる方法〉と、当該地域が持つ寄せ場としての性格との関係について検討する。

第1節　築港寄せ場

　敗戦直後の集住地域では、闇市が形成され、その担い手の多くは朝鮮系住民であった。とりわけ石堂川河岸に出現した闇市は、西日本最大規模といわれた。この闇市は、1949年の物資統制解除まで存在したが、その後は急速に規模を縮小することとなり、それまで闇市で生計を立てていた人びとは転業を余儀なくされた。そこで住民たちは、ホルモン焼屋などの飲食店や諸種の商店として再出発したり、廃品回収、港湾荷役や土木・建設の日雇労働、その他いわゆる都市雑業に従事するようになったりしたが、中には、港湾荷役や土木・建設工事へ労働者を派遣する人夫出し、労働者相手の間貸しや簡易宿所などを営む者も出現するようになった（第3章第2節参照）。

これら人夫出し、間貸し、簡易宿所といった生業は、1950年代初頭から集住地域、とりわけ各バラック集落で行なわれるようになった。そして、1960年代以降のバラック集落立退き、代替団地移転後も、団地内およびその周辺などやはり集住地域内において営業が継続されて今日に至っている。

　集住地域で営まれる人夫出し、間貸し、簡易宿所は、いずれも日雇労働者の労働現場である築港との関わりの中で出発したものである。ここで、日雇労働者とこれら人夫出し、間貸し、簡易宿所との関わりについて整理すると、およそ次のようになる（以下に記述される内容は、1950年代から現在まで、盛衰・再編はありながらも基本的な点で持続しているものも多い。そこで以下の記述は現在時制で行なう）。

　日雇労働者の求人は、早朝、タチンボと呼ばれる地点で行なわれる（第3章第1節参照）。タチンボには人夫出し業者や手配師（人夫出し業者に雇われて日雇労働者のリクルートを行なう者）が日雇労働者をリクルートに来る。運よくリクルートされた日雇労働者は、労働現場へ派遣される。労働現場への派遣は、その日限りの場合もあれば、数日から数週間（まれに、数か月）にわたる契約で派遣される場合（「契約」と呼ばれる）もある。「契約」の場合、人夫出し業者の所有する人夫出し飯場に寄宿するのが一般的である。また、「契約」ではなくても、タチンボで手配師に紹介されて人夫出し飯場へ入寮する者もいる。その場合は、人夫出し飯場で暮らしながら、毎日（ただし仕事があるときのみ）、労働現場へ派遣されることになる。

　一方、タチンボではなく、直接、人夫出し業者の事務所（多くは人夫出し飯場に設置されている）へ求職に向かう者もいる。そこで採用されると、やはり人夫出し飯場に入寮し、そこから日々、労働現場に派遣されることになる。ただし、中には、人夫出し飯場に入寮せず、貸間や簡易宿所から毎日、人夫出し業者の事務所に通い、そこから労働現場へ派遣される者もいる。このような就労形態は「通い」と呼ばれる。

　人夫出し飯場で暮らすのは、ほとんどが単身男性である。ただし、所帯用の部屋を用意しているところも一部にはあり、そこには日雇労働者夫婦が入る。貸間の間借り人も単身者が多いが、所帯持ちの者も一定数いる。簡易宿所に宿泊するのは、すべて単身男性である。

ところで、ここで注意したいのは、築港周辺の人夫出し業者（配下の手配師を含む）や、間貸し、簡易宿所、あるいは労働者相手の食堂などの経営者は、かつてもいまもほぼすべてが朝鮮系住民であり、一方、日雇労働者のほうは、現在、その大部分が日本系住民であるという点である。このことは、この地域に暮らしている人びとの間では常識であり、また筆者の観察でもこのことを事実として確認している。

以上のような、路上労働市場としてのタチンボ、およびそれを取り囲む人夫出し業者・人夫出し飯場、日雇労働者相手の貸間や簡易宿所、食堂などからなる一連の空間を、本書では「寄せ場」と呼称する。寄せ場とは、狭義には「〈人夫出し〉業者の配下にある手配師が日雇い就労者を募集する路上の取引の場」（八木正 2001：1072）、「日雇労働者の就労地」（丹羽 2004：120）のことをさすが、広義には「日雇い労働者街という特定の地域」（八木正 2001：1072）、「日雇労働者の生活過程に対応する空間、つまり簡易宿泊所（通称ドヤ）街」や「それらの周辺の空間まで含むもの」（丹羽 2004：120）として捉えられる場所のことである。

築港の場合、路上労働市場としてのタチンボが狭義の「寄せ場」であり、それを取り囲む一連の空間が広義の「寄せ場」ということになるが、本書で「寄せ場」という表現を用いる場合は、広義の「寄せ場」のことをさすものとする。[1]

第2節　寄せ場の景観

築港寄せ場は、1950年代初頭に形成されはじめた。すなわち、［A地区］から［G地区］までの各バラック集落とその周辺に人夫出し飯場、貸間、簡易宿所が建てられていき、各地区とその周辺を含みこんで、寄せ場空間が形成されたのである。

ただし、その後、バラック集落から団地への立退き・移転に伴って、それまで人夫出しや間貸し、簡易宿所などを営んでいた者は、その再編を迫られ

写真6-1　築港寄せ場「タチンボ」地点
信号より手前で港湾労働者の手配が、信号より奥で土木・建設労働者の手配がそれぞれ行なわれる。

写真6-2　築港寄せ場「タチンボ」地点

ることになった。これに対応して、かれらは、築港に比較的近接した［X団地］の周辺に新たに土地を購入して人夫出し飯場や日雇労働者向け木賃アパートを建てたり、［X団地］において、増築した「建増し」部分（居住者の私有スペース）を利用し、人夫出し飯場や日雇労働者対象の間貸し、簡易宿所を営んだりするようになった（このうち、人夫出し飯場は、築港から離れた［Y団地］［Z団地］でも営まれた）。

　このことは、バラック集落自体は立退きになったものの、立退き後に、［X団地］を含みこみながら、［X団地］から築港にかけての一帯が寄せ場として再生したことを意味している。

　以下、現在、確認できる築港寄せ場周辺の景観を整理すると、およそ次のようになる。

　まず、タチンボ地点は、［X団地］の西方1kmの地点、築港口と呼ばれる場所の、博多臨港警察署と千鳥橋西詰の間の路上にある（図6-1、および第1章第3節の図1-3参照）。ここは日雇労働者から「築港のタチンボ」と呼ばれている。ここでは、平日の早朝5時過ぎから7時くらいまでの間に、日雇労働者（港湾および土木・建設）の求人が行なわれている（写真6-1、6-2）。2005年11月の観察では、およそ100人の日雇労働者がこのタチンボに

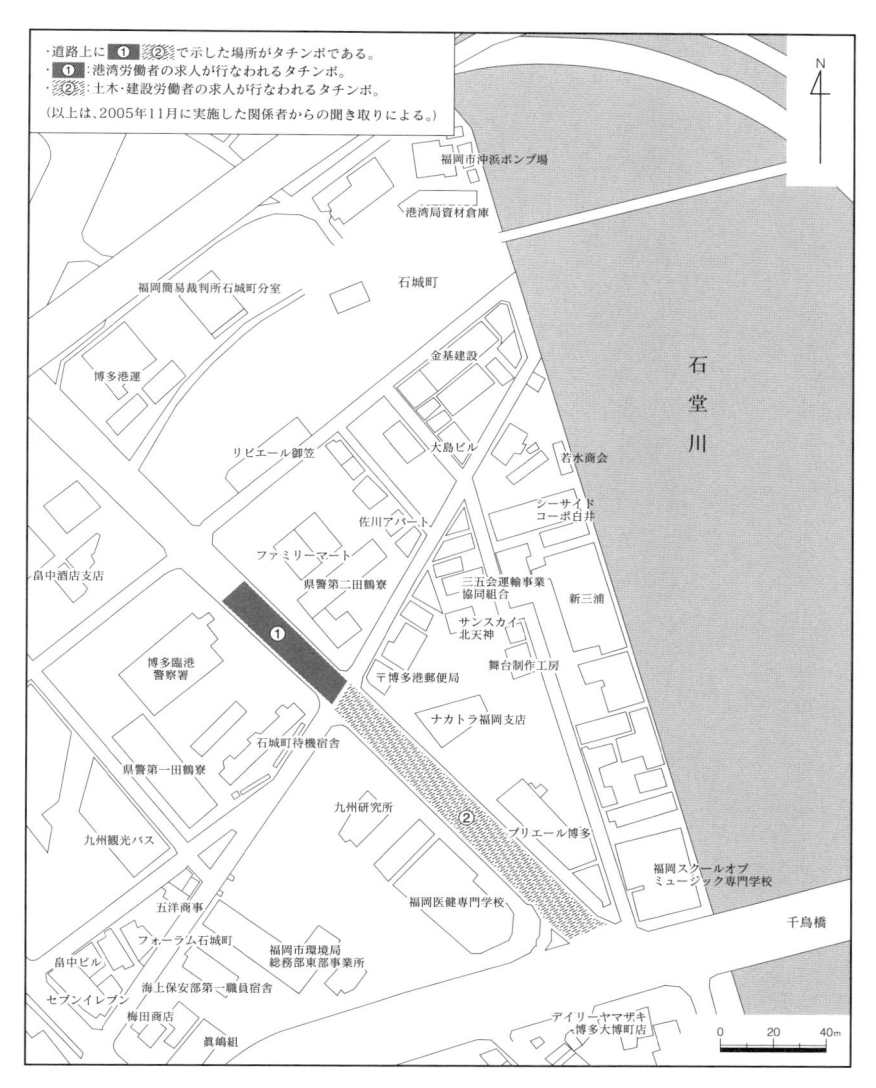

第 6 章　寄せ場としての集住地域　　229

図6-1　築港寄せ場「タチンボ」地点

＊『ゼンリンデータコムデジタル全国地図』（2005 年 11 月現在、ゼンリンデータコム）をもとに作成。

集まっていたが、そのうち、その日の仕事に就けたのは20人程度で、残りの約80人はいわゆるアブレ（その日の仕事に就けないこと。アブレること）となっていた。

　この場所には、そこがタチンボであることを示す目印などはない。したがって、早朝に日雇労働者が集まる時間帯以外は、ここがタチンボであることは一見したところわからない。ただし、注意深く観察すれば、日雇労働者対象の「夏祭り」を知らせるポスターなどが電柱に貼られており（写真6-3、6-4）、また、仕事に就くことのできた日雇労働者が現場に行っている間、路上の電柱付近などに駐輪されている20台近くの古びた自転車の存在を確認することが可能である（写真6-5）。

　タチンボの周辺には、人夫出し飯場が立地している（写真6-6、6-7、6-8）。この中には、増築を重ね、屋上にもプレハブで労働者用の居室を設けた比較的規模の大きな人夫出し飯場も存在する。

　次に、［X団地］に目を転じると、団地内には、バブル崩壊後の建設不況のため廃業した日雇労働者向けの簡易宿所の建物が1軒だけ残っている。「かどや旅館」である（写真6-9）。団地を改造して簡易宿所としたものであった。

　団地を出ると、路地に沿って、すぐに人夫出し飯場が続く（写真6-10、6-11）。また、団地に接する国道3号線沿いには、「レンタルルーム　B＆D」という名称の宿泊施設がある（写真6-12）。これは、日雇労働者向けの簡易宿所である。この宿泊施設は5階建てで、壁面に掲げられた横断幕広告には、「一泊二食4,500円」とある。この値段は、簡易宿所の宿泊料としては高額であり（ふつうは1,000円～2,000円とされている）、ここは、鳶職など職人クラスの単身日雇労働者の利用が多いといわれている。このビルの1階は、消費者金融3社（ポケットバンク、アコム、プロミス）の自動契約コーナー、および質屋となっている。

　「レンタルルーム　B＆D」の向かいには、鳶服、鳶足袋、作業着、安全靴、その他、建設労働で使用するさまざまな品物を扱う「千鳥橋バーゲンセンター　仕事人の店」が立地している（写真6-13）。その隣りには、人夫出し飯場がある（写真6-14）。また、「レンタルルーム　B＆D」の横には大

型のパチンコ店も建てられている。
　この地域一帯では、土木・建設労働者を募集する看板や貼り紙を数多く目にすることができる（写真 6-15、6-16、6-17、6-18、6-19、6-20、6-21、6-22、6-23）。以下、その例をあげるが、これらの看板を出している業者の経営者のほとんどは朝鮮系住民である（築港寄せ場所在の人夫出し業者より聴取）。

　○「港湾荷役／働く人を求む／面接毎日朝方」。
　○「労務者募集／住込は前借出来ます／年令は問ひません／賃金は月二回支払い／事業安定し、事業現場は福岡市内、日当は良好です／通勤者には毎日現金支払い致します／○○商事」。
　○「作業員スタッフ募集／日給 9,500 円～ 12,000 円／毎日現金払い／住込・通勤可／有限会社○○」。
　○「働らく人募集／毎日現金支払／日当金六.五〇〇円以上／住込み・通勤可／○○工業サービス／スグソコ」。
　○「作業員募集！／(全額)毎日現金払／軽作業～（未経験可）／マイカー・バイク持優遇！／各種手当・技能給・寮有！／面接毎日受付中！！／（株）○○工業」。
　○「作業員募集／軽作業・鳶職・鉄筋工（見習い）・仮枠大工（見習い）・運転手優遇・学生アルバイト歓迎／夫婦者大歓迎（アパート一室用意しています）／部屋貸与→現金払い／アパート貸与→現金払い／通勤者→現金払い／寮は給料制／アパートのみもお貸しいたします（多数有）／明るい家庭的な職場です!!　お気軽にどうぞ／株式会社○○工業」。
　○「作業員大募集／博多駅より歩いて 10 分／軽作業・土工工事・鳶職・運転者・大工・鉄筋工／新築（宿舎・アパート）あり／夫婦者大歓迎（一室用意しております）／現金日払いも致します／○○工業」。

　なお、最後から 2 番目にあげた業者の看板の脇には、街灯に「集合場所」の標識がとりつけられているが（写真 6-14、6-21）、これは、労働現場に

派遣されるために、早朝、労働者が集合する際の目印である。

　この地域には、この他、木造アパートも数軒ある（写真6-24）。住民の多くは、単身あるいは所帯持ちの日雇労働者、もしくは体を痛めたり、老齢で働けなくなったりした元日雇労働者である。かれらが、日雇労働に従事できない場合は、生活保護を受給することになるが、この地域のアパートの中には、入居者募集の貼り紙に「生活保護者歓迎」という文言を入れているところもある（写真6-25）。収入の不安定な日雇労働者よりも、生活保護受給者のほうが、家賃の滞納が起こらないために、歓迎される傾向がある。

　以上が築港寄せ場周辺の景観的概観であるが、この地域一帯に、一説には1,000人の労働者が暮らすとされている[2]。

写真6-3
日雇労働者を対象とした「夏祭り」のポスター

写真6-4　日雇労働者のイメージ画
「福岡日雇い団結夏祭り」のポスターより。

第6章　寄せ場としての集住地域　　233

写真6-5　築港寄せ場「タチンボ」付近
路上駐車されている自転車は、日雇労働者のもの。労働現場に行っている間、停められている。

写真6-6　タチンボ付近にある人夫出し飯場

写真6-7　タチンボ付近にある人夫出し飯場
この建物はかなり老朽化している。

写真 6-8 タチンボ付近にある人夫出し飯場
こちらの建物はかなり近代化されている。

写真 6-9 ［X 団地］内の簡易宿所「かどや旅館」
現在は廃業している。

写真 6-10 ［X 団地］のすぐ隣りにある人夫出し飯場

第 6 章　寄せ場としての集住地域　　235

写真 6-11　［X 団地］のすぐ隣りにある人夫出し飯場

写真 6-12　日雇労働者を主な顧客とする「レンタルルーム」
1 階には消費者金融の自動契約コーナーが 3 軒入っている。

写真 6-13　「仕事人の店」
鳶服、作業着などを扱っている。

写真6-14　人夫出し飯場

写真6-15　タチンボ付近にある港湾荷役業者

写真6-16　港湾荷役業者の看板

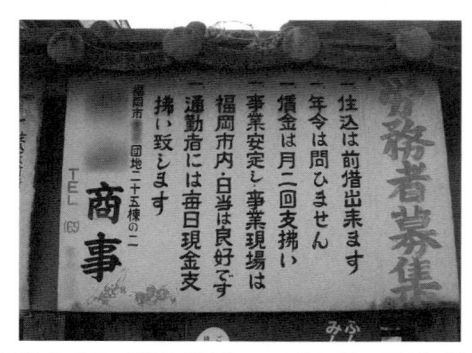

写真6-17　「労務者募集」の看板（[X団地]内）

第6章　寄せ場としての集住地域　237

写真6-18　「作業員スタッフ募集」の看板

写真6-19　「働らく人募集」の看板

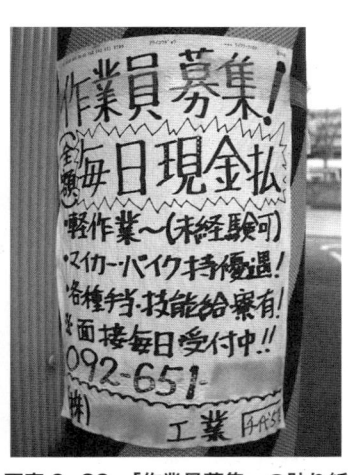

写真6-20　「作業員募集」の貼り紙

238

写真6-21 「作業員募集」の看板

看板左の街灯に、「集合場所」の標識がある。早朝、日雇労働者が現場へ派遣されるために集合する場所である。

写真6-22 「作業員大募集」の看板

写真6-23 「一般作業員大募集」「各種有資格者大募集」の看板

写真 6-24　［X 団地］に隣接する木造アパート　　写真 6-25　アパート入居者募集の貼り紙
「生活保護者歓迎！」の文言がある。

第 3 節　人夫出し飯場

　次に、人夫出し業者が所有、経営する人夫出し飯場の様子について記述しよう。人夫出し飯場では、朝と夜の食事、それに寝床（現在は二人部屋や個室が多いが、かつては 20 畳くらいの大部屋に 30 人近くが寝かされるのがふつうだったという）が提供される。労働者は、この人夫出し飯場で生活しながら、人夫出し業者が請負先業者から請け負った港湾や土木・建設などの労働現場へと派遣される。

　長年、人夫出し飯場で飯炊きの仕事をしていたある女性（朝鮮系住民第 2 世代）は、人夫出し飯場について次のように説明している。

　　人夫出しというのは、昔は人一人にたたみ 1 畳だった。その後、2 段式のパイプベットを入れるようになり、いまはクーラー付きの 3 畳の個室に入れたりしている。飯場というのは、アンコ（日雇労働者を意味する隠語）に酒を飲ませてなんぼ、タバコ売ってなんぼ。競艇やパチンコの借金を前借りさせてなんぼ。酒も外では飲ませない。うちの酒を飲めと勧める。タ

バコもそうだ。その分、そこの飯場の儲け、そこの飯場の利子になる。
　こういう代金や前借の借金は、15日ごとに渡す給料（計算は日当による）から引くのだが、アンコの手元にはほとんどいかない。すると、アンコはまた借金をして食いつなごうとする。これで、10年、20年と飯場にいることになるのだ。

　ここで、築港寄せ場にあった人夫出し飯場の具体的事例を提示してみたい。［F地区］にあった人夫出し飯場「K寮」（長らく「K組」と称していたが、あるときから「ヤクザと間違えられないように」という理由で「K寮」に改名した）の事例である。以下は、「K寮」の現経営者AK氏の語りの要約である。

K寮
　K寮は、1950年代前半に、わたしの母親（朝鮮系住民第1世代）が中心となって経営を開始したもので、当初から長男である自分の妻もこれを手伝っていた。人夫は最大時、77人で、人夫の数は、K寮が［F地区］で最も多かった。ガスがないのでわたしの妻が薪を割り、これで飯を炊いた。1回に1斗5升の米を炊いた。この米をとぐのに共同水道まで水を汲みに行くのがきつかったため、わたしが、ある日本人の有力者を介して市役所に交渉し、水道を引いた。それ以後、水道は有料になったが、それ以前の共同水道時代は、水道はタダ、電気もタダだった。無断建築なので、市も大目に見ていたのだろう。
　K寮はたいそう繁盛した。K寮は、食堂にもなっていた。競艇場の目の前に立地していたので、レースがあるときはいくら材料を仕入れても足りない。儲って儲って仕方がなかった。

人夫たち
　人夫たちには酒飲みが多く、暴れ出して、わたしから、よく叩かれる者も多かった。人夫出しのオヤジは、荒くれ者の多い人夫をおとなしくさせなければならないが、もともと人夫出しのオヤジは気性の激しい者が多かった。だから人夫を黙らせるのなんてわけがないことだった。

写真 6-26　福岡競艇場（「福岡ボート」）
［F 地区］は、この競艇場の目の前にあった。

　K寮は、競艇場の前にあったため、持ち合わせの金をすべて競艇で失って、K寮に入ってくる者も多かった。九州の田舎のほうから出稼ぎに来て、帰りしなにちょっと競艇場に寄り、そこで使いこんでパーになり、帰る旅費もないからといってここに入ってくるのが多かった。

　人夫は九州出身者が多かったが、鳥取（米子）、新潟、茨城、三重（四日市）の人もいた。福岡に工事や港湾の仕事があるということで来た人たちである。

日当

　人夫の日当は、1972年当時、鳶職が4,700円、ふつうの人夫が3,500円くらいだった。その後、日当はどんどん高くなっていって、たとえば数年前には、道路工事で人手が足りないときなど1万円もらえた。だが、最近はまた下がっている。いまは、鳶職で8,000円、ふつうで7,000円。監督の免許を持っていたら1万4000〜1万5000円もらえる。草取りなら5,000円である。

　もっとも、こうした日当は、そのまま全額が人夫のもとへ支払われるわけではない。人夫出し飯場の場合、人夫の日当は、人夫出しのオヤカタ（飯場の主）が親請けの建設業者から受け取り、そこから下宿代、食事代、借金などを引いて、残った額を人夫本人に渡すのである。K寮の場合も、自分が建設業者をまわって人夫の給料を集金し、集めた金から下宿代、食事代、前貸しの借金を引いた。そして残りの額を給料として本人に渡した。

しかし、たいていの場合、前貸しの金がかさんでいて、本人のトリマエはほとんどなかった。渡されるのは明細書だけで、そこには「食事」いくらいくら、「部屋代」いくらいくら、「現金」いくらいくらって書いてあるだけ。現金っていうのは、つまり借金のことだ。

競艇
　［F地区］は、場所が場所だから、日曜日に競艇場の中から「2、3が6千ナンボ」というようなスピーカーの声が聞こえてくる。すると、人夫たちは、日曜だといっても、もう寝ていられない。「おやじさん1万円貸してください」と言って前借りをし、競艇に行ってしまう。この繰り返し。ここに迷いこんだらもう出られない。うちには40年選手も3人いる。[3]

　競艇ははまる。1回当たるとやみつきになる。100円で買って1万円とか当たるとやみつきになるのだ。それで飯場を抜けられなくなるのだ。[4]

現場
　K寮からは、市内の名の知れた建設会社に人夫を出していた。そうやって市内のビル、文化センター、市民会館、病院、橋、女子大、それに郊外の住宅団地などをつくった。建設会社から、5人頼むとか10人頼むといわれると、それにあわせて人夫を出した。どの人夫出し飯場も、活発に動く、仕事のできる人夫を選りすぐって親請け会社に出した。そうすることによって会社に顔が立つのだ。また、会社のほうもよく人夫のことを見ていて、よく働く人夫がいるとその人を指名してくることもある。また、現場に行ってもぶらぶらしているような者については、「もう要りませんから」と親請け会社から飯場に断りの電話が入った。

　繁忙期などに、二つの建設会社から派遣依頼があったときには、一つの会社で5人依頼されているところを4人にし、もう一つの会社のほうにも「顔を立てるために」1人派遣したりした。また、人夫の頭数をそろえるため、人夫出し飯場間での人夫の貸し借りも行なわれていた。

人夫の死
　人夫出し飯場で暮らしたまま一生を終える人もいた。K寮でも何人かが亡くなっている。もっとも、飯場そのものの中で亡くなった人はおらず、いずれも病院に入院させられて、そこで亡くなっている。

人夫出し飯場の場合、最初に働きに来たときに、出身地と本籍を書いた名簿をつくっているので、亡くなったときにはその名簿に従って身内へ連絡をした。しかし、偽名を使う人や住所がでたらめな人も多かった。その場合は、市役所に届けると、市役所が身内を探してくれた。葬式の費用は、人夫出し飯場では出さず、市役所が出した。生きている間は面倒を見てやったが、亡くなってからまでは面倒を見きれないので市に頼むのだ。
　もっとも、市役所が身内を見つけても、身内が葬式に来るとは限らなかった。たとえば、茨城県出身の人夫の場合、その人にはきょうだいがあったが、その人たちは葬式に来なかった。そこで、葬儀終了後に寺に無縁仏として納骨しようとし、葬儀屋に一時的に遺骨を預かっておいてもらったら、いつのまにか遺骨がなくなってしまっていた。骨泥棒である。誰が持って行ったのかはわからない。もしかすると、そのきょうだいがやってきて遺骨を持って行ってしまったのかもしれない。そういうこともありえると思う。なぜならば、故人に飯場などへの借金があると遺族が考えた場合、その返済を迫られるのを恐れて遺骨だけを人知れず持ち帰ることがありえるという話を聞いたことがあるからだ。

　K寮は、1976年の［F地区］立退きまで、当地で営業していた。そして、AK氏一家が立退きで集住団地へ転居した後も、団地内で営業を再開した。しかしその後、1998年に建設不況の影響を受けて人夫出し飯場は廃業。現在は、飯場時代に人夫として雇っていた者3名（いずれも生活保護受給中）を食事付きで間借りさせている。

第4節　日雇労働者の語り

　以上は、日雇労働者を雇う側の事例であったが、次に、築港寄せ場で働く日雇労働者側について見ていきたい。取り上げるのは、長くこの地で日雇労働者として暮らしてきた一人の男性（日本系住民）についてである。筆者は、

2005年8月15日、博多区内の公園（出来町公園）でこの男性に偶然出会い、インタビューを実施した。以下は、そのときの内容にもとづいている。

神田さん

神田さん（本名。「芸名」[5]は山本さん。ただし、ここではいずれも筆者による仮名）は、2005年現在69歳。[X団地]に隣接した家賃4万円のアパートに住む生活保護受給者である。彼は、43歳のときから今日に至るまでの26年間、築港寄せ場で暮らしてきた。

1936年に長崎市で生まれた神田さんは、9歳のとき、長崎市の自宅で被爆した。神田さんの家は爆心地から2km以内のところにあった。一命はとりとめたものの、以来、下半身に血液が通常の人の半分しか流れず、また左目が夜になると見えなくなるという原爆症に苦しむ。現在、長年の肉体労働の結果、腰を痛めているが、本来手術が必要であるにも関わらず、血液量の問題から手術ができない状態にある。被爆者手帳は1級を所持している。

高校卒業後、長崎市役所の土木課に就職した。1年間勤めたが、自衛隊に入隊していた友人に誘われて海上自衛隊を受験。1週間後に採用通知をもらい、入隊。大村、佐世保、広島、東京（大森）と6年間自衛隊で勤務した。自衛隊にいる間に大型運転免許をとった。自衛隊退職後、その免許を活かして長距離トラックの運転手となり、長崎と東京・大阪を往復した。この頃、結婚。神田さんは、高校生のときから原爆症のため長崎市内の病院へ入退院を繰り返していたが、そこで知り合った看護婦と結婚したのである。妻も被爆者で、原爆症のために子宮が小さく、子どもができない体だった。

福岡へ

長らくトラック運転手として暮らしていたが、43歳のときに友人と二人で夜行列車に乗り、福岡市にやってきた。目的は競艇場に行くためであった。大村にも競艇場はあり、長崎にいる間はそこに通っていたが、福岡競艇のほうが魅力的だったため福岡まで出てきたのである。福岡に行けば、日雇で日銭が稼げるというのも動機の一つであった。当時は、日雇でかなりの収入を得ることができたのである。

二人は、現在の地下鉄祇園駅周辺に多数あった宿屋（労働者向けの簡易宿

所）に泊まりながら競艇場に通った。当時の宿代は 300 円だった。しかし、1 か月近く通い続けたところで、資金が尽きてしまった。

タチンボへ

そこで、友人と二人で、「タチンボにでも行って金をつくってみよう」ということになり、築港のタチンボへ。タチンボに立った最初の日、「ヤーサン」から、「兄ちゃんたち、競艇場に行ってトッカンセキ（特観席＝特別観覧席）の券買ってこい。1,000 円のトッカンセキをどんどん買ってこい」と言われ、買いに行った。競艇は 11 時半から開始だが、早い時間に神田さんたちが券を買い占めてしまうと、レース開始時間間際に客が来てもトッカンセキは売切れとなる。そこで「ヤーサン」が 1,000 円のトッカンセキを 8,000 円くらいで売るのである。いわゆるダフ屋だ。このダフ屋の手先が、タチンボでありついた最初の仕事である。

ハマの仕事

この「ヤーサン」は「いい人」だった。この人が、次にはハマ（浜）の仕事、つまり港湾労働の仕事も世話してくれた。この頃、ハマの仕事はたくさんあり、しかも金になった。仕事の内容は、コンテナの荷揚げ作業が多かった。コンテナの仕事は、福運（運送会社）の下請けのキムラ、ヤマダ（いずれも仮名）といった「班」に雇われるというものだった。タチンボをしていると、手配師がやってきて、こういった班へ日雇労働者を派遣するのであった。なお、これらの「班」の親方は「全部朝鮮人だった」。

ハマの仕事の中では、バナナの荷揚げが金になった。船の冷凍室の中に入り、バナナの箱を荷揚げする。午前 8 時からはじめて午後 2 時には仕事が終わり、それだけで 3 万円（20 年前のこと）の日当だった。ただし、冷凍室内での仕事は、外気との差が激しすぎて体がぼろぼろになってしまう。それゆえの高給だった。

アパート暮らし

そして、こうして稼いだ金で、簡易宿所を出て、アパートを借りた。妻は長崎で看護婦を続けており、妻自身は自活できていた。神田さんは月に 2 回か 3 回は長崎に帰っていた。妻に会うためと、病院で原爆症の治療を受けるためであった。また、妻やきょうだいが福岡に遊びに来ることもあった。妻

は、月に1回は神田さんのもとにやってきていた。長崎に帰らず、福岡に居続けたのは、「福岡では仕事があり、競艇もあっておもしろかったから。長崎とは比べものにならない」からだという。

　港湾以外にも、日通の引越し作業員などもした。これも日雇であったが、「直行」といって、毎日、タチンボを経由せずに直接、日通に通った。日通の収入も悪くなく、ギャンブルは続けていたが、同時に郵便貯金もしていた。この貯金があったため、のちに60歳を越えて日雇の仕事がなくなってからもしばらくはアパートの家賃を払うことができた。

　神田さんはお人よしなところがあり、これまで何回か人に騙されている。たとえば、日雇の友達が日立のテレビと8ミリレコーダーを月賦で買った際、神田さんが保証人になった。1か月目の月賦は支払われたが、翌月になると、もうその友達はアパートを引き払って行方をくらましていた。それで、やむをえず、神田さんが支払いを続けたのであった。

「芸名」と本名

　神田さんは、当時、たとえば、「山本」のように、いくつかの「芸名」を使っていた。日通で働いていたとき、コンテナのパレットが左足に落ちてきて大怪我をしたことがある。入院したが、そのとき、労災補償がおりることになり、親方から、「山本さん、本名教えてよ。本名じゃないと労災おりないよ」といわれ、本名を名乗ったことがある。

　神田さんによれば、築港でタチンボしているのは、ギャンブルで借金をつくって逃げてきた人や、警察に追われている人など、本名を名乗れない人が多く、そのような人びとはみな、「芸名」を使っているという。

　しかし、最近は、日通などでは、本名を名乗らないと、また印鑑を持って行かないと雇ってくれないようになっているという。「芸名」は次第に名乗れなくなってきているようである[6]。

妻の死

　いまから10年前に、神田さんの妻が亡くなった。原爆症による死であった。2か月間、悲しくて悲しくて、酒びたりの生活だったという。その頃、神田さんはちょうど60歳を目前にしていた。

ホームレスになる

　日雇の仕事は60歳を超えるとなかなか雇ってもらえない。60を過ぎて、仕事にありつけず、収入がなくなってしまった神田さんは、郵便貯金を切り崩しながらの生活に入った。最初のうちは、アパート代（この頃住んでいたアパートは、昔遊郭だった建物を改造したもので、共同炊事場、共同便所式。4畳半一間の部屋だった）を払えていたが、しばらくして支払いが滞るようになってしまった。滞納が重なって、「ついに、朝鮮人の大家から、出て行ってくれっていわれた。それで、テレビも冷蔵庫もそのまま、冷蔵庫の中身もそのままで、部屋を出てきた。そして、ホームレスになった」。

　ホームレスになってからは、冬は博多駅の構内で、夏は地下鉄祇園駅のところにある出来町公園で寝た。博多駅で寝ていると、いきなり若い者に蹴飛ばされたこともある。このときは、周りで寝ていたホームレスたちとともにこの若者を捕まえ、謝らせた。

生活保護

　ホームレス生活は9か月間続いたが、9か月目に、県の福祉の人が出来町公園にやってきて、神田さんに声をかけた。いろいろ話をし、被爆者手帳1級を持っているという話もすると、「それなら生活保護をもらえますよ」と言われた。そして言われたとおり、福祉事務所を訪ね、1週間後に福祉事務所が斡旋するアパートに入居できることになった。福祉事務所を訪ねてからアパート入居までの1週間は、「福祉事務所が経営する老人施設」に収容されていた。「そこで何か軽作業をして、出るとき1万3000円もらったよ」。

アパート入居

　神田さんが入居することになったアパートは、まさに［X団地］に隣接した場所にある木造アパートで、6畳一間、トイレと炊事場は共同の、家賃4万円のアパート（家主は朝鮮系住民）である。

　家賃は、支給される11万円の生活保護費の中から支払うことになった。敷金は福祉事務所が支払ってくれた。「大家は親切で、金まで貸してくれるといっている。この金はいくらの利子を付けて返せばよいのかと聞いたら、利子はいらないという。利子を取ったら闇金になるからだと。親切な大家だ」。「このアパートはすごいよ。まず暑くていられない。それに暑いから、

みんな裸。パンツはかないで部屋から出てきてトイレ行くようなじいさんもいる。みんな独り者のじいさんばっかりだな」。

長崎へ

神田さんはアパート入居後、福祉事務所の勧めで病院での検診を受けた。すると、神田さんの原爆症は、長崎の原爆症専門の病院に通って治療したほうがよいといって、長崎の病院を紹介された。もともと、ときどき長崎に帰ったときに病院通いはしていたが、今度の検診で医者から、長崎に住んで、そこで病院に通ったほうがよいと勧められたのである。このことを福祉事務所に連絡すると、長崎県と連絡を取り、長崎でも生活保護を受給してアパートに入ることができるようにしてくれるとのことであった。そこで、もう福岡で働くこともできないため、長崎へ帰ることにし、2005年9月に長崎へ引越すことにした（このインタビューの実施は2005年8月であったが、その数週間後に長崎へ引越すとのことであった）。

ホームレス生活の回想

ホームレスとして暮らした9か月間について、神田さんは、「自分に子どもがいて、妻も生きていたらホームレスにはならなかっただろうな」と述べている。また、「ここでホームレスをやっているのは、年配の者は、昔は宿屋に泊まったり、飯場で暮らしていたりしていた。それが、この10年で仕事がめっきりなくなり、それに、みんな年をとって働けないので家賃が払えなくなってしまった。それでみんな元住んでいたところを追い出されてホームレスになるのだ。そんなのばっかりだ」とも述べている。

以上、26年の間、築港寄せ場を生活の場としてきた日雇労働者、神田さんのライフヒストリーを提示した。以下さらに、築港寄せ場の状況についての神田さんの語りを紹介しておく。

人夫出しと宿屋

タチンボのある石城町から千鳥橋、千代、[X団地]にかけては人夫出しが多かった。宿屋（簡易宿所のこと）は、祇園町、つまり昔の博多駅があったあたりから石城町にかけて多かった。

人夫出し、あれはたいへんなところだ。人夫出しの給金は、1日、15日というように、15日おきに支給されるんだが、1日当たり、1万何千円かもらえるはずなのに、2,000円くらいしか手元には残らない。あとは、ピンハネだね。食費や酒代、前借りの借金、何だかんだでどんどん引かれる。一度入ったら出て来れないところだってある。親方が怖くてな。逃げることをトンコっていうんだが、なかなか逃げられないこともある。人夫出しの親方は金持ちだ。ベンツ乗っているんだから。

　人夫出しは、ヤーサン。100パーセント、ヤーサン。○○組の手下だよあれは[7]。それに、人夫出しはみんな朝鮮人。なんでかはわからんが、昔から人夫出しは朝鮮人の親方って決まってる。アパートの大家も朝鮮人多いな。宿屋にもいるが、宿屋（の経営者）は佐賀の人が多かった。祇園町には、宿屋がズラーっと並んでいたけど、あれはみんな佐賀の人たちがやっていた。いまでも何軒かは残っている。

タチンボ

　ここでタチンボやっているのはみんな日本人。借金をして逃げてきた者ばかり。ギャンブルで借金したのが多い。競艇、パチンコ、ゲーム賭博。指名手配されてるのもいるだろう。だから、タチンボのところにはよく刑事が来ていた。タチンボに来る人夫の中に手配されている者を探すためだ。それから、人夫たちに写真を見せて、「こういうやつを見かけなかったか」とかよくやってた。

　ここに来るのは、九州の人が半分。あとは日本中いろいろなところからだ。九州は、長崎が多いな。

アブレ

　とにかく、10年くらい前から、景気が悪い。タチンボは、昔は200人以上が立っていた。20年くらい前のこと。そのときは、仕事がたくさんあって、うちで働いてくれっていって手配師が1,000円札とか握らせたり、ポケットに入れたりしていた。1万8000円とか3万円とか日当もよかったよ。あの頃は、金をためようっていう学生のバイトも多かった。それが、いまはタチンボするのも50人くらい。それでもアブレる（仕事にありつけない）者ばかり。そして、ホームレスだ。年寄りのホームレス

は、どんどん死んでいく。この公園でも死んだ。

　最近は、ホームレス相手に手配師が来るようになっている。ここ（出来町公園）にも、この前は、北海道の飯場から求人があった。3年間飯場に入るというものだ。いやになったら途中でやめてもいいって言っていたが、どうだか。

　いま、長崎が災害復興で仕事がある。それで長崎からもタチンボに求人に来る。長崎は、いま県内で1,500か所、工事の仕事があるっていう。それで仕事がある。手配師が来て、バスに乗せて長崎に連れて行く。そして、宿屋とかサウナに泊まらせて、そこから工事現場に派遣するのだ。

　まあ、仕事があるっていったって、長崎だけの話だし、昔に比べればないも同然。とにかく、どこもいまはとにかく不況だ。福岡の人夫出しも宿屋もどんどん廃業した。いまは、あまり残っていない。日雇はみんなホームレスになった。

炊き出し

　タチンボのところでは炊き出しをやっている。毎週、水曜日と木曜日の朝6時から、美野島の教会（カトリック美野島司牧センター）がやってきて炊き出しをやる。炊き出しは美野島の教会でもやっている。火曜日にやっている。行けば、歯ブラシやカミソリ、タオル、石鹸をくれる。

　今日（インタビューを行なった2005年8月15日）は、日雇とホームレスの祭りだ。ここにいる者たちには盆正月に行くところがない。盆と正月には、みなさんは家族がいる。ここにいる者には家族がない。行くところがないので、組合（日雇労働者組合）[8]が祭りをやってくれるのだ。炊き出しもあるし、歌とかもある。ここにテントをつくって、中で寝られるようになっているのだ。

　以上、日雇労働者として築港寄せ場で暮らしてきたある人物の語りを紹介した。これら一連の語りからわかる築港寄せ場の状況をまとめると、次のようになる。

　① 築港には、日雇労働者が職を求めて集まるタチンボと呼ばれる地点

がある。また、タチンボをとりまくように、築港周辺には、人夫出し飯場、簡易宿所が立地してきた。
② 高度経済成長期からバブル経済の時期にかけて、日雇労働者の仕事が豊富にあり、当時は、200人を越える日雇労働者がタチンボに集まった。
③ 築港周辺の人夫出し飯場、アパート、簡易宿所の経営者の多くは、朝鮮系住民であった。また、港湾荷役の下請組織（「班」）も朝鮮系住民の経営が多かった。一方、日雇労働者の側は、「みんな日本人」であるとされる。
④ 1990年代に入り、不況の影響で日雇の仕事が激減した。その影響で多くの人夫出し業者、簡易宿所が廃業した。また、日雇労働者は、それまでの人夫出し飯場、簡易宿所、あるいはアパートでの生活から、野宿生活（ホームレス）への移行を余儀なくされている者が相当数いる。

第5節　階層性

　その大部分が日本系住民である日雇労働者は、朝鮮系住民が経営する人夫出し飯場や貸間で、半ば囲いこまれるような形で暮らしていた。その場合、人夫出し飯場であっても貸間であっても、そこに日雇労働者による借金の前借りなどがあることが多く、そのため、被雇用者・間借り人としての日雇労働者（日本系住民）が、雇用主・大家としての朝鮮系住民に従属するという力関係が存在しているのがふつうであった。
　この場合、雇用主・大家としての朝鮮系住民と被雇用者・間借り人としての日雇労働者（日本系住民）とが「飯場の机の上で食事をいっしょにした」り、日雇労働者側が雇用主・大家の朝鮮系住民のことを「オヤジさん」といって慕ったりというように、個別的には親密な感情が生じることはあったものの、構造的には、あくまでも階層的な上下関係があった。このことは、たと

えば、人夫出し飯場の経営者（朝鮮系住民）の家族が日雇労働者（日本系住民）を自宅の居間に入れたところ、その経営者が、「味噌（経営者＝朝鮮系住民）も糞（日雇労働者＝日本系住民）もいっしょにするな」と家族の者を叱りつけたというような話（[B地区]元住民）からも推測できる。

そして、次のような落書きも、この階層性の文脈で読み解くことができよう。

写真6-27、6-28に写っているのは、築港寄せ場の一角に描かれた落書きである。黒ペンキで、

　　勝手に騒いで何やかやと言わせてるバカども！
　　死んでから苦しむ人間の手本である！

という言葉が書かれ、そこから→が以下の語句に向かって引かれている。

　　市役所（大阪）
　　人夫出しのおやじ・あねご
　　（パチンコ屋）　　むすこ
　　　　　　　　　　　まご
　　　　　　　　　　　銀行
　　　　　　　　　　　税務所ママ

　　狂ってる親子　近畿一円〜九州一円

これは、おそらくは「人夫出し」のもとで働く（働いていた）労働者の一人が描いたものであろう。この落書きの正確な意味は、描いた本人にしかわからないものではあるが、落書きの主が、「人夫出しのおやじ」以下その家族や、市役所、銀行、税務署を「死んでから苦しむ人間の手本」「バカ」と考えているのであろうことは推測される。

築港周辺の労働者の間では、人夫出し飯場について、「人夫出しっていうのは、つまりタコ部屋。入ったら最後、借金漬けにされて、手元にもらえる

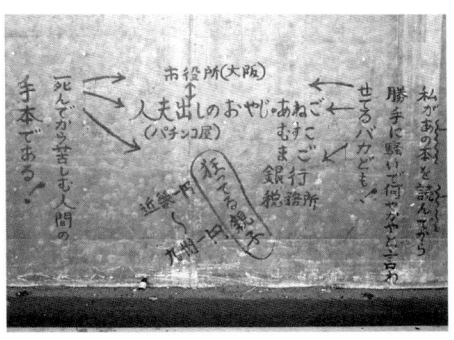

写真 6-27（上）、6-28（下）　築港寄せ場の一角（道路壁面）に描かれた落書き
「人夫出し」業者らを「死んでから苦しむ人間の手本」「バカども」としている。「人夫出し」のもとで働く労働者が描いたものと思われる。

給料はすずめの涙。どうしても前借りせざるをえず、それが雪だるまのようにふくらんで、借金返済が終わらない。それで抜け出すことができない」、「人夫出しのオヤジやセワヤキのにいちゃんがやくざ者で逃げ出そうにも逃げ出せない」といった声がある。

　ここからわかることは、人夫出し業者（朝鮮系住民）と日雇労働者（日本系住民）との間に、厳しい階層関係、あるいは搾取―被搾取の関係があったということである。

　なお、日本系日雇労働者の側から、朝鮮系人夫出し業者らに対して、差別的なまなざしが向けられることもなくはなかった。たとえば、

　　表面的には、（朝鮮系人夫出し業者のことを）オヤジさんなどと呼んで

言うことをきいていたが、裏では、「この朝鮮人が」というような悪口を言うのもいた。
　（現在、生活保護受給者として老後をおくる「日本人」元日雇労働者）

といわれている。と同時に、そもそも「労務者は、ナニジンとかそんなことは考えて暮らしていない」（日本系元セワヤキ）というケースもあったようである。

第6節　「隠れ場所」としての集住地域

　ところで、筆者の調査では、何人もの日雇労働者から聞き取りを実施しようと試みてきた。しかし、その多くは、調査を拒絶されるか、きわめて断片的な語りを聴取するにとどまり、詳細な聞き取りを行なうことはほとんど不可能であった。世間話の域を超えて、筆者がかれらの生活や仕事、過去の話に少しでも踏みこもうとすると、「おたく、刑事さん？」「おたく、どこから来たの？　何者なの？」「帰れよ」などと語気強く言われることも二度や三度ではなかった。あるいは、語りの内容が、文字どおり支離滅裂である場合も少なくなかった。上に掲げた「神田さん」の場合は、例外的に聞き取りが成功したケースである[10]。
　個人差はあるが、築港寄せ場で出会う日雇労働者の多くは、「自らの過去については触れられたくないし、また人の過去についても触れたくはない」という気持ちを抱いているものと思われる。
　そして、人夫出し飯場や貸間、簡易宿所などでは、労働者たちの素性については問わないのが暗黙のルールになっていた。そして、仮に何らかの個人情報を知り得たとしても、それを人前で話題にすることは避けられていた。

　誰も昔のことは根掘り葉掘り聞かない。ここで黙って住んで、働いていれば、誰にも文句は言われない。そういう気安さがある。世の中にはこう

いうところも必要なんだよ。ここは、人知れず生きていくことのできる隠れ家なんだよ。

（人夫出し飯場経営者、朝鮮系住民第2世代、男性、70代）

　ここでは、警察などが誰かを捜しに来たって本当のことは言わなかった。裏から逃がしたもの。ここでは、本当の名前を言わなくても住めるし、それで飛びこんでくる人が多かった。ここでは、誰がどこに住んでいようが、それを捜そうとしても警察も捜しきれなかった。人を殺して逃げこんできてもどこかに隠れることができた。名前も言わないし、本当のことを言わないから。黙ってご飯食べて部屋を借りておれば、住むことができた。隠れ部屋でね。

（［B地区］元住民、朝鮮系住民第2世代、女性、70代）

　借金で逃げてきた人が間借りしてこっそり住んでいることもあった。とにかく、朝鮮部落はごちゃごちゃしていて、入り込んだらもうどこに行ったかわからない。間借りの家は、昼間からカーテンを閉めきっていて、中に人がいるのかいないのかわからないようにしているところなどもけっこうあった。隠れて住んでいたんだな。

（［B地区］元住民、朝鮮系住民第2世代、男性、60代）

　このように、過去についてさまざまな事情を抱えた人びとにとって、集住地域一帯は、暮らしやすい環境である。このあたり一帯のアパートや貸間では、入居に際して保証人を求めないのがふつうとされているが、このことなどもそうした暮らしやすさの一要因となっているといえよう。
　集住地域の住民によれば、［X団地］やその周辺、すなわち築港寄せ場はもとより、［Y団地］や［Z団地］も含めて、朝鮮系住民集住地域は、「世の中から隠れて住みたい人たちの『隠れ場所』」（人夫出し飯場経営者、朝鮮系住民第2世代、男性、70代）になっているという。この「隠れ場所」という言葉は、［X団地］の住民の口からも語られた。また、上掲の語りの中にも、「隠れ家」「隠れ部屋」「隠れる」といった言葉が登場する。本書がフィー

ルドとしている朝鮮系住民集住地域には、「隠れる」場所としての性格があるとされているのである。

この場合、「隠れる」のは、朝鮮系住民ではない。そこに入れ子状に暮らす、日雇労働者を中心とした日本系住民たちである。では、なぜ集住地域がこうした人びとの「隠れ場所」たりうるのであろうか。その要因は、

① 集住地域は、バラックが密集して迷路状になっており、また団地の場合も増改築によって家並みが複雑で、その結果、人が中に入り込むとなかなか探せないという状況があった。
② 集住地域の朝鮮系住民には警察、行政に対する「防御・抵抗の構え」があった。
③ 集住地域の朝鮮系住民は、警察、行政に対しては閉鎖的な構えをとったが、一方で、警察、行政以外の者、とりわけ日雇労働者などの社会的弱者に対しては、国籍を問わず、開放的な構えをとっていた。

といったところにあると考えられる。

この場合、①の条件は、借金取りや警察などに追われている人びと（日雇労働者）が姿を隠すことを可能にした。

②の条件、すなわち、警察、行政に対する朝鮮系住民の「防御・抵抗の構え」は、かれらが闇市や密造酒製造、土地の占拠をめぐって警察、行政に強く抵抗してきた経験の中で形成されたものである。この「構え」はバラック集落時代に形成されたものだが（第2章第3節参照）、団地移転後にも存続した。たとえば、[X団地]について次のような証言がある。

ある日、警察に追われ団地内に逃げこんだ者がいて、パトカーが追ってきた。パトカーが西鉄電車の停車駅側の入り口に差しかかった時に、サイレンの音に驚いて集まったアジョシ、アジュモニ、ハルモニ（それぞれ、おじさん、おばさん、おばあさんの意——引用者註）の二、三十人がパトカーを取り巻いた。警棒を抜いて道を空けるように警告する警察官に向かって、

「アイゴー（朝鮮語の感嘆詞）、行くなら、うちば殺してから行け！」
「お前たちは、ここばどこと思うて入ってきよるか！」
　と、朝鮮語、日本語入り混じりながら、団地内への立ち入りを阻止したのだ。
　朝鮮人は、とにかく警察が大嫌いだった。法を犯した者をかばうというよりも、警察のパトカーが団地内に入ってくるという事態が赦せなかったのだ。
　　　　　　　　　　　　　　　　　　　　　　　　（片栄泰 2006：32）

　この「構え」が存在することによって、日雇労働者たちは集住地域の外部（借金取り、警察など）から結果的に保護されることになった。[11]
　③の条件は、日雇労働者（日本系住民）が、集住地域内に転入してくることを可能とした。もっとも、そこでの開放的な構えは、朝鮮系住民たちが、人夫出し、間貸し、簡易宿所などの生業の展開のために日雇労働者を必要としたがゆえにとられたものとも考えられる。また、日雇労働者（日本系住民）は、従属的な立場で朝鮮系住民が経営する人夫出し飯場や貸間、簡易宿所に居住し、場合によっては「搾取」される位置に甘んじる必要もあった。
　以上のような要因が複合して、集住地域は「隠れ場所」としての性格を有するようになったといえるだろう。
　ただ、ここで留意しておかなければならないのは、これら集住地域が、実際には、警察権力などから完全に自由な場所であったわけではないということである。上掲の引用では、警察に対する強い「防御・抵抗の構え」が語られているが、集住地域内に犯人捜査のために警察が立ち入ることは、実際にはあった。ただ、その場合でも、上掲①の要因ゆえに、結局、犯人を捕まえることができないというようなことが多かったようである。
　このことについては、東区で長年児童相談所のケースワーカーとして勤務してきた人物（日本系住民、男性、70代）が次のように語ってくれた。この方は、1960年代に職務として集住地域の子どもたちの家庭訪問などを行なっており、地域の状況にある程度通じていた。

　　ある日、警察から児童相談所に電話があって呼び出された。ある事件の

犯人が［F 地区］に逃げこんだが（事件の内容については警察は教えてくれなかった）、中の様子が複雑でわからないので案内してくれということだった。それでいっしょに行ったが、結局、どこに張りこみの警官を立てていいかがわからず、警察もあきらめたということがあった。

　上に掲げてきた話者たちの「隠れ場所」の語りをもとに、集住地域についてある種の神秘化をすることは避けなければならないが、集住地域に、一定程度の「隠れ場所」的な性格があったということはいいうるようである。そしてその性格が、多くの日雇労働者（日本系住民）をこの地域に吸引することになったものとも考えられる。

第 7 節　野宿者の発生

　さきに見た日雇労働者の語りでは、日雇労働者が住居を失い、野宿生活に入っていく実態が語られていた。日本における他の大都市と同様、福岡市内にも野宿者（いわゆるホームレス）が暮らしている。現在、その数は 500 人とも 800 人ともいわれているが、この人びとと寄せ場としての集住地域との間には、一定の関連がある。以下、この点について見ておこう。
　福岡市内の野宿者は、市内の公園（須崎公園、出来町公園、明治公園、音羽公園など）や博多駅の構内、あるいは路上などで野宿（公園の場合は、ビニールテントの小屋掛け）生活を送っている。その状況は、たとえば次のようなものである。

　　福岡市当局の説明では、市の所管する公園と港湾施設にいるホームレスは 350 人前後（目視調査）。これに県の公園や JR 博多駅などを加えると市内で約 500 人に達するとのことです。博多駅で応対した秋月久二駅長は、28 日には駅構内に約 100 人のホームレスがいたと語りました。
　　（「『社会復帰したい』の声——『福岡市内に 500 人も』小沢衆院議員、

つの参院候補らホームレスの実態を調査」2001年、日本共産党小沢和秋衆議院議員九州沖縄レポート、

www.mmjp.or.jp/jcp-ozawa/new_page_30.htm#20010129)

　仕事がなくアパートを出ざるをえなかった日雇い労働者、リストラの犠牲者、家族の崩壊により住むところを失った人々など、事情は様々ですが、福岡ではこうした野宿者は800人近くいます。他府県では行政によるパン券の配布やシェルター（臨時宿泊施設）の設置などの対策も行われていますが、福岡では十分な施策を出し切れず、逆に公園からの排除が行われているような状況です。

　（中略）現在、こうした野宿労働者に加えて、リストラの結果職場を追われた人々や家族関係の崩壊によって放り出された老人や女性、障害者など、新たな野宿者も増加し、この福岡市内の駅や公園、橋の下などで生活している野宿者の数は800名にも及ぶのです。「福岡おにぎりの会」の私達は、市内全体を回りきれてはいませんが、それでも600人以上の人に出会っています。

（「NPO法人ホームレス支援『福岡おにぎりの会』」2004年、

www.pastorama.com/homeless.html)

　上の引用の中にもあるように、野宿者の中には、それまで日雇労働者であった者が相当数含まれている。そして、かれらは、日雇労働者時代には、人夫出し飯場、貸間、簡易宿所、アパートなどで暮らしていたが、建設不況や自らの加齢のため、仕事にアブレて収入や住むところを失い、やむをえず野宿生活に入ったという者が少なくない。第4節で紹介した「神田さん」もその一人である。

　かれらは、野宿生活に入ったのちも日雇の仕事を求めてタチンボに並ぶことも多い。しかしながら、毎日並び続けて、20日に一度仕事にありつければ恵まれたほうだ、という状況であり、多くは仕事のあてもなく、ただ習慣的に毎日タチンボに通うという状況に至っている[12]。

　こうして恒常的な野宿生活が続くわけであるが、ごくまれに、比較的年齢

が若い場合に（50代）、運よく、顔付け（手配師から仕事ぶりを評価され、優先的に仕事を回してもらうこと）などによって、半ば定期的に日雇労働にありつける者もいる。そのような者は、野宿生活を切り上げ、再びアパート生活や間借り生活に入ることが多いが、その場合に、朝鮮系住民が経営するアパートや貸間に入居するというケースがある。とはいえ、この場合も、職を失った場合には、家賃を払えず、再び野宿に戻ることになる。すなわち、「金があれば（アパートや貸間に）入ってくるし、無くなったらホームレス。そしてまた金ができれば戻ってくる。それでまたまた無くなったらホームレス。そんな、行ったり来たりのが何人かいる」（人夫出し飯場経営者、朝鮮系住民第2世代、男性、70代）という状況である。

　こうした中で、高齢になり、生活保護の受給が認められるようになった場合には、継続してアパート居住、間借りが可能になる。この場合は野宿生活からの脱却であるが、ただし、生活保護受給に至る高齢野宿者はそれほど多くはない。生活保護を受給した場合、家賃は、生活保護（住宅扶助）によってまかなわれるため、保護が打ち切られない限りは、毎月、定額の家賃を支払うことが可能である。そのため、家主の側は、生活保護を受給していない日雇労働者よりも、コンスタントに家賃収入を得ることのできる生活保護受給者を歓迎する傾向がある（写真6-25）。

　以上、本章では、集住地域の朝鮮系住民たちが展開してきた〈生きる方法〉と、当該地域が持つ寄せ場としての性格との関係について検討してきた。集住地域の大半は港湾に隣接して立地していたため、朝鮮系住民たちは日雇の港湾労働者（加えて土木・建設労働者）相手に、人夫出し、間貸し、簡易宿所の経営を〈生きる方法〉として実践した。

　こうしたことを可能にしたものとして、港湾に隣接した地の利の他に、朝鮮系住民の多くが持つ戦前の飯場経験（第3章第2節参照）や、集住地域が有する「隠れ場所」的な性格といった要素もあげることができるだろう。朝鮮系住民たちは、これら自らが所持する利用可能な条件を最大限に活用して〈生きる方法〉を展開した。そしてその結果、当該集住地域には寄せ場としての性格がもたらされたのである。[13]

またその場合、当該地域において、人夫出し、貸間、簡易宿所の経営者が朝鮮系住民であるのに対して、日雇労働者の側は大部分が日本系住民であった。そしてかれら日本系日雇労働者は、地域内の階層序列の中で最下層に位置していた。当該朝鮮系住民集住地域は、朝鮮系住民だけで形成されているわけではなく、日雇労働者としての日本系住民を内部に入れ子状に含みこんで成立していたのである[14]。

註

1) 「寄せ場」を広義のものとして捉えているものとして、他に松沢哲成（2003：607—608）があげられる。松沢は、労働契約が結ばれる路上を中心として、その周辺にドヤ街と呼ばれる簡易宿所街、公園などにおける野宿者の一群、日雇労働者が居住するアパートが同心円状に分布する一連の空間を「もっとも広い意味」の寄せ場であるとする立場にたっている。繰り返しになるが、本研究も、この立場にたつものである。

なお、そもそも「寄せ場」という語は、「もともと江戸時代の『人足寄場』に由来する用語で」「1970年代初め、山谷や釜ケ崎の機能や景観が大きく変貌するなか、寄せ場の労働運動の側から、スラムの語に替えて、人足寄せ場や監獄部屋などとの歴史的な連続性を含意する用語として、寄せ場の語が使われ始めた」（加藤晴康他1997：6-8）とされる。

2) 平川茂によると、築港寄せ場に暮らす日雇労働者の数は1,000人とされる（平川1996：149。1,000人という数字は、同論文における「現在」の数字とされている）。これは、釜ケ崎（大阪市西成区）の2万人、山谷（東京都台東区）の7,000人、寿町（横浜市中区）の4,000人、笹島（名古屋市中村区）の2,000人に次ぐ数となっている（平川1996：133、149）。

3) ここで「40年選手」というのは、[F地区] 当時からK寮で暮らし、現在もAK氏のもとで間借りをしている労働者のことをさしている。

4) ここで、公営ギャンブル（競艇場）と日雇労働者との関連に注目しておく必要がある。日本とアメリカの日雇労働者の世界についての文化人類学的フィールドワークを実施してきたトム・ギルは、日本の日雇労働者とギャンブルとの関係について、「寿町には不法の『ノミ屋』が20か所あり、一日中競馬・競輪・競艇の衛星生中継に夢中になる男たちが多い。それに、サイコロ・マージャン・ビデオゲーム賭博もあり、巨大なパチンコ・ホールも二か所ある。日本のホームレス問題を研究す

る学者は主に『進歩的』な思想を持つため、ホームレス現象の原因としてマクロ経済的な要因を強調し、個人の無責任性を強調したがらないが、実際に無視できない要因である。米国のヘロインとクラック・コカインに相当するのは、日本のパチンコとサラ金ではなかろうか」（ギル2004：464）と述べているが、福岡市における公営ギャンブルと日雇労働者との関係についても、この指摘があてはまるものと思われる。

5) いわゆる偽名のこと。神田さんは、偽名のことを「芸名」と呼んでいる。筆者の調査では、神田さん以外にも、偽名のことを「芸名」と呼ぶ日雇労働者に数名出会っている。

6) 近年、「日通」に限らず、建設労働の現場でも、氏名や連絡場所の管理が強化されている（田巻・山口2000：80）。田巻松雄と山口恵子は、かつて職人として働き、その後、野宿生活に入ったある男性の次のような声を紹介している。「10年ほど前までは住所や名前がはっきりしていなくとも建設現場に入れたが、それ以降は、住所、名前、本籍、家族のことなど、こと細かに記入することが要求されるようになった。だから、山谷の労働者にとっては、仕事がしづらくなった」（田巻・山口2000：81）。

7) 以上の発言、とりわけ、「人夫出しはみんなヤーサン」というのは、神田さんの主観的な解釈による発言である。ある人びとのことを、何をもって「ヤーサン」とするか、をはじめ、この点については議論の余地がある。ここでは、神田さんがそのような解釈を行なっているという事実があることを記述するにとどめる。

8) 福岡築港には、福岡日雇労働組合と福岡・築港日雇労働組合の二つがあり、それぞれ越冬炊き出し（年末年始）や夏祭り（8月13日〜15日）などを行なっている。

9) 世話焼き。寄せ場用語の一つ。人夫出し飯場において飯場経営者と労働者の間で労働者のとりまとめを行なう人物のこと。

10) 話者による過去の隠匿と民俗調査との関係について、民俗学者の赤松啓介は次のように述べている。

　　当時の（戦前の――引用者註）ドヤ、百軒長屋などで氏名、年齢、職業、本籍、学歴など尋ねたとして、どれほど正確に答えてくれたかは、まず期待しないほうがよい。おい、お前、どこや。播州や。翌朝になると、おい、播州。なんや。ですむ。おれも播州や。何郡や、と聞くと目をつけられて、あいつは、と用心される。おばはん、どこやったかいな。江州や。なんや、こないだ紀州いうたんと違うか。ほんなら紀州やろ。これで、しまい。それ以上、なにを知る必要があろうか。年齢にしても正確には当人よりわからんだろうと思うかも知れないが、当人にもわからんのがある（赤松1991：375）。

　　貧民街、スラム街まで落ちてきて、なんでまだ氏名、学歴、年齢、故郷まで正確に申上げて、恥じかかされんならんねん。たいてい不義理な借金かかえたり、オヤジが長い病気や失業で長屋を追い出されたり、女や男にからんだ喧嘩

第 6 章　寄せ場としての集住地域　　263

　　　　で漸く逃げてきたのに、なにを今さら古傷つつき出すんや、というのが、まず
　　　　いつわらざる意見だろう（赤松 1991：376）。
　　　　　要するに皆さん、どこかに傷を受けて、逃れてきたり、あたたかい場所を求
　　　　めて来た人たちなのだ。いまさらサツの喜ぶような調査を提供して、それが
　　　　どんな裏切りになるのかわからんとは、われわれには想像もつかない（赤松
　　　　1991：376）。
　　　　　今でも、昔と同じように、皆さん正確に回答しておられるという保証はない
　　　　だろう。それなら、なんぜ故郷は江州か紀州、トシはヒツジ、戸籍はインチキ
　　　　でわからん、のでいかんのか（赤松 1991：376）。

　　筆者は、この地域一帯の日雇労働者たちに接触する中で、この赤松の発言に強く
　共感するに至った。
11）　因みに、上掲の証言の著者である片栄泰は、この証言に続いて、［X 団地］の日
　　雇労働者たちについて次のように述べている。

　　　　　団地（［X 団地］――引用者註）にいた日本人のほとんどは、朝鮮人の親方の
　　　　下で働く日雇労働者たちで、飯場で寝泊りして花札に興じ、仕事が終わると焼
　　　　酎を飲んでばかりいて、ここ以外で生きてゆくのが難しいと思える人たちだっ
　　　　た（片栄泰 2006：33）。

12）　そうした状況の中、空き缶や雑誌収集で収入を得ようとする者もいる。と同時
　　に、野宿者の中には、全く労働を行なわない者も存在する。
13）　なお、念のため断っておくと、当該集住地域に「寄せ場」としての特性が見出せ
　　るとはいっても、そのような特性が当該地域を一色に染め上げているというよう
　　な状況にあるわけではない。当該地域において、何らかの形で寄せ場と関わる〈生き
　　る方法〉を展開してきた人びとが多く見られることは事実であるが、一方で、寄せ
　　場と直接的には全く関係のない〈生きる方法〉を展開してきた人びとも存在する。
　　したがって、ここでいう地域の特性とは、相対的な傾向性をいうのであって、絶対
　　的、一元的なもののことではない。そもそも、地域とは「異質な文化を担っている
　　ことを前提とした個人が交渉する場」（川田 2004：115）であり、またそれは「等質
　　な文化の単位ではなく、異質なものがダイナミックに交流し、その交流のなかから
　　『地域』の記憶が醸成される場」（川田 2006：12）であるといった性質のものである。
14）　なお、寄せ場と朝鮮系住民との関わりは、福岡市のみならず、日本各地の寄せ場
　　においても見出せる。たとえば、山谷（東京都台東区）、釜ケ崎（大阪市西成区）、
　　寿町（横浜市中区）については、次のような指摘がある。

　　　　　山谷・釜ケ崎に代表される寄せ場にいる人夫出し飯場のオヤジに在日朝鮮人
　　　　が多いことはよく知られているところ（濱村 1998：42）。

釜ケ崎の手配師や人夫出しのほとんどが在日コリアンといわれる。また、山谷にも在日コリアンの手配師や人夫出し飯場が多いといわれる。これに対して寿町では、在日コリアンは手配師や人夫出しには少なく（全体のおよそ１割といわれる）、ドヤや商店の経営者に多い（青木 2000：144）。

　実は、手配師・人夫出しの大半は、在日の韓国人・朝鮮人の人たちで、こういったアウトローの世界に押し込められてやっています。かつては被差別部落の人たちも、たくさんそういう業を営んでいました。我々は、そこに働きに行って痛めつけられます。そこの人夫出し飯場の経営者が韓国人だと、暴力飯場イコール韓国人、イコール韓国人は悪だというかたちで、我々日雇労働者の間では「憎たらしい」ということになってしまいます。社会的に見ると日本人が逆にいじめる立場なんですが、仕事の関係、経済的な関係においては、我々はボロ雑巾のように搾り取られて殴り飛ばされて、下手したら生き埋めにされる立場です。そういうところでのいがみ合いというのが、私がきた頃にはかなりありました。当然、差別感情というのもむきだしでした（山田實 2001）。

　今、寿の街の簡易宿泊所の経営者の９割までが、朝鮮人である。また、寿の「食堂」「飲み屋」「商店」も、その経営者の大半は朝鮮人なのである（野本 1996：123）。

　（寿町の──引用者註）ドヤと土地の所有者は、ほとんど在日コリアンである。この背景には、進駐米軍から接収地であった埋地七町が返還されたとき、すでに余所で経営・生活の基盤を固めていた土地所有者（日本人）が土地売却を決め、それを在日コリアンがネットワークを動員して一挙に購入したという史的経緯がある（青木 1999b：283-284）。

　また、川崎市川崎区日進町は、川崎の寄せ場として知られているが、日進町のドヤも多くは朝鮮系住民の経営になるといわれている。日進町については、

　ドヤをとりまくかのようにいっぱい呑み屋が蝟集していた。湘南京浜線の高架の土盛りにへばりつくように朝鮮人の経営する呑み屋の小屋がズラリと並んでいた（高杉 1973：219）。

という記述や、同地を「八丁畷のドヤ街」と称して、

　ドヤ代百円を払ってまだいくらか残った。それを持って赤提灯で一ぱい飲んだが、呑み屋の女主人は同国人（朝鮮系住民をさす──引用者註）で、他に同国人の中年女性が二、三人飲んでいた（金文善 1991：190）。

といった記述もなされている。また、同じ川崎市内の「戸手」（「土手スラム」とも）と称される朝鮮系住民集住地域についても、数軒の人夫出し飯場の存在が住民の職

業・世帯構成を示す表の中に確認できる（田代 1966：22-23）。

　加えて、尼崎市の築地も小規模な寄せ場であるが、ここも朝鮮系住民の集住地域となっており、この地の人夫出し業者はほとんどが朝鮮系住民といわれている。

　さらに、寄せ場ではないが、北九州市八幡東区の新日鉄八幡製鉄所の周辺（春の町など）に1970年代まで数多く存在した「労働下宿」（現地での呼称）もその多くは朝鮮系住民が経営していた（2005年3月、筆者調査）。この「労働下宿」は、八幡製鉄所の非熟練最下層労働を担う日雇労働者に寝食を提供し、職を斡旋するもので、人夫出し飯場とほぼ同一のシステムをとるものである。

　このように、日本各地において、広く寄せ場等に関わる生業が朝鮮系住民の〈生きる方法〉として実践されてきたことを指摘することができる。

第7章

〈生きる方法〉と「民族文化」「民族的アイデンティティ」

　前章まで、朝鮮系住民集住地域における生活の諸相について記述してきた。これは、序章第1節「朝鮮系住民研究の課題」で述べたとおり、従前の朝鮮系住民研究では、生活の現場に降り立った研究がきわめて乏しい中で種々の議論が組み立てられる傾向が強かったという状況の克服をめざしてのことであった。そして、その結果、明らかになったのは、朝鮮系住民たちが、したたかでたくましい〈生きる方法〉を生み出し、実践しながら、自らが置かれた状況を生き抜いてきた姿であったが、この場合、それらの記述と既存の朝鮮系住民研究における記述とを比べると、両者は相当に異なる位相にあるということができる。

　これまで、歴史学や社会学をはじめ、さまざまな学問分野で行なわれてきた朝鮮系住民研究では、朝鮮系住民の「民族文化」や「民族的アイデンティティ」の問題がさかんに取り上げられてきた。そうした諸研究の成果に対して、本書における前章までの記述では、「民族文化」「民族的アイデンティティ」が正面きって登場することはあまりない。これは、本書の偏見によるものではなく、実態がそのような記述を要請したと考えるべきであるが、それでは、その実態とはいかなるものだろうか。

　本章では、〈生きる方法〉といわゆる「民族文化」「民族的アイデンティティ」との関係について、当該フィールドの実態に即して分析する。

第 1 節 〈生きる方法〉と「民族文化」

　朝鮮系住民をめぐる従来の諸研究では、朝鮮系住民の間で、「民族文化」がどの程度、維持されているか、あるいは変容したり、「日本文化」に取って代わられたり（「同化」）しているか、といった「持続」「変容」「同化」の観点からの分析がさかんに行なわれてきた（紀 1990、西山 1993、孝本 1993、孝本 1994、陳大哲 1996、李仁子 1996、松原・玄丞恒 1996、谷編著 2002、飯田 2002、梁愛舜 2004、任榮哲 2005 など）。
　しかし、本書が採用している〈生きる方法〉の観点から見たとき、これまでの朝鮮系住民研究が抱えている問題が明らかになってくる。それは次のようなものだ。

　①　これまでの研究では、生活の現場から、研究者が「民族文化」と判定した要素だけを取り出して、検討するという方法がとられてきた。そこでの「民族文化」とは、祖先祭祀、巫俗（シャーマニズム）、民族衣装、食文化、墓制、親族、といったものである。この方法は、ある意味、見たいものだけを抽出してきて操作するという方法である。この方法は、いわばテーマ主義的標本抽出調査とでもいうべきものだが、これだと生活の現場の観察はあまり行なわれないので、実際の生活の中で「民族文化」なるものがいかに存在しているかは明らかにならない。

　②　また、以上のような方法で「民族文化」が扱われる際には、「民族文化」の担い手は、抽象的な「民族」としてのみ考えられており、生活の現場で生きる個々の生活当事者の実態は研究の視野からは遠ざけられている。朝鮮系住民は、生活当事者としてではなく、「民族文化」を保持する（もしくはしない）「集団」としてしか扱われなくなっている。

　こうした問題を指摘可能だが、これに対して、〈生きる方法〉の観点から

見たとき、朝鮮系住民における「民族文化」をめぐる状況は、これまでとは別の様相を呈してくる。すなわち、朝鮮系住民の〈生きる方法〉の実践の中で、これまでの諸研究が「民族文化」として扱ってきたような朝鮮系事象の運用は、たしかにしばしば見られるものの、それらはあくまでも〈生きる方法〉の中で選択、運用されるものであり、「民族文化」のみが〈生きる方法〉から独立した次元で実践されているわけではないこと、また、その選択、運用の仕方も、人により、状況によって異なるものであり、決して均質的なあり方をしているわけではないこと、などが明らかとなるのである。以下では、このことについて具体的に検討してゆく。

　なお、ここでは、直接的、もしくは間接的に朝鮮半島にその出自があると考えられる生活諸事象を「朝鮮系事象」と称することとする。そして、朝鮮系事象のうち、研究者や当事者によって、「民族的アイデンティティ」（ここでは、自分が何『民族』であるかについての感覚のこととする。詳細は次節参照）を表象する「文化」として特別に意味づけられたものを、「民族文化」として位置づけることにする。また、同じく、日本列島のいずれかの地域にその出自があると考えられる生活諸事象を「日本系事象」と称し、「日本文化」という用語のほうは、研究者や、あるいは朝鮮系住民当事者のうち民族団体の幹部やインテリ層などによって、朝鮮系住民の「同化」先の「文化」と考えられているものをさす語として用いることとする。

言語

　移住第1世代の朝鮮系住民は、朝鮮語（朝鮮系事象としての朝鮮半島の言語。ただし、第1世代にとっての朝鮮語とは、共通語としての韓国語（大韓民国）、朝鮮語（朝鮮民主主義人民共和国）ではなく、慶尚道など出身地の地域語のことである）のネイティブである。かれらは日本語（日本系事象としての日本列島の言語。共通語としての「日本国語」および日本列島各地の地域語がこれに相当。以下同じ）とともに、家庭内や集住地域内では、朝鮮語を用いることも多い。

　これに対して、日本で生まれ育った第2世代は、日本語ネイティブである。ただし、民族団体の幹部や活動家[1]、民族学校の教師、その他「民族」に

ついて強い思い入れを持った人びとの場合には、民族団体や民族学校の行事など公式的な場面で朝鮮語での会話を行なうことが少なくない。その場合の朝鮮語は、第1世代に育てられた中で身に付けた朝鮮語、および敗戦直後の国語講習所（第2世代への朝鮮語教育を目的に設けられた教育機関）[2]、あるいは朝鮮学校[3]などで学習した言語としての朝鮮語である。そしてこうした人びとが朝鮮語を用いる場合、そこには「民族」の象徴としての意味がこめられている。

　第3世代は、一般的には朝鮮語での会話は不可能であるといえる。ただし、この世代の場合でも、民族団体の幹部や活動家、民族学校の教師、その他「民族」について強い思い入れを持った人びとの場合には、やはり公式的な場面においては朝鮮学校などで身に付けた朝鮮語が用いられる。また、朝鮮語の知識を持たない人びとの場合でも、家庭内での会話では、家族の中の第1世代や第2世代による朝鮮語使用の影響を受けて、スッカラ（箸）、イモ（母方叔母）、コム（父方叔母）といった程度の単語レベルにおいてのみ朝鮮語使用を行なっている場合がかなりある（同時に、家庭環境によっては全く朝鮮語のボキャブラリーを持たない第3世代の者もいる。ただし、それはどちらかといえば例外的なケースのように思われる）[4]。

　以上のように、朝鮮語の知識や運用状況には世代や受けた教育による差異がある。とはいえ、朝鮮語の語彙を一つも知らないというような例外的なケースを除けば、朝鮮系住民たちは、第3世代も含めて、公式的な場面以外の日常的状況においては、多かれ少なかれ（この個人差は大きいが）、朝鮮語と日本語を何らかの形で組み合わせた言語運用を行なっているといえる。

　そしてその際の使用言語・語彙の選択は、必要だから、便利だから、たまたまそこにあったから、それしか知らないから、といった事情によるのであり、また、自分が選択、運用している言葉が朝鮮語なのか、日本語なのかについて、とりたてて意識をしていない場合も多い。

　なお、姓名に関しては、世代に関わらず、多くの人びとが通名（日本語名）を使用している。ただし、これまた民族団体の幹部や活動家、民族学校の教師、その他「民族」について強い思い入れを持った人びとの場合には、本名（朝鮮語名）を名乗るケースが見られる[5]。このことは住居における表札の表

記にもうかがうことができる。その場合、本名による表記は、たとえば［X団地］で４割、［Y団地］［Z団地］で１割程度であり、それ以外は通名による表記となっている（３団地における筆者の観察による）。

衣・食・住

現在、日常的に朝鮮系の衣服を着用している者は男女ともにいない。しかし、1960年代までは、第１世代の女性が夏季に白いチマチョゴリを着用（髪は、長い髪を束ねてピネ（ピニョ。簪）で結っていた）している者もいた。男性は1945年の集住地域形成後、現在まで日常着として朝鮮系の衣服を着用することはなかった（戦前において、それぞれの居住先でパジチョゴリを着用していた第１世代はいたという）。

こうした日常の衣服に対して、非日常の衣服については、女性の場合、かつても現在も、結婚式に参加するときにはチマチョゴリを着用することが多い（男性は黒の礼服）。非日常着としてのチマチョゴリは、多くの女性が所有しているといわれている。ただし、一方で、披露宴等で和服を着用する者もいないわけではない。また、葬儀の場合は、1960年代まで、遺族は男女とも麻の礼服を着用することも多かったが、現在では、男女とも黒の喪服である。

次に、キムチは、ほとんどの家庭で日常的に食されている。何らかの形で「民族」について強い思い入れを持った人びとの場合、キムチを単なる漬物とは考えず、「民族的アイデンティティ」の象徴的アイテムとして意識している場合があるが、しかし、一般の住民にとっては、「ただそこにあるから」「それしか知らないから」「昔から食べているから」「おいしいから」食べているのであって、それ以上でも以下でもない。多くの住民にとって、キムチは、ただの漬物の一種にすぎない。そして、かれらは日本系の漬物も同じく嗜好しており、キムチと日本系の漬物とは等価であるという実態がある。

キムチ以外では、シジビ（スジェビ。すいとん）、シレギク（菜っ葉の汁）、尾っぽ汁（テールスープ）、ナムル（野菜の和え物）がよく食べられている。またどんぐりを拾ってきてトットリム（灰汁抜きしたどんぐり）を作る人もいる（第２世代）。またトンチャン（ホルモン）を焼いて食べることもされ

るが、これは朝鮮系というよりは、戦後闇市時代に食べられるようになったものといわれている。

　朝鮮系食材については、「博多せんしょう」や旧大津町商店街の名残といえる一角に食材店があって、ここで買うこともできる（キムチ、テンジャン＝味噌、コチュジャン＝唐辛子味噌など）。とくに、味がおいしいといって購入する人が第2世代に多い。また、韓国からのポッタリチャンサ（担ぎ屋、行商人）がケンニプ（えごまの葉）やサンチュ（サニーレタスに似た野菜）、テンジャン（味噌）などを行商に来るのでそれを買う人もいる。

　儀礼食では、正月を含めたホージ（法事。後述）の供物に朝鮮系食材が多用されている。ナムル、蒸し豚などである。これらは、かつてはホージ終了後、ヤンジェギ（たらい）に入れてピビンパプ（混ぜご飯）にして食べた。また、ピビンパプは日常的にも食べられることがしばしばあるが、炒めて食べることが多い。

　以上のように、朝鮮系の素材や調理法による食生活も営まれているが、同時に、以上のようなもの以外については、日本系の食であり、また上記のような食生活も日本系食材・調理法との混淆として成立している。日本系を完全に排した食生活は、成立していない。むしろ、おいしいものは、朝鮮系か日本系かに関わりなく、何でも取り入れているというのが実態である。

　住居は、前章までで詳述したとおり、バラックや公営団地を使用しており、朝鮮系の「伝統的な」家屋などはつくられてこなかった。住居に関して朝鮮系のものといえば、電気カーペットが「オンドル」と称されていることくらいである。電気カーペットは、日本国内で電気カーペットが商品として売り出される以前から、大津町商店街にあった朝鮮系住民経営の電器屋がカーペットに電線を入れたものを自作して売っていたという。

　この場合、電気カーペットは、「オンドル」と称されていても、これを「民族的アイデンティティ」を表象するものだと考えている住民はいない。これは「民族」志向の人びとにおいても同様のようである。なお、電器屋自作の電気カーペットは、漏電することが多く、バラック集落における火事の原因になることもあったという。

　現在は、メーカー製の電気カーペットが使用されている。かつてもいま

も、電気カーペットだけでは寒さをしのげないため、ストーブも併用されている。この点で、朝鮮半島の暖房がオンドルだけで完結しているのとは異なる様相である。

祖先祭祀

　朝鮮系住民の「民族文化」の代表格として研究者が好んで取り上げてきたのが祖先祭祀である。第3章第1節でも触れたように、当該フィールドにおいてもこれが行なわれてきた。祖先祭祀は、朝鮮語ではチェサ（祭祀）である。ただし、当該フィールドでは、チェサという呼び方も聞かれなくはないが、ホージ（法事）と呼ばれることのほうが圧倒的に多い。

　ホージは、正月や盆、命日に長男筋の家で行なわれている（命日以外のものもホージと呼ばれている）。ホージの日には、拝礼を行なうため本家筋（集住地域内にあるとは限らない）の家を訪ねる。集住地域内の本家には、地域の内外から親族が集合する。

　祖先祭祀の儀礼次第や供物については、近年、民族団体によってマニュアルが出版されており、それらには、元来、祖先祭祀には厳格な規定があったと記されている。しかし、チェサのマニュアルの中では用いられていない「ホージ（法事）」という日本語語彙が、祖先祭祀をさすものとして今日広く用いられていることからもわかるように、必ずしも規範どおりの儀礼が行なわれているわけではない。儀礼の方式や供物などには相当の多様性がある。

　たとえば、民族団体系の組織が発行したマニュアルには約30種類の供物を並べることとされているが（図7-1）、バラック集落の時代には、貧しさゆえに、そのようなことは行なわれず、次のようなホージが行なわれていた。

　　昔は貧しくて、いまのような供物はとうてい準備できなかった。しかし、それでも肉、魚を調達してきてホージのときだけは供えた。ふだんはそんなご馳走は食べられないから、ホージのときだけがご馳走を食べる機会だった。ご馳走は必ず近所に配った。
　　　　　　　　（［A地区］元住民、朝鮮系住民第2世代、女性、70代）

炒った豆と水だけを供えた。それでもホージを欠かしたことはない。
　　　　　　　　　　（[A地区] 元住民、朝鮮系住民第2世代、女性、60代）

　豚肉やトック（餅）は手に入れられず、せいぜいニワトリとリンゴしか置けなかった。
　　　　　　　　　　（[B地区] 元住民、朝鮮系住民第1世代、男性、70代）

　水と新聞だけを置いた。新聞は亡くなった父が好きだったから。
　　　　　　　　　　（[B地区] 元住民、朝鮮系住民第2世代、女性、60代）

　ご飯の山盛りになつめと栗だけを供えた。
　　　　　　　　　　（[A地区] 元住民、朝鮮系住民第2世代、女性、70代）

　以上のような実態があった。そして、マニュアルにあるようなチェサができるようになったのは、経済的にゆとりができてからのことで、それもこの地域に暮らす朝鮮系住民全体から見れば、「ごく一部の金持ち」だけとのことである。
　この他にも、さまざまなバリエーションがあり、たとえば次のような事例をあげることができる。

　韓国に行ったとき、露店で売っているお経のテープ（阿弥陀経）を買ってきた。ホージのときにこれをカラオケセットでかけている。
　　　　　　　　　　（[Y団地] 住民、朝鮮系住民第2世代、女性、70代）

　この場合、もちろん、チェサに仏教の経を流すなどという規範は存在していない。
　また、完全に仏教式に移行しているケースもある。

　夫（第1世代）は次男だった。徴用で日本に来たらしいが、故郷との連絡はついていない。10年前に夫が亡くなったときは、日本の葬儀社に葬

式を頼んだ。そのとき、東区香椎の一心寺の僧侶が葬儀に来てくれ、その縁で一心寺の納骨堂に遺骨を納骨した。朝鮮式のホージは行なっていない。正月も盆も朝鮮式のやり方ではやらない。仏壇を購入したので、盆と春秋の彼岸に坊さんが来て読経してもらっている。ふだんは、ときどき水とご飯をお供えしている。命日には「ちょこっと」線香を立ててお供えをする。数年前に7回忌をすませた。このあとは12回忌だか13回忌だかがあるはずだ。次男の嫁も娘婿も日本人。親戚は、わたしの姉の家族が大阪にいるくらいで、ほとんどいない。したがって、お盆に息子と娘の夫婦が来るくらいである。寺には盆と春秋の彼岸の3回参ることにしている。

（[Z団地] 住民、朝鮮系住民第2世代、女性、70代）

　この事例は、朝鮮系事象が完全に払拭されている事例だが、仏壇を所有して、朝鮮系の祖先祭祀と日本系の仏教を併用しているケースはかなりある。その場合は、仏壇の前に、ホージ用のサン（机）を置き、朝鮮系の供物を供えて、命日の場合は前日の夜に、正月と盆には朝に、それぞれチョル（朝鮮式礼拝）をする[7]。盆には、そのあと、昼間に僧侶も来て仏壇の前で読経をする（サンはチョルの終了後に片付けられている）というようなやり方が多いという。

　以上のような事例からは、朝鮮系事象であろうと、日本系事象であろうと、そこにあるありあわせの材料と方法を用いて、柔軟に儀礼が構成されていること、その結果、日本系事象としての仏壇や僧侶が介在する祖先祭祀もしばしば見られるところとなっていることなどがわかる。

　ただし、そうした事例群とは別に、祖先祭祀の儀礼を「民族的アイデンティティ」を象徴するもの（「民族文化」）と捉え、できるだけマニュアルに沿った儀礼を行なおうと努力している人もいる。このような人びとは、儀礼のやり方にこだわりを持ち、たとえば供物の一つ一つに対してそれが持つ象徴的意味についての豊富な知識を有している。筆者の調査の範囲内でいえば、このような人びとは、「民族」に対して強い思い入れを持っている男性、とりわけ民族団体の幹部クラスやその経験者に多いように判断された[8]。

　しかし、一方では、儀礼に「民族」を象徴させるというような発想をとら

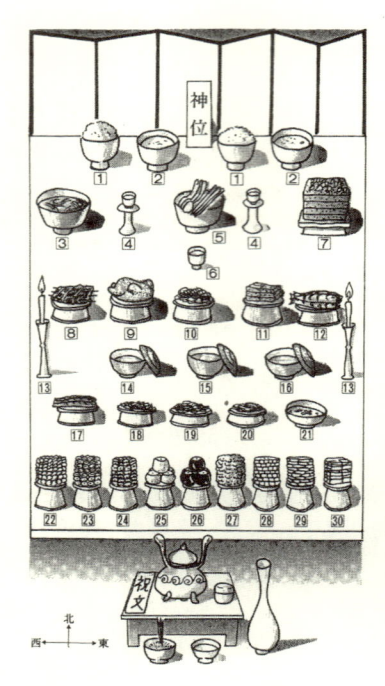

祭祀の祭需（供物）
祭需の調理法と配置
1 飯（メ）
2 汁（タン）　牛肉、大根、昆布を入れた塩味のすまし汁。
3 麺（ミョン）　そうめんやうどんをゆでたもの（汁はない）。
4 祭酒（チェジュ）　清酒。
5 箸・匙
6 清醤（チョンジャン）　醤油。
7 餅（ピョン）　もち米とうるち米からつくったお餅。最近では市販のシルトクを使用することが多い。松餅、花餅なども用いる。
8 肉炙（ユクジョク）　牛肉に下味をつけて身の厚みにそいだものを2本の串に刺し、横24センチ縦15センチほどの大きさにそろえたものを網で焼く。
9 鶏（タク）　鶏の頭と足をおとした後、腹を開き、胡麻油をぬって塩をふり焼く。あるいは蒸す。
10 煎（ジョン）　白身の魚、牛肉、野菜の3種類をうすく切って、小麦粉をまぶし、とき卵をつけて、胡麻油をひいたフライパンで弱火で色よく焼き上げ、重ねる。小麦粉と胡麻油は控え目にし、焦がさないようにする。
11 素炙（ソジョク）　木綿豆腐を水切りし、塩をふって小麦粉、とき卵の順に煎と同じように調理する。
12 魚炙（オジョク）　ボラ、タイ、イシモチなど尾頭付きの魚のわたをとって塩味をつけ、焼く。
13 燭台（チョッテ）
14 肉湯（ユクタン）　牛肉、大根、昆布をうすい塩味のスープで煮たもの。汁を少なく、具を多めにする。
15 素湯（ソタン）　豆腐、大根、昆布を肉湯と同様に調理する。
16 魚湯（オタン）　白身の魚、大根、昆布を肉湯と同様に調理する。
17 脯（ポ）　干し明太（尾頭を切ったもの）、牛肉をうすくやいて干したもの、するめ（足と頭を切ったもの）を重ねる。松の実に松の葉をさして束ねてこれにのせる。干しダコや干しアワビ、干ザケを使用することもある。
18 熟菜（スッチェ）　ワラビのナムル。ワラビをさっとゆで、4〜5センチに切って胡麻油で炒め、醤油で味付けする。
19 熟菜（スッチェ）　トラジのナムル。干しトラジは水でもどして芯を抜き、竹串で細かくさいてゆがき、胡麻油で炒めて塩で味をつける。
20 熟菜（スッチェ）　ほうれん草のナムル。ほうれん草をゆでて、よく絞って水気を切り、胡麻油と塩を入れてあえる。
21 沈菜（チムチェ）　大根、白菜などの水キムチ。ただし色のついた野菜とか唐辛子や大蒜（にんにく）は使用しない。
22 果ーナツメ　干したナツメを奇数段に積み上げる。ナツメは種が一つであることから王を象徴するとされている。
23 果ー栗　栗の皮をむいたものを奇数段に積み上げる。栗は三つの実がひとつのいがに入っていることから、三政丞＝領議政、左議政、右議政の三宰相を意味する。
24 果ー柿　奇数段に積み上げる。柿の種は六つあることから、六曹判書、つまり吏、戸、礼、兵、刑、工事の各判書を意味する。
25 果ー梨　梨のヘタをとって上部を切ったものを奇数段に積む。種子が八つあることから八道観察使（高麗、李朝時代の地方長官）を意味する。
26 果ーりんご　梨と同様に上部を切って積む。
27〜30 遺果　油果（ユクァ）、茶食（タシク）、正果（チョンクァ）など。クルミを水飴で固めたお菓子や揚げ菓子、らくがんやおこしなど奇数種類のお菓子を積み上げる。

図7-1　チェサ（祭祀）のマニュアルに記載されている供物の配置図
＊『祭祀――民族の祈り』（在日文化を記録する会、1989年）から転載。

　ず、上に見たような、きわめて柔軟な儀礼実践を行なっている人びともまた多いことをここでとくに確認しておきたい。

　なお、祖先祭祀を実践している人びとに対して、「なぜ、ホージを行なっているのか」という質問をしたところ、「民族の伝統だから」「儒教の精神に従ってやっている」などという回答を得ることもまれにあったが、多くは、「昔からやっているから」「きまりだから」、あるいは、「ホージをやると幸福

になる」「ホージは自分の幸福のためにする」などという回答であった。この場合、「ホージをやると幸福になる」「ホージは自分の幸福のためにする」という回答は、ホージが、「現世利益」的な意味合いを持つものとして実践されていることを示しているといえる。こうしたことから、祖先祭祀の儀礼についても住民間でさまざまな受けとめ方があるということができよう。

　これまでの朝鮮系住民研究では、祖先祭祀は、「在日韓国・朝鮮人社会というエスニック集団の最奥部に位置する民族文化」（中西 2002：643）とか「民族的アイデンティティの核」（梁愛舜 1998：133）などとして位置づけられてきた。しかし、そうした「民族文化」「民族的アイデンティティ」の枠組みだけでは捉えきれない実態があることもまた事実であるといえるだろう。

葬儀と墓

　葬儀は、バラック時代は自宅で出していた。その頃は、朝鮮式に麻の衣を着て参列する者が多かった。死者にも麻の衣にチプシン（わらじに似た履物）の死装束を着せた。棺には、赤い布（銘旌）に「学生〇〇公之柩」（男性の場合）、「孺人〇〇氏之柩」（女性の場合。〇〇はそれぞれ死者の名前）などと書いて棺にかけた。サンビという祭壇を設け、3年間は喪に服した。このようなやり方は、集落の年寄りたちが教えてくれたし、総聯や民団の幹部たちが指導をしてくれた。しかし、家によっては、貧しくてそのようなことをする余裕がなく、儀礼らしい儀礼もなしに、簡単にすませてしまうこともあった。

　団地に移ってからは民間のセレモニーホールのようなところで行なうのがふつうとなっている。いまでも総聯や民団から職員がやってくることもあるが、葬儀の主導権はどちらかといえば日本の葬儀屋が握っているといわれる。また総聯の場合も含めて、すべての葬儀において日本系の寺から僧侶が来る。ただし、すべてが日本系事象に取って代わられたわけではなく、棺には、かつてのように、赤い布をかけ、棺の中の死装束は朝鮮系のことも多いという。

　墓は、金銭的に余裕がある人の場合は、郊外の霊園墓地に個人墓（日本系形態の墓）を所有していることもあるが、集住地域に居住する圧倒的多数の

住民は、集住地域内およびその周辺の寺院（博多区の松源寺や東区の一心寺など）の納骨堂に日本系住民と同様の形で納骨している。

　これまでの朝鮮系住民研究では、朝鮮系住民の墓というと、大阪周辺の「在日韓国・朝鮮人専用霊園」（李仁子 1996：393）に建立されている墓が取り上げられ（孝本 1993、孝本 1994、李仁子 1996、飯田 2002）、その墓碑や墓誌の内容に「民族的」内容が彫りこまれていることをもって「民族的アイデンティティ」の表出を指摘するといった研究が行なわれてきた（李仁子 1996）。しかし、そうした研究で扱われているようなタイプの墓は、本書のフィールドには存在しない。また、全国的に見ても、大阪周辺の「在日韓国・朝鮮人専用霊園」のようなケースは、むしろ例外的な事例であるといえる。[10]

信仰

　第1世代と第2世代の女性の中には、ポサル（菩薩。仏教系の祭神を祀る女性シャーマン）、チョムジェンイ（占い師）などと呼ばれる民間宗教者のもとを訪れ、占いなどをしてもらう者が少なくない。現在、集住地域住民の中に民間宗教者はいないが、集住地域内に、嘉穂郡庄内町居住のポサルが借りているマンションと、韓国のポサル、チョムジェンイなどが借りている貸間がそれぞれある。かつては、集住地域住民にも民間宗教者がいたというが、具体的なことは話者の記憶が定かでなかったため把握できなかった。

　嘉穂郡居住のポサルは、20年前にソウルからやってきた女性で、嘉穂郡庄内町筒野にある「瀧山寺」（通称「千手の瀧」）に暮らし、月に数度、集住地域を訪れ、借りているマンションに寝泊りしながら集住地域住民を対象に占いなどの活動を行なう。瀧山寺は、朝鮮系住民を主たる信者とする寺で、住職は30年前に韓国から来日。もともと日本系の寺だったところを買い取って朝鮮系の寺にしたものである。

　韓国のポサル、チョムジェンイらは、毎月一度の頻度で来日する。1回の滞日日数は約10日で、夫婦で来日する者もいる。かれらは団地内に借りた部屋を拠点に宗教活動を行なうのである。このうちのある占い師（男性。この者は、自らを「易術人」と自己規定している）の名刺には、次のようにある（ただし、一部を○に書き改めた——引用者註）。

第7章 〈生きる方法〉と「民族文化」「民族的アイデンティティ」　279

　　運命哲学館　韓国易術人協会　哲学士　宋○○
　　釜山市釜山鎮区○○洞○○○—○○○

　これらの宗教者とは別に、北九州市の民間宗教者のもとを訪ねる住民もいる。北九州市には、皿倉山（八幡東区）と安立山（小倉北区）にそれぞれ「法輪寺」「寿福寺」という寺がある。前者は韓国から来日した男性僧侶が住職をつとめ、後者は北九州市八幡東区春の町在住の朝鮮系住民第２世代の女性（ポサル）が「館長」としてここで宗教活動を行なっている。
　寺では、ドンドンと呼ばれる儀礼が行なわれている。ドンドンは、いわゆるクッのことだが、日本語の擬音語ドンドン（儀礼の際の太鼓の音から）がこの儀礼の呼称となっている。ドンドンは、ポサルによる占いの結果に従って実施した。バラック時代には、集住地域内の各家庭でもドンドンが行なわれていたが、現在ではドンドンをする家庭が少なくなり、また、やるとしてもこれらの寺で行なうようになっている。
　こうした寺の他に、糟屋郡篠栗町の霊場やその周辺に集中して立地する祈祷師の庵などを訪れる者もいる。これらの霊場、庵は日本系のものであるが、こうした霊場、庵と「法輪寺」や「寿福寺」とを「はしご」する者も少なくない。
　キリスト教については、集住地域内に「在日大韓基督教福岡教会」（写真7-1）があり、集住地域内にも女性を中心に同教会に通う者がいる。ただし、同教会は、集住地域内に立地していても、信者は福岡市内に広く分布しており、そのほとんどはニューカマーの韓国人である。
　この他、民間信仰として、ケシレといって、ご飯が炊き上がったら、箸で一つまみご飯をとって台所の流しに投げ入れるまじないを行なう者は多い。雑鬼に食べさせるためだといわれている。第３世代の嫁でも行なっている人びとがおり、この人たちは、「意味はわからないが、そうするものだと言われてそうしている。ご飯つぶを『捨てる』のは、不思議な感じがするが、しないとよくないような気がするのでやっている」などと話している。
　また、子どもが外で転んで怪我をしたときなど、そこへ行って、塩をまくこともしばしば行なわれている。あるいは、引越しのときにも新居の周囲に

写真7-1　在日大韓基督教福岡教会

塩をまく。これらは、第1世代から教わってそのとおりにやっていることだという。

　各家の玄関には、プ（符）と呼ばれる黄色の朝鮮系護符が貼られてあることが多い。これらは、集住地域にやってくる前述の民間宗教者たちから買ったり、年末年始に「法輪寺」や「寿福寺」に行ったときに買ってきたりして貼っている。

　以上が信仰生活の概要であるが、そこでは朝鮮系、日本系さまざまな事象が取り入れられていることがわかる。住民は、それが朝鮮系か日本系かに関わらず、とにかく「効き目」「ご利益」があると判断されるものであれば、何でも貪欲に自らの信仰生活の中に採用している。かれらは、「民族的アイデンティティ」の確認のために信仰生活を営んでいるわけではなく、「効き目」「ご利益」のために行動しているにすぎないのである。

　以上、〈生きる方法〉と朝鮮系事象や日本系事象との関係、〈生きる方法〉と「民族文化」との関係について実態を眺めてきた。そこからわかることをまとめると次のようになる。

　当該フィールドの朝鮮系住民の暮らしの中には、朝鮮系事象が「民族的アイデンティティ」を象徴する文化、すなわち「民族文化」として捉えられ、これが積極的に選択され運用されているという状況も存在する。しかし、一方で、「民族」を至上の命題とはせずに、生活上の必要に応じてさまざまな材料を選択・運用する状況も多く見られた。そしてこの場合、後者の状況下では、「民族」は絶対ではなかった。それどころか、意識さえされていない

場合もあったのである。

　これまでの朝鮮系住民研究では、前者に相当するような状況については、比較的多く記述されてきたが、後者のような生活の実態はほとんど取り上げられてこなかった。しかし、生活当事者の〈生きる方法〉に注目してゆくと、このような人びとは少なくないことに気づかされる。このような人びとの〈生きる方法〉を無視して、朝鮮系住民の生を語ることは、現実からの乖離として批判されなければならない。

第２節　〈生きる方法〉と「民族的アイデンティティ」

　これまでの朝鮮系住民研究では、「民族的アイデンティティ」をめぐる研究もさかんに行なわれてきた。アンケート調査（福岡・金明秀1997）やインタビュー調査（福岡・辻山1991、福岡1993、金泰泳1999、ソニア・リャン2005a）をもとに「民族的アイデンティティ」の持続と変容を明らかにするもの、「民族文化」の存在様態に「民族的アイデンティティ」の持続と変容を読み取るもの（陳大哲1996、松原・玄丞恒1996、金由美1998、谷2002、谷編著2002、黄慧瓊2003、梁愛舜2004、任榮哲2005）などである[11]。

　ただし、これらの研究では、朝鮮系住民が生きている生活の現場の観察はあまりふまえられていない。多くの研究は、「民族的アイデンティティ」の問題に特化した内容の質問項目を、生活の現場の文脈への問題意識をさほど持たない状態で調査対象者に対して投げかけ、回答を得ているというものである。いわばテーマ主義的な標本抽出型調査というものとなっている。そこでは、対象対象から「民族的アイデンティティ」に関する回答のみを得て満足しているため、「民族的アイデンティティ」が生活の現場の中でどのような位置を占めるのか、あるいは「民族的アイデンティティ」以外の「アイデンティティ」のあり方はどうなっているのかといったことについては全く明らかになっていない。

　このような問題点を指摘できるが、これに対して、生活の現場で実践され

る〈生きる方法〉に注目した場合、これまでの研究では扱われてこなかったいくつかの状況が明らかになる。以下、この点について論述する。なお、行論上、「アイデンティティ」については「私が何者であるのかという感覚」(千田 2005：270)、「民族的アイデンティティ」については「私が何『民族』であるのかという感覚」のことと定義したい。

「民族的アイデンティティ」の明確な自覚

本研究のフィールドにおいても、これまでの朝鮮系住民研究の中で扱われてきているような、「民族的アイデンティティ」が明確に自覚されている状況の存在は確認できる。

[LB 氏の事例]

1925 年に朝鮮系住民第 2 世代として飯塚市で生まれた LB 氏 ([X 団地] 居住) は、小学校に通っていた頃は「皇国少年」と呼ばれたこともあったというが、敗戦直後から 1950 年代にかけて朝聯の活動家たちがさかんに行なっていたオルグに触れることにより、「民族」への関心を急速に高めた。とくに 1956 年、31 歳のとき折尾 (八幡市。現在の北九州市八幡西区) に朝鮮高級学校が創設されると、そこへ入学し、朝鮮語と朝鮮半島の歴史を学んだ。1959 年、卒業と同時に朝鮮総聯のイルクン (総聯の無報酬活動家) として組織の活動に没頭するようになり、1961 年には長男と長女、そして実母を北朝鮮に「帰国」させている。

その後は一貫して活動家として過ごし、家庭の生計は全面的に妻が担った。40 代からは総聯福岡県本部のさまざまな役職を歴任し、最終的には総聯熊本県本部委員長で引退した。以後、福岡県本部顧問の地位にある。

LB 氏の「朝鮮民族」についての知識は豊富で、「民族」の歴史やさまざまな「民族文化」についての自分なりの解説が可能である。住居の中には朝鮮半島の美術品を飾り、居間の壁には、LB 氏自身が作成した自らの宗族や「朝鮮民族」の歴史についての解説ポスターが所狭しと貼られている (写真 7-2)。また、玄関から中に入ると、「祖国統一」と大書された掛け軸が目に飛びこんでくる。祖先祭祀も、「民族の魂の象徴」(LB 氏の言葉) だとして、

第7章 〈生きる方法〉と「民族文化」「民族的アイデンティティ」　　283

写真7-2
LB氏宅に掲示されている宗族や「朝鮮民族」の歴史についての解説ポスター

きわめて熱心に実修している。

　LB氏の自己と「民族」に関する語りはきわめて整理されており、筆者との対話の中では、「極貧の中に育った自分が人の道を外れず、子どもたちを全員立派に育て上げることができたのは、民族についての誇りを持つことができていたからだ」とはっきり、かつ力強く語っていた。

　LB氏は、地元メディアにもしばしば登場している。地元テレビ局が福岡の朝鮮系住民についての番組をつくるときには必ずといってよいほど登場する。これは、マスコミの取材依頼に対して住宅管理組合などがLB氏を住民代表という形で紹介するからである。また、調査に訪れた研究者も少なくない。LB氏の居室の壁には彼のもとを訪れたマスコミ関係者や研究者の名刺が飾られている。

　LB氏の日々の生活は、「民族」中心に展開されてきた。それは収入や時間の多くを「民族」（団体）に捧げるという生活であった。そこでは、〈生きる方法〉は「民族」のために実践される、もしくは「民族」にまつわる活動自体が〈生きる方法〉となっているという状況が見られる。

　「民族」が生活の中心になり、「民族的アイデンティティ」が強く自覚されているような状況は、LB氏以外にも、当該フィールドに暮らす民族団体の幹部や活動家、民族学校の講師といった立場にある人、あるいはそのような役職にはついていなくても、朝鮮半島への思い入れを強く持った人びとにはしばしば見出されるところとなっている。

また、日常的にはそれほど強く「民族的アイデンティティ」の自覚がなされていなくても、周囲の社会から何らかの外圧が加えられた場合[12]や、民族団体の活動への動員などある種の啓蒙教育がなされた場合には、「民族的アイデンティティ」が実感されるようになるという状況も存在する。各自の日常生活において、さまざまな〈生きる方法〉が実践される中、何らかの契機で「民族的アイデンティティ」が登場してくるという状況である。

「アイデンティティ」をめぐるさまざまな状況

　しかし一方で、以上のような状況とは異なるケースも存在する。以下にあげる事例を見ると、「民族的アイデンティティ」とは距離のある生活、あるいはそもそも「アイデンティティ」という問題設定の有効性がそれほどあるとは思えない状況なども存在することがわかる。

[KN氏の語り]
　これは、自分の商売をいかに大きくしていくか、といったことが日々の最大の課題であって、「民族」を意識しないわけではないが、「民族」が最優先課題ではない、という人の事例である。集住地域の出身で、これまでにさまざまな職業を経て、最終的に事業経営で成功したKN氏（朝鮮系住民第2世代、男性、60代）の語りだ。

　　次から次へと貧乏になったり金持ちになったり、行ったり来たりの人生で、貧乏なときも、金持ちのときも、そんなもん朝鮮人の自分なんてものは、思い出さないよ。あるのは、そのときどうやって金を儲けて飯を食って暮らしていくかだ。朝鮮人は、朝鮮人のために生きてるわけじゃないんだ。

　ここには、「金を儲けて飯を食って暮らしていく」という、生活＝〈生きる方法〉の実践が「民族」に先行している状況の存在が確認できる。

[DA氏の語り]

第7章　〈生きる方法〉と「民族文化」「民族的アイデンティティ」

　夫婦で長年、バタ屋や日雇労働などをしてなんとか今日まで暮らしてきたというDA氏（[A地区]元住民、朝鮮系住民第2世代、男性、60代、子どもは3人いるが全員成人し、現在は妻と二人暮らし）の事例だ。かれらは、「借金はあっても貯蓄などは全くない」（妻の発言）という生活を送っているというが、DA氏は次のように語る。

　　民族だ、組織だ、なんてこと言うのは、組織でいい目にあっているもんだけだ。組織っていうのは、いまはだいぶ静かになっているが、昔は、組織の集会とか行かないと、あとで、なんで集会に来なかったかといって詰め寄られたりした。おとなしい者は言われるままに集会に行っていた。本当のこといえば、民族だ、組織だっていって熱心にやっている者は、それだけおいしい目に合えるからだろ。自分は、身よりも少ないし、韓国にも共和国（北朝鮮）にも一度も行ったことない。あるのは、毎日暮らしているっていうことだけ。

　ここでは、民族団体やその幹部、あるいは「民族」それ自体に対する相当な距離感が語られた上で、「あるのは、毎日暮らしているっていうことだけ」と述べられている。これはつまり、「民族」は自分にとって遠いものであり、「毎日の暮らし」だけが自分の生活だということになるが、ここでは、少なくとも「民族的アイデンティティ」の「自覚」という状況は見られないといってよかろう。そしてまた、「アイデンティティ」という点では、「毎日の暮らし」が彼の「アイデンティティ」ということになるのかもしれないが、あるいはそもそも「アイデンティティ」といったものの存在をこの語りの話者に想定すること自体、あまり意味のあることではないのかもしれない。日々の暮らしを成り立たせるので精一杯、日雇生活という〈生きる方法〉の中で、「自分はいったい何者か」などということを意識する間もなく人生を送ってきたという状況の存在も想定されうるのではないだろうか[13]。

　さて、以上、いくつかの事例をあげてきた。さきにも述べたように、朝鮮系住民の「アイデンティティ」をめぐる状況の中には、もちろん、たしかに、「民族的アイデンティティ」が明確に自覚されている状況も確認できる。こ

のことは間違いない。また、筆者は、「民族的アイデンティティ」を明確に意識している人たちの思いを否定するものでは全くない。しかし、一方で、〈生きる方法〉のほうが「民族的アイデンティティ」に先行するような日常、あるいはそもそも「アイデンティティ」というものの存在を想定することにあまり意味を見出せないような日常があることもまた確認できるということを指摘しておきたいのである。[14]

先行研究の再考

　以上をふまえると、これまでの朝鮮系住民研究における次のような言説は、再考を迫られることになる。以下に例示するのは、社会人類学者のソニヤ・リャンが、朝鮮系住民第3世代の芥川賞作家、玄月の小説『陰の棲みか』を素材として朝鮮系住民の「アイデンティティ」を論じた文章である。引用文中の「ソバン」は、同小説の主人公の名前で、大阪の朝鮮系住民集住地域に暮らす朝鮮系住民第1世代という設定である。[15]

　　日本に住む韓国朝鮮人の中で私が行ってきた民族学的・社会人類学的フィールドワークから言えることは、ソバンは高齢者の典型ではないということだ。若い在日に比べて、一世は民族的自己理解がゆらぐことはないし、何よりも非常に民族主義的で、深く根ざした故郷へのノスタルジーを持ち続けている。一世の男性も女性も大変な貧困と民族差別、そして時には日本人による暴力に苦しめられた。確実な未来への見通しもなく、不幸な家族生活を余儀なくされた人も多い。しかし、年齢やジェンダー、その他の要因によって体験のあり方に違いはあったとはいえ、朝鮮の独立とともに訪れた民族の解放というすばらしいできごとを肌で感じた世代でもある（民族解放とはいっても女性と男性とでは体験がまったく異なっていることを断っておきたい）。

　　だが、こうした在日一世は、祖国が南北に分断されたことですぐに失望感を味わわされた。そして北朝鮮にシンパシーを感じるものと韓国を支持する者との間に激しい対立が生まれたのである。多くの一世はその過程で、南北どちらの体制に忠誠を誓う者も、政治的・民族主義的になって

いった。ソバンはそれとは対照的で、故郷とは連絡をとっていないし、政治的には無関心である。明らかに例外的な存在だ。

（傍点は引用者。ソニア・リャン 2005b：122）

　リャンは、自らの「民族学的・社会人類学的フィールドワーク」をふまえ、ソバンを「明らかに例外的な存在」だとしている。しかし、果たして、「故郷とは連絡をとっていないし、政治的には無関心」であることは、「例外的」なのだろうか。

　もとより、ソバンは、小説中の人物である。しかし、程度の差こそあれ、ソバンのように、故郷と連絡をとらず、政治的に無関心な朝鮮系住民（第1世代）は、現実に存在する。本書のフィールドでもそうした人物が暮らしている。

　リャンが「典型」として想定しているのは、「民族的アイデンティティ」が明確に自覚されている状況にある人びとである。だが、そうした状況以外の「アイデンティティ」状況も少なからず存在することは上に見てきたとおりであり、それをふまえると、「民族的アイデンティティ」が明確に自覚されている状況にある人びと以外の人びとを「例外」と考えるわけにはいかないことになる。

　リャンは、自らの主張を、「日本に住む韓国朝鮮人の中で私が行ってきた民族学的・社会人類学的フィールドワークから言えること」だとして展開しているが、少なくとも、本研究での議論をふまえれば、それは一面的なものの見方によるものにすぎないということになる。

第3節　〈生きる方法〉と「民族祭り」

　ここにもう一つ、人びとの〈生きる方法〉と「民族文化」「民族的アイデンティティ」との関わりを理解する上で興味深い事例があるので紹介しておく。毎年、集住地域内に会場を設定して開催されている「三・一文化祭」と

いう「民族祭り」の事例である。「民族祭り」とは、1980年代以降、「民族的アイデンティティ」の高揚や地域住民との共生などを謳い、日本各地で開催されるようになった「祭り」のことで、朝鮮系事象としての各種民俗芸能などを再構成したフォークロリズム的「民族文化」の紹介・共演が祭りの柱となっていることが多い。大阪市の「ワンコリア・フェスティバル」、京都市の「東九条マダン」をはじめ、現在、日本各地で約40の「民族祭り」が行なわれているが、「三・一文化祭」もそうしたものの一つである。

「三・一文化祭」(サミルムナジェ)は1990年に開始された。「三・一」(サミル)という名称は、1919年の「三・一独立運動」に由来する。「三・一文化祭」の開催を最初に呼びかけたのは、佐賀県出身の朝鮮系住民第2世代朴康秀氏(1964年生まれ)である。朴氏は法政大学に学んだが、学生時代、朝鮮系住民の友人に誘われて民族文化サークルの農楽に出会う。その際、それまで見たこともなかった朝鮮半島の芸能に鳥肌がたち、「自分は朝鮮人なんだと実感」。すぐさま農楽グループに加わった。さらにその後、朝鮮半島の歴史や「在日」の歴史、祖国分断の現実、民主化運動へと関心を広げ、名前もそれまでの通名「新井康秀」から本名へと改めた。

卒業後は民族系金融機関に就職し福岡市へ。市内の朝鮮系住民家庭をバイクで回る日々が続いたが、同時に、福岡県内の同世代の若者たちに声をかけ農楽演奏グループ「ウリ・マダン」を結成した。この仲間とともに企画したのが「三・一文化祭」である。第1回「三・一文化祭」は、1990年3月、集住地域の一角に位置する福岡県教育会館で二日にわたって開催された。農楽の演奏、記念講演「三・一運動の歴史的意義」、シンポジウム「地域の開拓者として『在日』をどう生きるか」、記録映画上映、仮面劇、朝鮮の遊びの紹介、子どもたちの意見発表などからなるこのイベントは、マスコミにも取り上げられ、成功裏に終わっている。以後、毎年3月に開催され、2003年には第14回を数えた。会場には毎回、東区内の小中学校や公共施設が選ばれている。

この祭りは、農楽など朝鮮半島の「民族文化」を演じ、「民族的アイデンティティ」を確認しようとするものである。また、朴康秀氏は、「三・一文化祭」草創当時、指紋押捺反対運動にも積極的に関わっており、少なくとも

当時の「三・一文化祭」には、政治的メッセージもこめられていたと考えられる。もっとも、総聯や民団とは一線を画したところで企画されたのがこの祭りであり、この点がとりわけ新しい動きであった。なお、逆にそのことで、民族団体側からは胡散臭い目で見られた時期もあったという。

　筆者は、2003年の第14回「三・一文化祭」を観察したが[18]、当日の参加者は、およそ200名であった。インタビューによれば、参加者は、朴氏のもとで農楽を学んでいる朝鮮系の子どもや若者、ポスターを見てやってきた韓国に関心のある日本系住民、人権教育に携わる日本系住民の学校教師などで、地域的には福岡市やその郊外、その他県内各地から参加しているようであった。また、実行委員の半数以上は、日本系住民とのことだった（写真7-3、写真7-4）。

　ところで、この場合、興味深いのは集住地域住民との関わりである。「三・一文化祭」の会場は、初回以来、一貫して集住地域内に設けられている。しかし、筆者による集住地域での観察では、「三・一文化祭」は、住民にとってそれほど身近なものとはなっていないように見えた。

　集住地域内のあちこちの掲示板に「三・一文化祭」を知らせるポスターは貼られており、また一部に「三・一文化祭」に顔を出す、あるいは出店を出すという者は存在した。しかし、地域の住民がこぞって参加する、といった様子は全く見られず、むしろ、集住地域内の各団地等では、坦々と日常の生活が営まれているというのが実態であった[19]。

　そして、筆者は集住地域住民に対してインタビューも行なってみたが、そこでは、「三・一文化祭」への関心を全く示さない層が多数存在していることが確認された。あるいは、「毎年、恵比須神社の『十日恵比須』や筥崎宮の『放生会（ほうじょうや）』、そして『どんたく』と『祇園山笠』には必ず行く。『三・一文化祭』には昔一度行ったことがあるが、毎年は行っていない」[20]といった人も少なくなかった。

　この場合、こうした人びとの祭りの選択の基準は、「おもしろいかどうか」である。「おもしろいから」、あるいは「子どもが行きたがるから」行くのであって、「民族的アイデンティティ」や「日本人としてのアイデンティティ」のために行くのではない。「三・一文化祭」のスタッフや、「三・一文化祭」

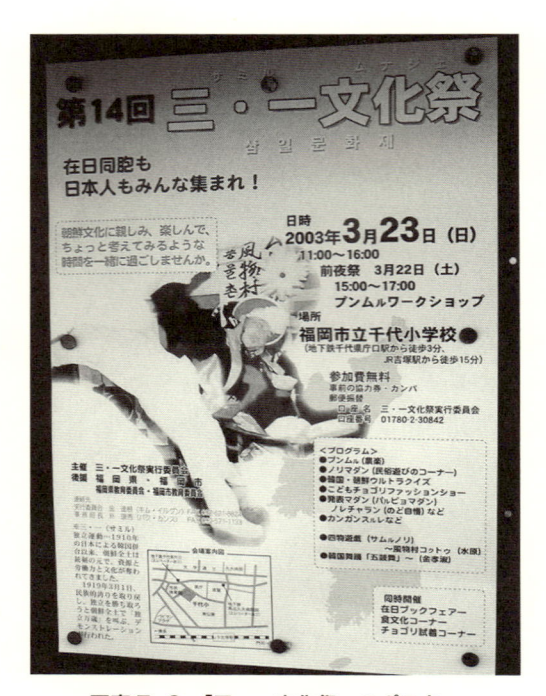

写真7-3 「三・一文化祭」のポスター

写真7-4 「三・一文化祭」の様子（2003年3月）

に熱心に参加する朝鮮系住民のように、「民族文化」「民族的アイデンティティ」を生きる朝鮮系住民ももちろんいる。しかし、圧倒的多数の朝鮮系住民は、そうした動きとは別のところで、日々の生活を送っているのである。

　以上、本章では、朝鮮系住民の〈生きる方法〉と「民族文化」「民族的アイデンティティ」との関係について検討してきた。とりわけここでは、これまでの朝鮮系住民研究では正面から論じられることのなかった、必ずしも「民族」志向的ではない状況について着目することで、これまでの朝鮮系住民研究の枠組みを相対化し、これを乗り越えようと試みた。

　朝鮮系住民をめぐっては、これまでさまざまな分野で研究が行なわれてきたが、いずれの研究においても、朝鮮系住民における「民族文化」や「民族的アイデンティティ」のあり方が最優先の研究課題とされ、そうした問題意識からはずれることがらは、周辺的な事項として、意識的、もしくは無意識的に調査・記述の対象から排除される傾向があった。

　しかし、フィールドにおける実態を凝視すれば、朝鮮系事象を多用し、場合によってはそこに「民族的アイデンティティ」の象徴としての意味を付与しようとする人びととともに、「民族」を至上の命題とはせずに、生活上の必要に応じて、朝鮮系事象か日本系事象かの別に関わらず、さまざまな事象を柔軟に選択、運用する人びともまた少なからず存在することがわかる。

　また、「民族的アイデンティティ」が強く自覚される「アイデンティティ」状況とともに、「アイデンティティ」が意識されないことも含めて、個々人の〈生きる方法〉に根ざした多様で柔軟な「アイデンティティ」状況の展開をそこに見出すこともできるのである。

註

1) 総聯の場合、イルクンと呼ばれる人びとが「活動家」に相当する。イルクンとは、総聯組織の末端で活動する無報酬の専従活動家のことで、たとえば次のように描かれる存在である。「総聯の福岡支部で働く専従員は、同胞から通称『イルクン』と呼ばれ、尊敬と信頼を得ていて、彼らは、朝鮮総聯の方針を分会員に説明したり、『朝鮮新報』を配達したりと、ほとんど無報酬で働いていた」（片栄泰 2006：34）。

2) 福岡市内では、1945年9月に箱崎東新町、博多駅前馬場新町など4か所（いずれも集住地域）に自主運営の国語講習所（バラック建てだった）が開設され、次いで1947年には馬出に朝聯傘下の「東部学院」（2階建て民家を借りて校舎とし、教師3名に生徒30名でハングル、数学、音楽、歴史などを教えた）が、さらに1948年には［A地区］に隣接する場所に位置していた当時の朝聯事務所内に「福岡市朝鮮私立学校」が開設されている。「福岡市朝鮮私立学校」は、文部省による「朝鮮学校閉鎖令」（1949年）で閉鎖されるまで存続した（徳成 2006：442-447）。

3) 福岡市内の朝鮮学校は、1960年に福岡朝鮮初中級学校が開設されている（校舎は、当初は朝聯事務所内に、1961年からは［X団地］内に設けられた）。

4) この場合、こうした第3世代の人びとが使用する朝鮮語の単語は、主に親族名称と食生活に関するものである。本文に掲げた例以外では、たとえば、親族名称として「ハイベ（祖父）」「ハンメ（祖母）」「クナボジ（父の既婚の兄）」「チョッカー（甥、姪）」「サンチュン（父の未婚の兄弟）」「エスム（母方叔父の妻）」「アジェ（母方叔父）」などが、食生活に関するものとして「ポカする（炒める）」「チジする（煮る）」「クンジする（すくう）」「チャバする（辛い）」「シンゴブする（うすい）」「コチュ（赤い唐辛子）」「チャンジャ（鱈のえらの肉を唐辛子であえたもの）」「スジビ（小麦粉のだんご汁）」「メンテ（すけとうだら）」といった単語が用いられている。

5) ただし、そうした人びとのすべてが本名を名乗っているわけではない。また、本名を使用する人びとであっても、民族団体に関わる公式的な場面においては本名を用いるものの、日常生活においては通名を用いているというケースもある。あるいは、公式的な場面では本名を朝鮮語読みし、日常生活では本名の日本語読みで通している人びともいる。

6) たとえば、総聯の活動家の一人であるPJ氏（朝鮮系住民第2世代、70代）は筆者に、キムチの栄養学的効能とともに、これこそが朝鮮民族の誇りうる文化であるとする解説を語ってくれたことがある。

7) この場合、ホージを開始する時間については、朝鮮式祖先祭祀の規範では、命日に行なうものの場合、その日の午前0時に開始することとされており、またかつてはそのとおりに行なわれていることが多かったが、（日本系仏教を導入・併用しているか否かに関わらず）現在では午後7時～8時頃に開始する家がかなりある。理由

第 7 章 〈生きる方法〉と「民族文化」「民族的アイデンティティ」　　293

　　　は、「遠くにいる親戚が増え、その便利を考えたため」とか、「翌朝の仕事や学校に
　　　差し支えないようにするため」などと説明されている。
8）　この場合、こうした人びとはチョクポ（族譜。父系血縁原理による一族の系譜に
　　　まつわる記事を記した書物。第3章第1節参照）も大切に保管していることが多い。
　　　チョクポは本来、宗族の系譜・事績を記したものであるが、こうした人びとにとっ
　　　て、チョクポは「民族文化」の最たるものの一つとしても受けとめられているよう
　　　である。たとえば筆者は、「民族」に対する思い入れが相当に強い男性（第2世代、
　　　70代）から、「チョクポは朝鮮民族が伝えてきた儒教文化そのものだ」とする説明
　　　を聞いたことがある。
　　　　なお、さきに「マニュアルにあるようなホージができるようになったのは、経済
　　　的にゆとりができてからのこと」だとする話者の説明を紹介したが、チョクポにつ
　　　いても、「こだわる人が出てきたのは、生活にゆとりが出てきたから」とする語りが
　　　なされている（第3章第1節所引の語り参照）ことに注意しておきたい。
9）　このように答えた人びとは、さきに紹介した祖先祭祀への強いこだわりを持った
　　　人びとであった。
10）　筆者は、「在日朝鮮半島系住民の地方地域社会との相互関係、ネットワークと流
　　　動性に関する研究」（科学研究費補助金基盤研究C、研究代表者　岡田浩樹神戸大学
　　　助教授）の研究プロジェクトに研究分担者として参加し、これまでの朝鮮系住民
　　　研究では扱われてこなかった地方在住朝鮮系住民について、島根、鳥取、山口、富
　　　山、岐阜、宮城の各県と北海道において調査を行なっているが、その過程でも、
　　　「在日韓国・朝鮮人専用霊園」研究が取り上げているような墓地の存在は確認できな
　　　かった（岡田編 2006）。ただし、東京都小平市には総聯系朝鮮系住民の専用霊園が
　　　ある。
11）　これらはいずれも「民族的アイデンティティ」のあり方を問題としている。ただ
　　　し、「民族的アイデンティティ」という用語の定義は示されないことが多く（たと
　　　えば、「異文化におけるアイデンティティ表現の重層性──在日韓国・朝鮮人の墓
　　　をめぐって」（李仁子 1996）というように、朝鮮系住民のアイデンティティそれ自
　　　体を主題とした論文であっても、アイデンティティについての概念規定は全くなさ
　　　れていない）、また何らかの定義が示されていたとしてもその内容は個々の研究に
　　　よってさまざまである（一例をあげると、「自分が朝鮮人であること（エスニック・
　　　アイデンティティ）」（谷 2002：202）、「『朝鮮人として生きる』こと」（崔吉城・李
　　　光奎 2006：64）、「長年日本に住んでいる在日コリアンが自分自身をどう認知してい
　　　るかといった民族への帰属意識」（黄慧瓊 1996：341）、「同一の伝統的な文化・生活
　　　様式をもつ集団が同一の帰属意識をもち、それによって自集団を他集団から区別し
　　　ようとする感情」（黄慧瓊 2003：6）、「民族的出自意識」（梁愛舜 2004：vii）、といっ
　　　たものである）。
　　　　とはいえ、個々の研究の内容を読みこんだ上で、それぞれの研究で想定されてい
　　　る「民族的アイデンティティ」の最大公約数的な意味内容をまとめれば、それはお

よそ「自分が何『民族』であるかの意識や感覚」といったものであるということは可能である。
12) たとえば、日本系住民から何らかの差別的待遇を受けたとき、あるいは自己の利益が損なわれるような状況が発生したときなどがこれに相当するといえよう。とくに、後者については、第5章第2節で紹介した、行政による団地の建替えに反対する際に、それまでは語られることのなかった「民族」や「歴史」の語りが反対者の中で行なわれるようになったことなどもそうした状況に相当するものと思われる。
13) そもそも、すべての人間に「アイデンティティ」なるものが存在しているとする前提自体、本来、見直されるべきことがらのように思われる。この点は、近年の社会学などにおける「アイデンティティ」についての理論研究においても提起されるようになっている問題である。上野千鶴子は、「アイデンティティ」という概念が近代社会になって新たに生み出された概念にすぎないこと、「人はアイデンティティを必要とする、人はアイデンティティなしでは生きられない、アイデンティティの確立した人はそうでない人より成熟している」（上野 2005：2）といった仮説（上野はこれを「アイデンティティ脅迫」と呼ぶ）は再考されるべきだということを、この概念の形成史を丁寧に検討しながら論じている。本研究のフィールドで出会うことのできる「アイデンティティ」状況は、こうした議論に直結するものと思われる。
14) なお、日々の暮らしを送ることだけで精一杯といった状況にある人びととの「国籍意識」については、宮崎学による以下の指摘が興味深い。京都市の土建・解体業「寺村組」組長の家に生まれ育った宮崎は、幼少期から、生家に出入りする同地の被差別部落住民や朝鮮系住民と関わりながら暮らしてきた経験を持っているが、彼はその経験をもとに、次のように述べている。

　　（宮崎とつきあいのある京都市南部在住の低階層の人びとは——引用者註）もともと、身分も家柄も頼めぬ裸一貫の連中である。取り柄は旺盛な生活力と生きていく知恵、それと「とことんやって負けたら、それで終り」という開き直った潔さだけだ。（中略）しかも、連中の長所は基本的に国籍意識が稀薄なことだ。国籍を云々するほど暇でも豊かでもなかったからだ。その無国籍性を存分に発揮して、国境もヘチマもなく走りまわる。　　　　　（宮崎 1998：317）

宮崎による以上の見解は京都市に関わるものだが、彼の指摘は本書のフィールドにも多分にあてはまるところとなっている。
15) ソバンは、作品中で次のように描かれている人物である。すなわち、彼は「大阪にある架空の（とはいえまったくの虚構ではない）朝鮮人ゲットーの住人」で、「ゲットーを出て人並みの家に移り住むことができず、酒や暴力のせいで家庭は崩壊し、ゲットーの外に職をみつけることもできない」。そして、「戦時中、日本軍で働いていたころに起きた事故のせいで右手首を失っ」ており、「息子は、自らすすんで日本軍のために働いた父に反発してソバンのもとを離れ、1960年代後半当時盛んだった

第 7 章 〈生きる方法〉と「民族文化」「民族的アイデンティティ」　　295

　　学生運動に身を投じたが、仲間からリンチを受けて殺害された。妻は、独り息子を
　　失ってから深い悲しみに沈んで病気がちになり、働いていたビニール靴工場（猪飼
　　野の韓国朝鮮人が営む家内工業としては一般的なもの）の大きな裁断機で腕を切り
　　落とされて失血死した」（ソニア・リャン 2005b：108 — 110）。
16）　ここでは、フォークロリズムを、「民俗文化が本来のコンテクスト（文脈）を離れ
　　て見いだされる現象」（八木康幸 2000：459）のこととしておく。また、朝鮮系住民
　　に関わる「民族祭り」については、飯田剛史（2002）、小川伸彦（2003）の研究がある。
17）　以下、朴康秀氏については『西日本新聞』2003 年 12 月 27 日の記事「技・達人列
　　伝」による。
18）　第 14 回「三・一文化祭」は 2003 年 3 月 22 日（土）と 23 日（日）に、東区の福
　　岡市立千代小学校を会場に行なわれた。祭りの開催を知らせるポスターには「在日
　　同胞も日本人もみんな集まれ！」「朝鮮文化に親しみ、楽しんで、ちょっと考えて
　　みるような時間を一緒に過ごしませんか」とあった。3 月 22 日は「前夜祭」で、
　　15：00 からプンムルのワークショップ（朴康秀チャンゴ教室によるサムルノリ演奏
　　や韓国から自主参加した農楽集団「水原コクトゥテンギ」のメンバーを加えたワー
　　クショップ）が行なわれた。3 月 23 日のプログラムは次のとおり。

　　　　11：00　オープニング（福岡のチャンゴ教室のメンバーと「水原コクトゥテン
　　　　　　　　ギ」によるオープニング演奏（ヨルリムクッ）、実行委員長挨拶、「三・
　　　　　　　　一独立宣言文」の朗読など）。
　　　　11：45　ノリマダン（チェギチェギ（羽根蹴り）、ペンイ（こま）、ユンノリ（す
　　　　　　　　ごろく）、ノルティギ（板舞。シーソー）、チャンギ（将棋）などのコー
　　　　　　　　ナーで遊ぶ）、シルム（相撲）大会。
　　　　12：30　サムルノリ大合奏（楽器体験ワークショップ）。
　　　　13：00　ノレチャラン（のど自慢）、ソムシチャラム（腕自慢）。
　　　　13：30　チョゴリファッションショー。
　　　　13：50　発表マダン（「在日韓国・朝鮮人」のさまざまな思いを発表。飯塚市在
　　　　　　　　住の朝鮮系住民第 2 世代の女性による「母」と題された詩の朗読など）。
　　　　14：20　朝鮮・韓国ウルトラクイズ（朝鮮半島に関する基礎知識についての景
　　　　　　　　品付きクイズ大会）。
　　　　14：50　サムルノリ演奏（水原コクトゥテンギによる）、五鼓舞（オブクチュム。
　　　　　　　　大邱市出身で福岡市において舞踊教室を主宰する舞踊家　金孝淑による
　　　　　　　　舞踊）。
　　　　15：20　フィナーレ。大プンムル（会場を巻きこんでの農楽演奏）、カンガンス
　　　　　　　　ルレ（民俗円舞）。
　　　　16：00　閉会、アリラン合唱。

　　他に、在日ブックフェアー、食文化コーナー（パジョンやキムチチゲなどの出

店)、チマチョゴリ試着コーナーが併設されていた。
19)　たとえば、[X団地] に住むある人物 (朝鮮系住民第2世代、男性、60代) は、「三・一文化祭」当日、「三・一文化祭」の会場へ向かう筆者を尻目に、いつものように競艇場へと出かけていった。
20)　「十日恵比須」は、1月8日から11日まで博多区東公園にある十日恵比須神社で行なわれる祭りで、露店が出てたいへん賑わう。「放生会」は、9月12日から18日まで東区箱崎の筥崎宮で行なわれる祭りで、期間中の人出は100万を超える。とりわけ参道に700軒以上並ぶ露店は壮観で、「これが多くの人を集めている最大の要因ともいわれる」(岩中 2003：301)。「どんたく」(博多どんたく港まつり) は、5月3日、4日に市内の明治通りを中心会場にして行なわれるパレード型の祭り。「祇園山笠」(博多祇園山笠) は7月1日から15日までの櫛田神社 (博多区) の祭礼で、山笠巡行で知られる。いずれも福岡市の住民たちにとってなじみの深い祭りである。

結語

総括と展望

　以上、本書では、福岡市の朝鮮系住民集住地域をフィールドに、そこに居住する人びとが生み出し実践してきた〈生きる方法〉に着目した民俗誌の記述を行なってきた。ここでは、これまでの記述から得られる知見について、総括と展望を示し、本書の結語としたい。

第1節　総括

　これまでの在日朝鮮系住民研究では、朝鮮系住民の「民族文化」や「民族的アイデンティティ」のあり方を問う研究がさかんに行なわれてきた。しかしながら、「民族文化」「民族的アイデンティティ」の枠組みだけでは、朝鮮系住民の生活を捉えることは難しい。
　本研究は、かかる問題意識のもと、朝鮮系住民が生活の現場で展開してきた日常生活を民俗学的方法によって把握することを目的とした。その際、記述の視点として設定したのが、〈生きる方法〉である。〈生きる方法〉とは、「生活当事者が、自らをとりまく世界に存在するさまざまな事象を選択、運用しながら自らの生活を構築してゆく方法」のことである。本研究では、この〈生きる方法〉こそが「民俗」として把握されるべきものに他ならないとし、〈生きる方法〉としての「民俗」を生み出し、実践する生活当事者の生そのものを直視した民俗誌の記述と考察を行なうことをめざした（序章）。
　玄界灘に面した博多港を擁する福岡市には、第二次大戦直後、朝鮮半島への帰還をめざした朝鮮系住民が日本各地から集結した。しかしその後、朝鮮

半島情勢をはじめとするさまざまな事情により、かれらの多くがこの地にとどまって集住することになった。この人びとが集住する地域が本書の記述のフィールドである（第1章）。

　当該フィールドにおいて、朝鮮系住民たちは、敗戦直後の漂泊状態の中でバラック集落を形成した。そしてそこを舞台に、闇市での商売、密造酒製造、養豚、日雇労働、飲食店、各種商店、廃品回収、人夫出し、間貸し、簡易宿所をはじめとするさまざまな生業を展開し生活を構築してきた。こうした生活は、ある種の成り行きによってそのあり方が規定された側面もあったが、同時に、社会・経済的な制約の下で、限られた手持ちの材料を巧みな計算と判断によって選択し、それらを能動的に組み合わせて実践するという側面も顕著に見られた。バラック集落において、生き抜くために展開されたかれらのこうした実践は、成り行きによるものにせよ、能動的なものにせよ、きわめてたくましい〈生きる方法〉の実践であったということができる（第2章、第3章）。

　こうした〈生きる方法〉が展開されてきた集住地域は、やがて1960年代以降、行政主導による立退き事業の対象となり、順次、立退き代替団地への移転を余儀なくされた。この立退き・移転は、行政による圧倒的な力によって執行されたものであり、住民たちは、大筋ではその力に従わされることとなったが、ただし、かれらは行政側の絶対的な力によるコントロールに完全に屈服したわけではなかった。住民側は、行政に対する抵抗や交渉を展開し、その結果、行政側に、代替団地における増築や増築費用の融資などを認めさせることに成功している。ここには、自らをとりまく大きな状況に飲みこまれそうになりながらも、そこになんとか自らの主張をすべりこませてゆこうとするしたたかでたくましい〈生きる方法〉のあり方を認めることができる（第4章）。

　〈生きる方法〉のしたたかさ、たくましさは、代替団地への入居後も顕著に見られた。代替団地では、住戸の増改築などがさかんに行なわれたが、そこには、住民たちが、自らの置かれた状況の中で、状況に一方的に従属させられるのではなく、持てる材料を最大限に活用しながら、したたかに、かつたくましく状況を改変し、生活を構築しようとする〈生きる方法〉のあり方

を見出すことができる（第5章）。

　ところで、こうした〈生きる方法〉は、住民間において無条件に均質的・集合的なものとして展開されてきたものではないことに注意しなければならない。住民間には、助け合いや連帯、親密感の共有も見られ、また集住地域の外部から住民に対して外圧が加えられた場合、とりわけ外部への抵抗、交渉が展開される際などには、〈生きる方法〉の集合的な実践が志向されることもあった。しかし一方で、個別の利害関係にもとづく、住民間でのさまざまな駆引きや狡知の競いあい、あるいはエゴイズムの発現もまた少なからず見られたのである。したがって、集住地域の住民が無条件に一枚岩的存在になっていたなどという見方をとることはできないのである（第2章、第3章、第4章、第5章）。

　集住地域が均質的状況にないことは、集住地域内における階層分化の状況を見ても容易に理解できるところであるが、その際、当該フィールドにおいてとりわけ注目されるのが、地域内の最下層に位置する日本系住民の存在である。集住地域の大半は港湾に隣接して立地していたため、朝鮮系住民たちは日雇の港湾労働者（加えて土木・建設労働者）相手に、人夫出し、間貸し、簡易宿所の経営を〈生きる方法〉として実践した。この場合、日雇労働者の側は、ほとんどが日本系住民であった。ここには雇用者・大家としての朝鮮系住民、被雇用者・間借り人としての日本系住民という階層関係が成立していたのである（第5章、第6章）。

　こうした日本系住民を内部に多数抱えこんだ当該集住地域には、寄せ場（日雇労働者街）としての性格が顕著に見出せるが、このような地域の特性は、朝鮮系住民たちが、自らが所持する利用可能な条件——港湾に隣接する地の利、朝鮮系住民の多くが持つ戦前の飯場経験、集住地域の持つ「隠れ場所」的性格など——を最大限に活用して実践した〈生きる方法〉の展開の結果としてもたらされたものに他ならない（第6章）。

　ところで、以上のようにまとめることができる当該地域朝鮮系住民の〈生きる方法〉についての記述内容は、「民族文化」や「民族的アイデンティティ」といった主題に特化した従来の朝鮮系住民研究での記述内容と比べると、相当に異なる位相にある。それでは、当該フィールドにおける〈生きる方法〉

と、これまでの研究が扱ってきた「民族文化」「民族的アイデンティティ」との関係はいかなるものとして捉えることができるのであろうか。この点については次のように整理した。

　当該フィールドの住民による〈生きる方法〉の実践の中では、何らかの朝鮮系事象が「民族文化」として意味づけられた上で積極的に動員されたり、「民族的アイデンティティ」が明確に意識されたりする状況も存在した。しかし一方で、「民族」を至上の命題とはせず、生活上の必要に応じて、朝鮮系、日本系の別に関わりなく、さまざまな事象が、柔軟に選択、運用される状況もまた多く存在していた。そして後者の状況においては、日々の生活、〈生きる方法〉の実践が、「民族文化」「民族的アイデンティティ」、そしてまた「日本文化」といったものにも先行するところとなっていたのである。

　これまで主流であった「民族文化」「民族的アイデンティティ」特化型の朝鮮系住民研究ではこうした状況についての把握は十分になされてこなかったが、生活当事者の〈生きる方法〉の次元に着目した民俗学的調査・記述を行なうことにより、以上のような実態の把握が可能となるのである（第7章）。

第2節　展望

　最後に、本研究が採ってきた「〈生きる方法〉の民俗誌」という視点が、民俗学全体の議論の中でどのような可能性を持つのかについて、本論で明らかになってきた現場のあり方をふまえつつ、若干言及しておきたい。

(1)〈生きる方法〉と「伝承」

　民俗学ではこれまで記述や考察の軸を「伝承」（民間伝承）に置いてきた。伝承とは、平山和彦によれば、「上位の世代から下位の世代に対して何らかの事柄を口頭または動作（所作）によって伝達し、下位の世代がそれを継承する行為」（平山1992：32）であり、それが成り立つためには、基本的には「型

もしくは様式の存在が不可欠」（平山 1992：36）などとされるもののことである。また、伝承という行為の対象となる事象自体も、「伝承」と呼ばれることが多い。民俗学が「民間伝承論」の名で呼ばれたこともあるように、この学問においては、「伝承」が方法論上、重要な柱とされてきた。

　これに対して、「〈生きる方法〉の民俗誌」を標榜する本研究では、民俗学を名乗るものの、本論中において、とりたてて伝承を強調した記述は行なってこなかった。もとより、当該フィールドにおいて、伝承に相当する行為、伝承の名で呼ばれうる事象が存在しないわけではない。生活上のさまざまな事象の中に、前世代との間に伝達・継承の関係が認められるものが存在していることはたしかである。また、生活当事者が「民族文化」や「民族的アイデンティティ」に自覚的になっている場合に、「民族文化」の伝承に特別な関心が向けられている状況が成立していることも本文中で確認したとおりである。ただし、そういった状況はたしかにありながらも、それらの伝承的事象は「自然に」「無条件に」伝承されているのではなく、あくまでも〈生きる方法〉の実践の際に選択された結果として存在しているものであった。そして、〈生きる方法〉の実践にあたっては、伝承とは異質の事象も新たに生み出され、あるいは移入されて運用されていた。

　こうした実態に対して、仮に伝承だけに注目した記述や考察を行なおうとした場合、当該フィールドの生活を十分に記述することができたであろうか。答えは否である。伝承にだけ注目していたのでは、当該フィールドの生活は決して描くことができなかったであろう。これまでの民俗学では、「民間伝承を素材として民俗社会・民俗文化の歴史的由来を明らかにすることにより、民族の基層文化と本質とを究明」（傍点は引用者。和歌森 1972）するのが民俗学であるとする理解が一般的であり、フィールドの生活を伝承という観点から切り取ろうとしてきた。人間の生活における伝承という側面に着目しようとする姿勢そのものの意義はもとより否定されるものではない。しかし、人びとの生活を把握しようとするとき、伝承という要素だけに着目していたのではその実態を捉えられないことは、本研究の民俗誌記述をふまえれば、容易に理解されよう。むしろ、伝承は、生活当事者による生活構築の際のダイナミズムの中で、選択されている事象の一つである（にすぎない）

という理解をするべきであろう。

　従来の民俗学が、伝承に特化した形で人びとの生活を研究しようとしたのは、また多くの民俗学的研究の成果が、そのようなアプローチで対象把握に成功しているように見えるのは、これまでの民俗学が対象としてきたフィールドが、〈生きる方法〉の展開の中で伝承的事象が選択されることが多いフィールドだったからであろう。それに対して、本研究のフィールドは、約60年前に、都市の一角に人びとが集まって生活を開始した場所であり、さらにその後の居住地の移転も経験している。また貧困の中、そのときどきの経済的状況の変化に機敏に対応して生活を成り立たせなければならないという経緯もあった。

　そのため、従来の民俗学が対象としてきたいわゆる農山漁村——高度成長期以前において、そこでは比較的「変化」の少ない生活が展開されてきたと一般的には理解されている[1]——などのフィールドに比べると、本書のフィールドでは、〈生きる方法〉の展開の中で伝承的事象はそれほど多く選択・運用されてこなかったと考えられる。そしてそれゆえに、〈生きる方法〉と伝承との関係が叙上のようなものとして見えやすいという事情があったが、しかし翻って、この視点は従来の民俗学が対象としてきたいわゆる農山漁村などのフィールドの実態の再考を促すものであるともいえるのではないか。

　すなわち、「〈生きる方法〉の民俗誌」の観点からは、たとえば次のような実態が見えてくるものと予想される。

　○　いずれのフィールドであっても、そこに暮らす生活当事者は、生き抜くための必要に応じて、さまざまな事象を〈生きる方法〉の展開の中で選択している。生活の中に伝承的事象が多く見出せるといっても、それはそこでの生活上の必要性がそうしたものを選択させた結果なのであって、ものごとが「自然に」「無条件に」伝承されているのではない。

　○　〈生きる方法〉の運用にあたって、ある伝承的事象を選択する必要性がなくなった場合や、他に代替するものが手に入るようになった場合には、その伝承的事象は消滅に至る。その消滅は、「自然に」衰退、消滅に至ったというものではなく、あくまでも当事者による生活上の選択の結果である。

　伝承をめぐるこのような実態が〈生きる方法〉の観点からは見えてくるも

のと思われる。このように、「〈生きる方法〉の民俗誌」では、従来の民俗学における伝承観の相対化がはかられる。そして、伝承という枠組みに拘束されることなく、生活の実態を把握することが可能となるのである。

(2)「民俗」と「民族」

〈生きる方法〉への着目は、「民俗」と「民族」との関係についての再考も促す。本書では、朝鮮系住民の「民族文化」「民族的アイデンティティ」をめぐるこれまでの研究の枠組みを相対化したが、同様の作業は「日本民族」をめぐっても展開することができよう。

これまでの民俗学では、民俗学の目的を「民族文化」の「本質」の究明であるなどとした上で、「民俗」に「民族」をアプリオリに読みこもうとしてきた。たとえば、1942年刊行の柳田國男・関敬吾共著『日本民俗学入門』においては、「日本民俗学は、我が国土のあらゆる地方からの出来るだけ多くのかうした事実の細目に亘る研究を通して、我が民族性の歴史的な姿、その現在生活に対する働きを知ろうとしているのである」（傍点は引用者。柳田・関 1982：434）とされ、また1951年刊行の『民俗学辞典』における「民俗学」の定義には、「民間伝承を通して生活変遷の跡を尋ね、民族文化を明らかにせんとする学問」（傍点は引用者。民俗学研究所編 1951：582）とある。

同様に、1972年刊行の『日本民俗事典』で和歌森太郎は、民俗学とは「民間伝承を素材として、民俗社会・民俗文化の歴史的由来を明らかにすることにより、民族の基層文化の性格と本質とを究明する学問」（傍点は引用者。和歌森 1972：705）であると述べ、櫻井徳太郎は、「日本民俗学は日本民族が送ってきた伝承生活、また現に送りつつある伝承生活を通じて、日本民族のエトノス（Ethonos）ないしフォルクストゥム（Volkstum）を追求するところに、その学問的目標をおく」（傍点は引用者。櫻井 1957：113）と論じている。そしてまた坪井洋文は、「民間伝承の変遷を究明することは、日本民族文化の本質を明らかにするための手段であることは、もはや民俗学界で常識となっている」（傍点は引用者。坪井 1986：9）と述べている。

しかし、本研究での記述からもうかがえるように、実際のフィールドで出

会うことのできる「民俗」は、個々の生活当事者が生活の現場において生み出し、展開している〈生きる方法〉である。そしてそうした〈生きる方法〉は、「民族文化」に先行しうるものであり、生活当事者の生活は「民族文化」の枠組みだけでは把握しきれるものではない。

　こうした実態をふまえると、さきに引いた「民族文化」志向の民俗学観に見られるような、「民俗」に「民族」をアプリオリに読みこもうとする民俗学的偏見については、大いに批判される必要があることになるが、この場合、同様の問題意識は、関敬吾と福田アジオによってもすでに示されており、注目させられる。

　たとえば、関敬吾は、

　　エートノスをいかにしてとらえるか。机の上で考えることはできても、われわれが現実の民俗調査・社会調査において、このエートノスなるものを抽出すべき材料をいかにしてとらえるか、われわれの調査技術の現段階においては、その片鱗もとらえることはできないであろう。エートノスを設定することは研究者に安心感を与えるかもしれないが、民俗学は実証科学である。その結果はだれも知り得るものでなければならない。

　　　　　　　　　　　　　　　　　　　　　　　（関敬吾 1958：154）

と述べ、また福田アジオも、

　　民俗学が日本人の「民族性」や「エートノス」を明らかにする学問であるとすれば、まず第一に「民族性」、「エートノス」とはいったい何かをはっきりさせねばならないし、民族とはいかなる存在かを論理的に構成せねばならない。すなわち、民俗学の目的設定とはかかわりなく、民族理論として「民族性」や「エートノス」の存在を想定する積極的根拠を提示することである。その上で、民俗学がなぜ「民族性」や「エートノス」を明らかにできるのかを示さねばならない。仮に、日本人の「民族性」や「心性」や「エートノス」が存在するとすれば、日本の社会・文化すべてに共通し内在しているはずのものであるが、民俗学はその素材としてすべての社

会・文化事象を扱うのではなく、民俗として選択して把握した特定の事象のみを利用するのである。なぜこの特定の事象のみが「民族性」とか「エートノス」を明らかにできるのかは明確に示されたことがない。とにかく、素材としての民俗事象と獲得目標としての「民族性」、「エートノス」との間はあまりにも距離が大きいのである。しかも、その間を結ぶ道はつけられていない。民族と民俗との連関構造を示すのでなければ、「民族性」や「エートノス」は単なる題目にしかすぎないし、この語のみの流布は、その達成の可能性を示さないだけに、民俗学の無力感を増大させるだけではなかろうか。　　　　　　　　　　　　　　　　　　　（福田 1984：6-7）

と述べている。以上の見解は、要するに「民俗＝民族」という等式が成立しないことを理論的に説明したものといえるが、このことは、本研究における記述によっても十分支持されるものである。

　ただし、このような見解が示されているにも関わらず、民俗学においては、依然として多くの研究者が「民俗＝民族」というイデオロギーに縛られたままである。たとえば、福田や関による批判的見解の提示から相当に時間が経過した 1990 年代後半に入っても、概論書の記述には、

　　民俗学が日常生活のあり方を重視するのは、それが民族文化の基層をなしており、この部分を究明することが日本文化の全体像を明らかにすることに寄与できると考えるからである。　　　　　（谷口 1996：4-5）

といった文言が示されているし、あるいは、「都市民俗学」といった新たな民俗学のあり方が提唱されるに際しても、都市の「民俗文化」を考察することで「民族の文化のもっとも基層に存在する」「基層文化」を発見することが都市民俗学の目的だといった言説が生産されている（倉石 1997：2-13）。

　一方で、「民俗＝民族」という考え方に批判がなされているのに、一方ではそうした批判に目もくれずに「民俗＝民族」という思いこみを再生産しているのが民俗学界の現状である。議論が全くかみあっていないこの現状は、一つには、この「民俗＝民族」をめぐる批判的検討が抽象的なレベルでのみ

行なわれていることに由来するものと思われる。すなわち、具体的なフィールドにおいて、「民俗＝民族」という等式の不成立を確認する必要があり、それをもって、民俗学の「民族文化」志向を批判する議論を深化させる必要があろう。

その意味で、フィールドにおいて〈生きる方法〉に着目することは、具体的フィールドのレベルにおいて「民俗＝民族」という思いこみを解体し、さらにその上で、人びとの現実の生に即した民俗学を構想することを可能とするものといえる。そしてまたこのことは、民俗学が文化的ナショナリズムやイデオロギー的な日本文化論に流用されることを回避するためにも不可欠の作業であると考えるものである。[3]「〈生きる方法〉の民俗誌」の持つ可能性の一つはここにもある。

註

1) たとえば、高度経済成長、農村の過疎化以前においては、「民俗諸事象」は「日本の各地方において、比較的安定した形で伝承されてきた」（高桑 1983：223）といった理解がなされてきている。
2) なお、以上のように述べると、伝承の持つ拘束力や人びとが伝承に対して持つ志向性（これは昔から伝わっている「しきたり」だから守り伝えなければならないとか、このことは何としても後世に伝えておきたいといった意識など）の存在を捨象して伝承を捉えているように思われる向きがあるかもしれない。この点については次のように考える。すなわち、伝承の拘束力や伝承への志向性自体、当事者が意識しておらずとも、何らかの生活の必要性によって生じている。その場合、伝承の拘束力や伝承への志向性を必要とさせる社会的条件がいかなるものかは個々のフィールドに即して検討する必要がある。
3) 民俗学と文化的ナショナリズムとの関係については岩本通弥（2002、2003）を、民俗学とイデオロギー的日本文化論との関係については島村恭則（2006）を、それぞれ参照。

文献一覧

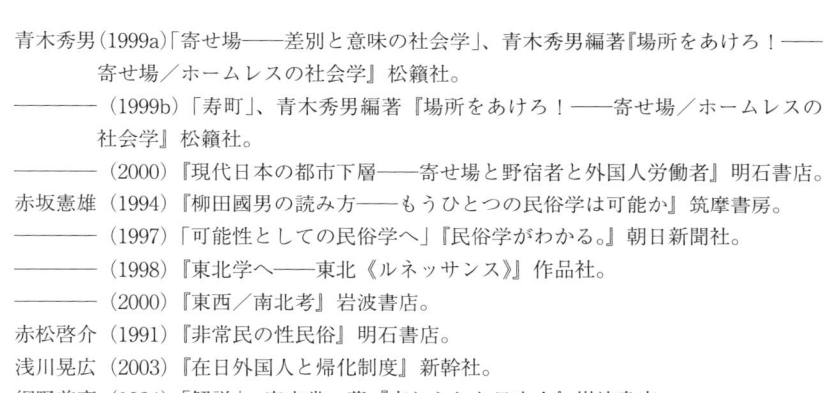

青木秀男（1999a）「寄せ場——差別と意味の社会学」、青木秀男編著『場所をあけろ！——寄せ場／ホームレスの社会学』松籟社。
——— （1999b）「寿町」、青木秀男編著『場所をあけろ！——寄せ場／ホームレスの社会学』松籟社。
——— （2000）『現代日本の都市下層——寄せ場と野宿者と外国人労働者』明石書店。
赤坂憲雄（1994）『柳田國男の読み方——もうひとつの民俗学は可能か』筑摩書房。
——— （1997）「可能性としての民俗学へ」『民俗学がわかる。』朝日新聞社。
——— （1998）『東北学へ——東北《ルネッサンス》』作品社。
——— （2000）『東西／南北考』岩波書店。
赤松啓介（1991）『非常民の性民俗』明石書店。
浅川晃広（2003）『在日外国人と帰化制度』新幹社。
網野善彦（1984）「解説」、宮本常一著『忘れられた日本人』岩波書店。
荒山正彦（1996）「センサス・地図・博物館」『江戸の思想』4、ぺりかん社。
李　仁子（1996）「異文化における移住者のアイデンティティ表現の重層性——在日韓国・朝鮮人の墓をめぐって」『民族学研究』61-3。
——— （1999）「移住する『生』、帰郷する『死』——ある在日済州道出身者の帰郷葬送の事例」、新谷尚紀編『死後の環境——他界への準備と墓』（講座 人間と環境 9）、昭和堂。
李　善愛（2000）「国際化はまず足元から——宮崎市 A 町の事例から」『国際化再発見！——宮崎からのメッセージ』宮崎公立大学。
——— （2001）『海を越える済州島の海女——海の資源をめぐる女のたたかい』明石書店。
李　孝徳（2001）「ポストコロニアルの政治と『在日』文学」『現代思想』2001 年 7 月増刊号、青土社。
飯田剛史（2002）『在日コリアンの宗教と祭り——民族と宗教の社会学』世界思想社。
出水　薫（1993）「敗戦後の博多港における朝鮮人帰国について——博多引揚援護局『局史』を中心とした検討」『法政研究』60-1。
伊地知紀子（2000）『生活世界の創造と実践——韓国済州島の生活誌から』お茶の水書房。
伊藤幹治（2002）『柳田國男と文化ナショナリズム』岩波書店。
任　榮哲（2005）「在外韓国人の言語生活」、真田真治・生越直樹・任榮哲編著『在日コリアンの言語相』和泉書院。
任　展慧（1994）『日本における朝鮮人の文学の歴史—— 1945 年まで』法政大学出版局。
岩中祥史（2003）『博多学』新潮社。
岩本通弥（1998）「民俗を対象とするから民俗学なのか——なぜ民俗学は『近代』を扱えなくなってしまったのか」『日本民俗学』215。

───── (2001)「『民族』の認識と日本民俗学の形成──柳田國男の『自民族』理解の推移」、篠原徹編著『近代日本の他者像と自画像』柏書房。
───── (2002)「『文化立国』論の憂鬱──民俗学の視点から」『神奈川大学評論』42。
───── (2003)「フォークロリズムと文化ナショナリズム──現代日本の文化政策と連続性の希求」『日本民俗学』236。
上野和男・高桑守史・福田アジオ・宮田登編著 (1987)『新版 民俗調査ハンドブック』吉川弘文館。
上野千鶴子 (2005)「脱アイデンティティの理論」、上野千鶴子編著『脱アイデンティティ』勁草書房。
牛島巌・田中宣一・野口武徳・平山和彦・宮田登・福田アジオ (1975)「討論 民俗学の課題と方法」『現代日本民俗学』II（概念と方法）、三一書房。
内橋洋一・大橋薫編著 (1985)『地方大都市の社会病理──福岡市を対象として』垣内出版。
大塚柳太郎・篠原徹・松井健編著 (2004)『生活世界からみる新たな人間─環境系』（島の生活世界と開発 4）、東京大学出版会。
岡田浩樹編 (2006)『在日朝鮮半島系住民の地方地域社会との相互関係、ネットワークと流動性に関する研究』科学研究費補助金（基盤研究 C）研究成果報告書。
小川伸彦 (2003)「民族まつりへのアプローチ──京都・東九条マダン研究序説」『奈良女子大学社会学論集』10。
小川伸彦・寺岡伸吾 (1993)「マイノリティ組織のエスニシティ──在日光山金氏親族会調査より」『社会学評論』44-2。
───── (1995)「在日社会から『故郷』済州島への寄贈──エスニック・マイノリティの地縁結合」『奈良女子大学社会学論集』2。
小熊英二 (1997)「柳田國男と『一国民俗学』」『民俗学がわかる。』朝日新聞社。
生越直樹 (1983)「在日朝鮮人の言語生活」『言語生活』376。
───── (2003)「使用者の属性から見る言語の使い分け──在日コリアンの場合」『言語』32-6。
小沢有作 (1973)『在日朝鮮人教育論──歴史篇』亜紀書房。
遠城明雄 (1997)「三つの『神話』福岡市」、平岡昭利編『九州 地図で読む百年』古今書院。
───── (2005)「『住まうこと』から見た福岡市」、友枝敏雄編『心と社会をはかる・みる──人間科学への招待』九州大学出版会。
外国人地震情報センター編 (1996)『阪神大震災と外国人──「多文化共生社会」の現状と可能性』明石書店。
解放出版社 (2005)「松源寺──九州の水平運動の中心地 解放への歩み」『部落解放』555（増刊号「部落史ゆかりの地」）。
片　栄泰 (2006)『九州コリアンスクール物語』海鳥社。
香月洋一郎 (2001)「解説 景観の中の宮本常一」、宮本常一著『空からの民俗学』岩波書店。
加藤晴康他 (1997)「座談会 寄せ場と寄せ場研究の 10 年──変貌する現実をどう捉えるか」『寄せ場』10。

「角川日本地名大辞典」編纂委員会編(1988)『角川日本地名大辞典』40 福岡県、角川書店。
金菱　清(2008)『生きられた法の社会学——伊丹空港「不法占拠」はなぜ補償されたのか』新曜社。
鹿野政直（1983）『近代日本の民間学』岩波書店。
―――（2002）『日本の近代思想』岩波書店。
神島二郎（1984）『常民の政治学』講談社。
川上郁雄（2001）『越境する家族——在日ベトナム系住民の生活世界』明石書店。
川田順造（2004）『人類学的認識論のために』岩波書店。
―――（2006）「語りの文化における、ことば、継承、地域の記憶——世界民俗学への視野で」『日本民俗学会第 58 回年会研究発表要旨集』日本民俗学会。
川田　稔（1985）『柳田國男の思想史的研究』未来社。
川村　湊（1999）『生まれたらそこがふるさと——在日朝鮮人文学論』平凡社。
姜　尚中（2003）『反ナショナリズム——帝国の妄想と国家の暴力に抗して』教育史料出版会。
―――（2004）『在日』講談社。
姜　尚中編（2001）『ポストコロニアリズム』作品社。
姜　在彦（1957）『在日朝鮮人渡航史』（『朝鮮月報』別冊）。
姜　竣（2004）「宮本常一における『民俗誌』の本質——宮本の伝承（者）観を中心に」『「宮本常一」論——高桑ゼミ民俗論集Ⅱ』筑波大学歴史・人類学系民俗学研究室。
姜　徹編著（2002）『在日朝鮮韓国人史総合年表』雄山閣出版。
紀　葉子（1990）「在日シャーマンの宗教儀礼——祖先祭祀の事例研究」『立命館産業社会論集』26-3。
金　友子（2002）「在日朝鮮人女性の脱植民地化に向けての覚え書き」『情況』2002 年 11 月号。
金　基淑（2000）「チャングの響く街ウトロ——地域社会との共生をめぐる在日韓国・朝鮮人の模索」『人間学研究』2。
金　賛汀（1982）『朝鮮人女工のうた—— 1930 年・岸和田紡績争議』岩波書店。
―――（1985）『異邦人は君が代丸に乗って——朝鮮人街猪飼野の形成史』岩波書店。
―――（1997）『在日コリアン 100 年史』三五館。
金　泰泳（1999）『アイデンティティ・ポリティクスを超えて——在日朝鮮人のエスニシティ』世界思想社。
金　美善（2001）『在日コリアンの言語接触に関する社会言語学的研究——大阪市生野周辺をフィールドとして』大阪大学大学院文学研究科博士学位論文。
金　明徹（1994）「同胞の住む街」『統一日報』1994 年 12 月 3 日。
金　明美（2000）「日本におけるエスニシティ論の再検討——バウンダリー論を中心として」『民族学研究』65-1。
金　文善（1991）『放浪伝——昭和史の中の在日』彩流社。
金　由美（1998）「エスニック・アイデンティティと民族服——在日韓国人青年の事例

を通して」『奈良女子大学社会学論集』5。
ギル（トム・ギル）（2004）「不安定労働とホームレス――都市の産物」、関根康正編著『〈都市的なるもの〉の現在――文化人類学的考察』東京大学出版会。
倉石忠彦（1990）『都市民俗論序説』雄山閣出版。
―――（1997）『民俗都市の人びと』吉川弘文館。
栗本慎一郎（1983）『都市は、発狂する。――そしてヒトはどこに行くのか』光文社。
黒木敬子（2002）「石堂川の光景」、九州の中の朝鮮文化を考える会編『九州の中の朝鮮――歩いて知る朝鮮と日本の歴史』明石書店。
憲兵司令部（1945）「憲警第319号 治安情勢（第15号）」1945年8月25日、粟屋憲太郎編『資料日本現代史』2（敗戦直後の政治と社会1）、大月書店、1980年。
高　鮮徽（1996）『在日済州島人の生活過程――関東地方を中心に』新幹社。
―――（1998）『20世紀の滞日済州島人――その生活過程と意識』明石書店。
高　和政（2005）「密航・民族・ジェンダー――『在日朝鮮人文学』に見る《人流》」、岩崎稔・大川正彦・中野敏男・李孝徳編著『継続する植民地主義――ジェンダー／民族／人種／階級』青弓社。
江東・在日朝鮮人の歴史を記録する会編（1995）『東京のコリアン・タウン――枝川物語』樹花舎。
孝本　貢（1993）「在日コリアン家族における先祖祭祀」、森岡清美監修『家族社会学の展開』培風館。
―――（1994）「現代日本社会における先祖祭祀――沖縄社会・在日コリアン社会との比較」、孝本貢・圭室文雄・根本誠二・林雅彦共著『日本における民衆と宗教』雄山閣出版。
後藤総一郎（1972）『柳田國男論序説』伝統と現代社。
小松和彦（2002）『神なき時代の民俗学』せりか書房。
小松和彦・関一敏編著（2002）『新しい民俗学へ――野の学問のためのレッスン26』せりか書房。
五味田恵美子（1996）「川崎コリアタウン構想をめぐる地域社会」『お茶の水地理』37。
子安宣邦（1996）『近代知のアルケオロジー』岩波書店。
今和次郎（1958）「住居の変遷」『日本民俗学大系』6、平凡社。
―――（1971）『住居論』（今和次郎集4）ドメス出版。
近藤　敦（2001）『新版 外国人参政権と国籍』明石書店。
坂本悠一（1998）「福岡県における朝鮮人移民社会の成立――戦間期の北九州工業地帯を中心として」『青丘学術論集』13。
櫻井徳太郎（1957）「日本史研究との関連」『日本民俗学』4-2。
佐藤健二（1987）『読書空間の近代――方法としての柳田國男』弘文堂。
―――（2001）『歴史社会学の作法――戦後社会科学批判』岩波書店。
佐藤　滋（1989）『集合住宅団地の変遷――東京の公共住宅とまちづくり』鹿島出版会。
佐藤　誠（1985a）「福岡市の経済と人口」、内橋洋一・大橋薫編著『地方大都市の社会

病理——福岡市を対象として』垣内出版。
——— (1985b)「福岡市の住宅問題」、内橋洋一・大橋薫編著『地方大都市の社会病理——福岡市を対象として』垣内出版。
真田信治・生越直樹・任榮哲編著 (2005)『在日コリアンの言語相』和泉書院。
佐野眞一 (1996)『旅する巨人——宮本常一と渋沢敬三』文芸春秋。
佐野眞一・谷川健一 (2005)「旅する民俗学者——今なぜ宮本常一なのか」(佐野眞一と谷川健一による対談)、佐野眞一責任編集『宮本常一——旅する民俗学者』河出書房新社。
地上げ反対！ウトロを守る会 (1997)『ウトロ——置き去りにされた街』かもがわ出版。
篠原 徹 (1994)「環境民俗学の可能性」『日本民俗学』200。
——— (1995)『海と山の民俗自然誌』吉川弘文館。
——— (1998)「序章 民俗の技術とはなにか」、篠原徹編著『民俗の技術』(現代民俗学の視点 1)、朝倉書店。
——— (2003)「総論 越境する民俗の現代的意味」、篠原徹編著『越境』(現代民俗誌の地平 4)、朝倉書店。
——— (2004)「暮らしの自然誌とその歴史性」『信濃』648。
——— (2005)『自然を生きる技術——暮らしの民俗自然誌』吉川弘文館。
篠原 徹編著 (2004)『中国・海南島——焼畑農耕の終焉』(島の生活世界と開発 2)、東京大学出版会。
島村恭則 (2000)「境界都市の民俗誌——下関の〈在日コリアン〉たち」『歴博』103。
——— (2001a)「『日本民俗学』から多文化主義民俗学へ」、篠原徹編著『近代日本の他者像と自画像』柏書房。
——— (2001b)「〈在日朝鮮人〉の民俗誌」『国立歴史民俗博物館研究報告』91。
——— (2002a)「在日朝鮮半島系住民の生業と環境——ポッタリチャンサ（担ぎ屋）の事例をめぐって」『民具マンスリー』35-1。
——— (2002b)「民俗宗教」、小松和彦・関一敏編著『新しい民俗学へ——野の学問のためのレッスン 26』せりか書房。
——— (2002c)「日本民俗学 再考」『歴史科学と教育』20・21 合併号。
——— (2003a)「境界都市の民俗学——下関の朝鮮半島系住民たち」、篠原徹編著『越境』(現代民俗誌の地平 4) 朝倉書店。
——— (2003b)「在日韓国・朝鮮人」、尾形勇責任編集『歴史学事典』10（身分と共同体）、弘文堂。
——— (2003c)「民俗学の再生へ向けて」『日本の科学者』38-5。
——— (2005)「朝鮮半島系住民集住地域の都市民俗誌——福岡市博多区・東区の事例から」『国立歴史民俗博物館研究報告』124。
——— (2006)「〈生きる方法〉の民俗学へ——民俗学のパラダイム転換へ向けての一考察」『国立歴史民俗博物館研究報告』132。
庄谷玲子・中山徹 (1997)『高齢在日韓国・朝鮮人——大阪における「在日」の生活構

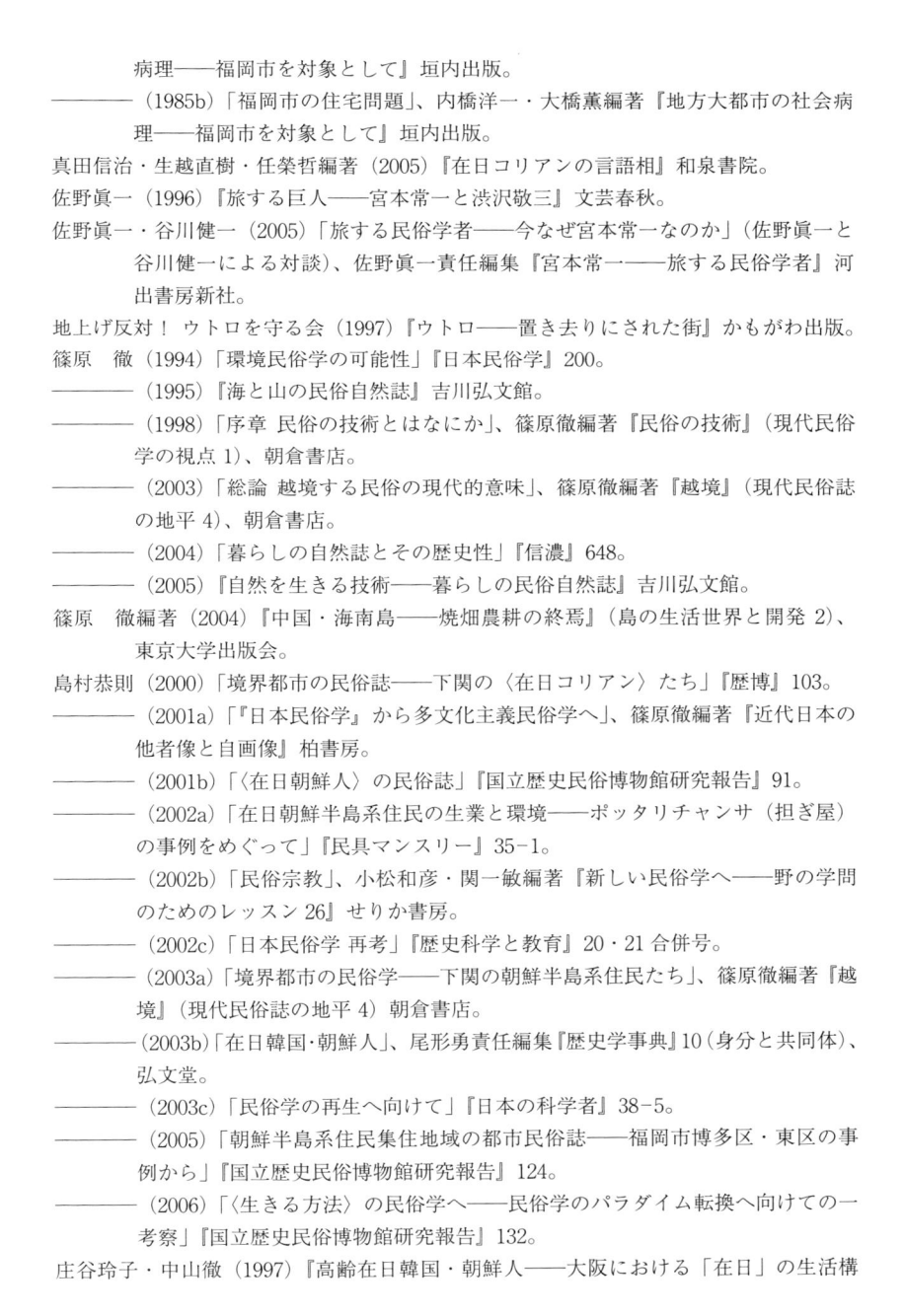

造と高齢者福祉の課題』お茶の水書房。
申鉉夏・権藤与志夫（1982）「在日韓国人子弟のナショナル・アイデンティティに関する調査研究」『比較教育文化研究施設紀要』33-3。
杉原　達（1998）『越境する民──近代大阪の朝鮮人史研究』新幹社。
諏訪淳一郎（1998）「宮本常一の『生活誌』──あるいは民俗誌的抵抗」『「宮本常一」論──高桑ゼミ民俗論集Ⅱ』筑波大学歴史・人類学系民俗学研究室。
関　一敏（1998）「序章 ことばの民俗学は可能か」、関一敏編著『民俗のことば』（現代民俗学の視点 2）朝倉書店。
────（2002）「民俗」、小松和彦・関一敏編著『新しい民俗学へ──野の学問のためのレッスン 26』せりか書房。
関　敬吾（1958）「日本民俗学の歴史」『日本民俗学大系』2、平凡社。
千田有紀（2005）「アイデンティティとポジショナリティ──1990 年代の『女』の問題の複合性をめぐって」、上野千鶴子編著『脱アイデンティティ』勁草書房。
曽　士才（1987）「在日華僑と盆行事──移民社会における伝統行事の機能と変容」『民俗学評論』27。
宋　連玉（2005）「在日朝鮮人女性とは誰か」、岩崎稔・大川正彦・中野敏男・李孝徳編著『継続する植民地主義──ジェンダー／民族／人種／階級』青弓社。
戴エイカ（1999）『多文化主義とディアスポラ』明石書店。
高桑守史（1983）「過疎と民俗の変貌」、福田アジオ・宮田登編著『日本民俗学概論』吉川弘文館。
高杉晋吾（1973）『現代日本の差別構造──「健全者」幻想の破産』三一書房。
高橋満・石沢真貴・内藤隆史（1996）「在日韓国・朝鮮人の地域教育運動と社会教育──川崎『ふれあい館』設立過程の事例」『東北大学教育学部研究年報』44。
高柳俊男（2002）「日本映画のなかの在日コリアン像」『環』11（特集 歴史のなかの「在日」）。
田代国次郎（1966）「都市の福祉問題──川崎市のドヤ街とスラム街の実態」『福祉問題研究』2-1・2。
谷　富夫（1989）「民族関係の社会学的研究のための覚書き──大阪市旧猪飼野・木野地域を事例として」『広島女子大学文学部紀要』24。
────（1994）『聖なるものの持続と変容──社会学的理解をめざして』恒星社厚生閣。
────（2002）「定住外国人における文化変容と文化生成」、宮島喬・加納弘勝編『国際社会』2（変容する日本社会と文化）、東京大学出版会。
谷　富夫編著（2002）『民族関係の結合と分離──社会的メカニズムを解明する』ミネルヴァ書房。
谷口　貢（1996）「民俗学の目的と課題」、佐野賢治・谷口貢・中込睦子・古家信平編著『現代民俗学入門』吉川弘文館。
田巻松雄・山口恵子（2000）「野宿層拡大の背景と寄せ場の変容──『山谷、上野調査』からみる飯場労働の実態」『寄せ場』13。
崔　吉城（2000）「『在日』という存在──儒教の祖先祭祀とアイデンティティ」『民俗

研究の課題』（講座日本の民俗学 10）雄山閣出版。
崔吉城・李光奎（2006）『差別を生きる在日朝鮮人』第一書房。
張　明秀（1991）『裏切られた楽土』講談社。
鄭　大均（1978）「池上町"朝鮮人部落"の社会関係（上）」『朝鮮研究』185。
────（1979）「池上町"朝鮮人部落"の社会関係（下）」『朝鮮研究』186。
鄭　暎惠（2003）『〈民が代〉斉唱──アイデンティティ・国民国家・ジェンダー』岩波書店。
陳　大哲（1996）「在日韓国・朝鮮人の祖先祭祀における文化変容──理想的祭祀と現実祭祀の事例を通して」『民族学研究』60-4。
土田英雄（1973）「ドヤ」、那須宗一・岩井弘融・大橋薫・大藪寿一編『都市地域の病理』（都市病理講座 3）誠信書房。
坪井洋文（1982）『稲を選んだ日本人──民俗的思考の世界』未来社。
────（1985）「住居の原感覚──喜怒哀楽の共有空間」『日本民俗文化大系』10（家と女性）、小学館。
────（1986）『民俗再考──多元的世界への視点』日本エディタースクール出版部。
坪井洋文・住谷一彦・山口昌男・村武精一（1987）『異人・河童・日本人──日本文化を読む』新曜社。
鶴見和子（1998）『鶴見和子曼荼羅』4（土の巻「柳田國男論」）、藤原書店。
寺岡伸悟（2003）『地域表象過程と人間──地域社会の現在と新しい視座』行路社。
徳成晃隆（2006）「福岡市における多文化共生教育──千代小学校での経験をふまえつつ」西村雄郎編『エスニック・コミュニティの比較都市社会学』科学研究費補助金（基盤研究 A）研究成果報告書。
外村　大（1999）「朴慶植の在日朝鮮人史研究をめぐって」『コリアン・マイノリティ研究』2。
────（2004）『在日朝鮮人社会の歴史学的研究』緑蔭書房。
豊田　滋（1985）「下関における韓半島の文化──グリーンモール商店街の地理学的考察」『地域文化研究所紀要』1。
鳥越皓之（2002）『柳田民俗学のフィロソフィ』東京大学出版会。
内藤正中（1989）『日本海地域の在日朝鮮人──在日朝鮮人の地域研究』多賀出版。
中西尋子（2002）「祖先祭祀──世代間の関連と比較」、谷富夫編著『民族関係の結合と分離』ミネルヴァ書房。
成田孝三（1995）「世界都市におけるエスニックマイノリティへの視点──東京・大阪の『在日』をめぐって」『経済地理学年報』41-4。
二階堂裕子（2007）『民族関係と地域福祉の都市社会学』世界思想社。
西岡陽子（1998）「被差別部落の民俗研究に向けて──大阪府を事例として」、宮田登編著『民俗の思想』（現代民俗学の視点 3）、朝倉書店。
西成田豊（1997）『在日朝鮮人の「世界」と「帝国」国家』東京大学出版会。
西村雄郎編（2006）『エスニック・コミュニティの比較都市社会学』、科学研究費補助金（基盤研究 A）研究成果報告書。
西山　茂（1993）「混住コミュニティの宗教変動──日本宗教への在日韓国・朝鮮人の

関与を中心に」、蓮見音彦・奥田道大編『21世紀日本のネオ・コミュニティ』東京大学出版会。
丹羽純生（2004）「寄せ場という空間」、水内俊雄編『空間の社会地理』（シリーズ人文地理学 5）朝倉書店。
野本三吉（1996）『風の自叙伝――横浜・寿町の日雇労働者たち』新宿書房。
河　明生（1997）『韓人日本移民社会経済史・戦前篇』明石書店。
朴　慶植（1965）『朝鮮人強制連行の記録』未来社。
――――（1979）『在日朝鮮人運動史――八・一五解放前』三一書房。
――――（1989）『解放後在日朝鮮人運動史』三一書房。
朴　在一（1957）『在日朝鮮人に関する綜合調査研究』新紀元社。
橋川文三（1977）『柳田國男――その人間と思想』講談社。
羽江源太（1998）「千代流」、竹沢尚一郎編『博多の祭り』（九州の祭り 1）九州大学文学部人間科学科比較宗教学研究室。
濱村　篤（1998）「『山岡思想』をめぐって［1］――山村組闘争獄中書簡を中心に」『寄せ場』11。
原ひろ子（1984）「解説」、宮本常一著『家郷の訓』岩波書店。
原尻英樹（1989）『在日朝鮮人の生活世界』弘文堂。
――――（1997）『日本定住コリアンの日常と生活――文化人類学的アプローチ』明石書店。
――――（1998）『「在日」としてのコリアン』講談社。
――――（1999）「あらかわの定住コリアン――済州島からの人々」『荒川（旧三河島）の民俗』（荒川区民俗調査報告書 6）、東京都荒川区教育委員会。
――――（2000）『コリアンタウンの民族誌――ハワイ・LA・生野』筑摩書房。
原尻英樹編著（1998）『世界の民族――「民族」形成と近代』放送大学教育振興会。
檜垣　巧（1985）「福岡市の歴史と文化」、内橋洋一・大橋薫編著『地方大都市の社会病理――福岡市を対象として』垣内出版。
樋口雄一（1977）「在日朝鮮人部落の積極的役割について」『在日朝鮮人史研究』1。
――――（1978）「在日朝鮮人部落の成立と展開」、小沢有作編『在日朝鮮人』（近代民衆の記録 10）新人物往来社。
――――（1984）「自警団設立と在日朝鮮人」『在日朝鮮人史研究』14。
――――（2002）『日本の朝鮮・韓国人』同成社。
玄　善允（2002）『「在日」の言葉』同時代社。
平川　茂（1996）「非正規雇用の広がりと都市最下層」、八木正編著『被差別世界と社会学』明石書店。
平山和彦（1992）『伝承と慣習の論理』吉川弘文館。
広島市（1983）「都市の中のマイノリティ――在日朝鮮人の戦後生活と文化」『広島新史』（都市文化篇）、広島市。
黄　鎮杰（1994）「在日韓国人の言語行動――コード切り替えにみられる言語体系と言語運用」『日本学報』13。

黄　慧瓊（1996）「川崎市の在日コリアンにおける食文化の民族的アイデンティティ」『日本文化学報』1。
―――（2003）『在日コリアンの食文化にみる民族的アイデンティティに関する研究――大阪市と川崎市の比較考察』奈良女子大学大学院人間文化研究科博士学位論文。
福岡安則（1993）『在日韓国・朝鮮人――若い世代のアイデンティティ』中央公論社。
福岡安則・辻山ゆき子（1991）『同化と異化のはざまで――「在日」若者世代のアイデンティティ葛藤』新幹社。
福岡安則・金明秀（1997）『在日韓国人青年の生活と意識』東京大学出版会。
福岡韓国民団史編集委員会編（2000）『福岡韓国民団史』在日本大韓民国民団福岡県地方本部。
福岡県警察史編さん委員会編（1980）『福岡県警察史』昭和前編、福岡県警察本部。
福岡市（2001）『博多港引揚資料目録』福岡市。
福岡市編（1984）『福岡市史 昭和編資料集・後編』福岡市。
―――（1992）『福岡市史』11（昭和編続編3）、福岡市。
―――（1994）『福岡市史』12（昭和編続編4）、福岡市。
福岡市役所編（1970）『福岡市史』5（昭和編後編1）、福岡市。
福田アジオ（1984）『日本民俗学方法序説』弘文堂。
―――（2000）「民俗」、福田アジオ・新谷尚紀・湯川洋司・神田より子・中込睦子・渡邊欣雄編『日本民俗大辞典』下、吉川弘文館。
福本　拓（2004）「1920年代から1950年代初頭の大阪市における在日朝鮮人集住地の変遷」『人文地理』56-2。
藤井隆至（1995）『柳田國男 経世済民の学――経済・倫理・教育』名古屋大学出版会。
古家信平（1994）『火と水の民俗文化誌』吉川弘文館。
洪　貴義（2001a）「マイノリティ／マジョリティ、文化の可能性――在日の終焉以降」、宇野邦一・野谷文昭編『マイノリティは創造する』せりか書房。
―――（2001b）「在日の複数形――あるドキュメンタリー映画をめぐって」、姜尚中編『ポストコロニアリズム』作品社。
馬越　徹（1989）「在日韓国・朝鮮人子女の教育における『民族性』保持に関する一考察――日本教育の『国際化』再考」『名古屋大学教育学部紀要（教育学科）』36。
政岡伸洋（2000）「民俗芸能を伝承するということ――和歌山県有田郡湯浅町北栄地区の春駒を事例として」『部落解放研究』136。
―――（2001）「被差別部落の民俗が語るもの」『国立歴史民俗博物館研究報告』91。
松沢哲成（2003）「寄せ場／飯場」、尾形勇責任編集『歴史学事典』10（身分と共同体）、弘文堂。
松原孝俊・玄丞桓（1996）「在日韓国人・朝鮮人の文化変容――特に九州における済州島人の祖先祭祀および民俗宗教の変容を中心に」『比較社会文化』2。
丸山茂・橘川俊忠・小馬徹編著（1998）『家族のオートノミー』（シリーズ比較家族

10)、早稲田大学出版部。
三浦耕吉郎（2006）「『不法占拠』を生きる人びと」、三浦耕吉郎編『構造的差別のソシオグラフィ——社会を書く／差別を解く』世界思想社。
宮内　洋（1999）「私はあなた方のことをどのように呼べば良いのだろうか？　在日韓国・朝鮮人？　在日朝鮮人？　在日コリアン？　それとも？　——日本のエスニシティ研究における〈呼称〉をめぐるアポリア」『コリアン・マイノリティ研究』3。
宮崎　学（1998）『突破者——戦後史の陰を駆け抜けた50年』下、幻冬舎。
宮崎学・梁石日（上野昂志構成）（2000）『生きる力』柏書房。
宮島　喬編著（2003）『岩波小辞典 社会学』岩波書店。
宮田　登（1978）『日本の民俗学』講談社。
―――（1986）『現代民俗論の課題』未来社。
宮本常一（1958）「民俗の地域性」『日本民俗学大系』2、平凡社。
―――（1962）『甘藷の歴史』（日本民衆史7）、未来社。
―――（1963）『開拓の歴史』（日本民衆史1）、未来社。
―――（1964a）『山に生きる人びと』（日本民衆史2）、未来社。
―――（1964b）『海に生きる人びと』（日本民衆史3）、未来社。
―――（1966）『村のなりたち』（日本民衆史4）、未来社。
―――（1967a〈1964〉）「日本列島にみる中央と地方」『日本の中央と地方』（宮本常一著作集2）、未来社。
―――（1967b〈1963〉）「民俗から見た日本の東と西」『風土と文化』（宮本常一著作集3）、未来社。
―――（1968a）「日本民俗学の目的と方法」『民俗学への道』（宮本常一著作集1）、未来社。
―――（1968b）『町のなりたち』（日本民衆史5）、未来社。
―――（1973〈1972〉）「民衆と文化」『民衆の文化』（宮本常一著作集3）、未来社。
―――（1974〈1943〉）『屋久島民俗誌』（宮本常一著作集16）、未来社。
―――（1977）『村里を行く』（宮本常一著作集25）、未来社。
―――（1984a〈1943〉）『家郷の訓』岩波書店。
―――（1984b〈1960〉）『忘れられた日本人』岩波書店。
―――（1987〈1976〉）『庶民の発見』講談社。
―――（1993a〈1978〉）『民俗学の旅』講談社。
―――（1993b〈1965〉）『生業の歴史』未来社。
―――（1994〈1936〉）『周防大島を中心としたる海の生活誌』（宮本常一著作集38）、未来社。
―――（2001〈1981〉）「文化の基礎としての平常なるもの」『女の民俗誌』岩波書店。
―――（2002〈1974〉）「民俗学への道」『父母の記／自伝抄』（宮本常一著作集42）、未来社。
―――（2003〈1981〉）「暮らしの形と美」『民衆文化と造形』（宮本常一著作集44）、

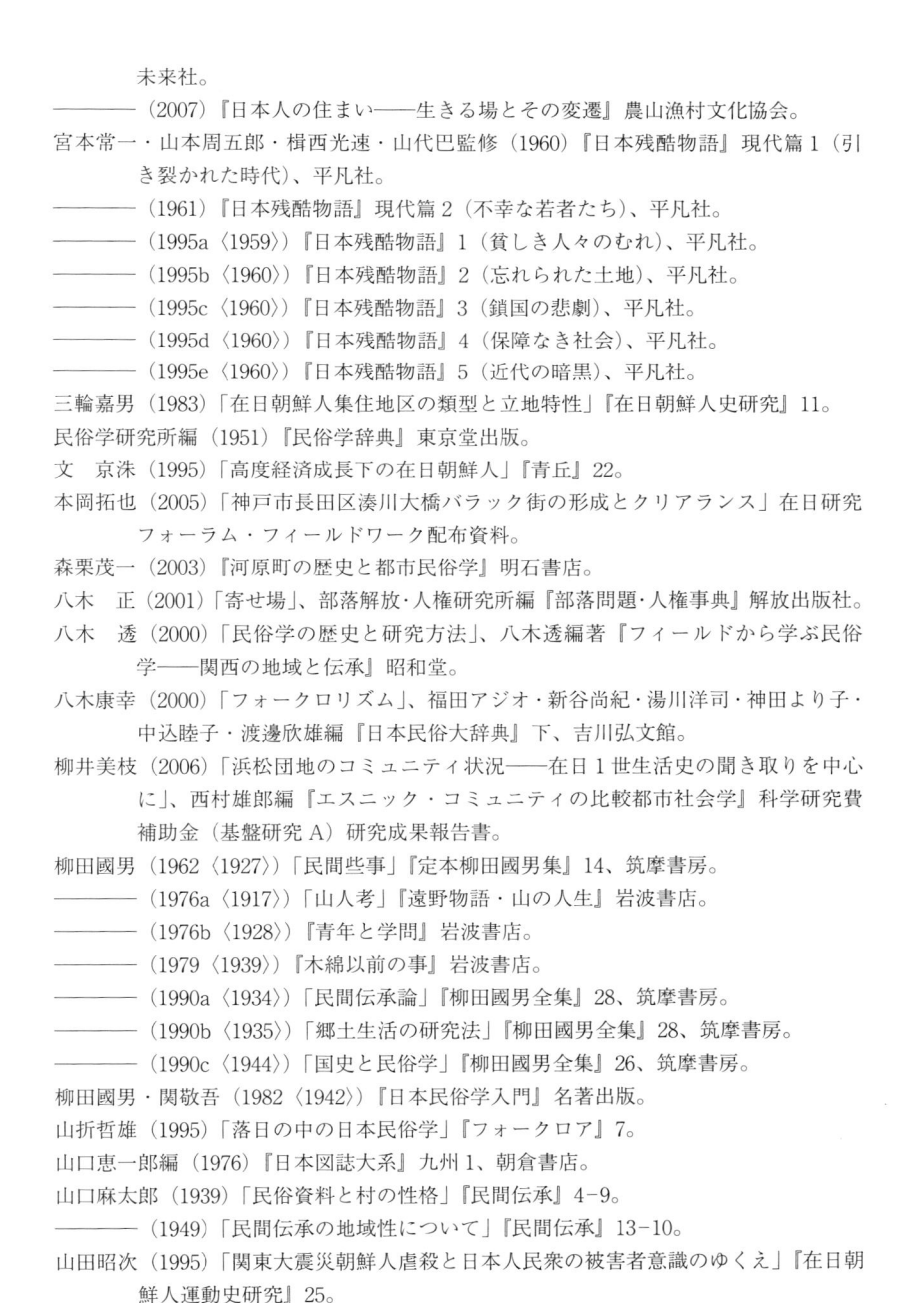

　　　　　未来社。
─── (2007)『日本人の住まい──生きる場とその変遷』農山漁村文化協会。
宮本常一・山本周五郎・楫西光速・山代巴監修 (1960)『日本残酷物語』現代篇 1（引き裂かれた時代）、平凡社。
─── (1961)『日本残酷物語』現代篇 2（不幸な若者たち）、平凡社。
─── (1995a〈1959〉)『日本残酷物語』1（貧しき人々のむれ）、平凡社。
─── (1995b〈1960〉)『日本残酷物語』2（忘れられた土地）、平凡社。
─── (1995c〈1960〉)『日本残酷物語』3（鎖国の悲劇）、平凡社。
─── (1995d〈1960〉)『日本残酷物語』4（保障なき社会）、平凡社。
─── (1995e〈1960〉)『日本残酷物語』5（近代の暗黒）、平凡社。
三輪嘉男 (1983)「在日朝鮮人集住地区の類型と立地特性」『在日朝鮮人史研究』11。
民俗学研究所編 (1951)『民俗学辞典』東京堂出版。
文　京洙 (1995)「高度経済成長下の在日朝鮮人」『青丘』22。
本岡拓也 (2005)「神戸市長田区湊川大橋バラック街の形成とクリアランス」在日研究フォーラム・フィールドワーク配布資料。
森栗茂一 (2003)『河原町の歴史と都市民俗学』明石書店。
八木　正 (2001)「寄せ場」、部落解放・人権研究所編『部落問題・人権事典』解放出版社。
八木　透 (2000)「民俗学の歴史と研究方法」、八木透編著『フィールドから学ぶ民俗学──関西の地域と伝承』昭和堂。
八木康幸 (2000)「フォークロリズム」、福田アジオ・新谷尚紀・湯川洋司・神田より子・中込睦子・渡邊欣雄編『日本民俗大辞典』下、吉川弘文館。
柳井美枝 (2006)「浜松団地のコミュニティ状況──在日 1 世生活史の聞き取りを中心に」、西村雄郎編『エスニック・コミュニティの比較都市社会学』科学研究費補助金（基盤研究 A）研究成果報告書。
柳田國男 (1962〈1927〉)「民間些事」『定本柳田國男集』14、筑摩書房。
─── (1976a〈1917〉)「山人考」『遠野物語・山の人生』岩波書店。
─── (1976b〈1928〉)『青年と学問』岩波書店。
─── (1979〈1939〉)『木綿以前の事』岩波書店。
─── (1990a〈1934〉)「民間伝承論」『柳田國男全集』28、筑摩書房。
─── (1990b〈1935〉)「郷土生活の研究法」『柳田國男全集』28、筑摩書房。
─── (1990c〈1944〉)「国史と民俗学」『柳田國男全集』26、筑摩書房。
柳田國男・関敬吾 (1982〈1942〉)『日本民俗学入門』名著出版。
山折哲雄 (1995)「落日の中の日本民俗学」『フォークロア』7。
山口恵一郎編 (1976)『日本図誌大系』九州 1、朝倉書店。
山口麻太郎 (1939)「民俗資料と村の性格」『民間伝承』4-9。
─── (1949)「民間伝承の地域性について」『民間伝承』13-10。
山田昭次 (1995)「関東大震災朝鮮人虐殺と日本人民衆の被害者意識のゆくえ」『在日朝鮮人運動史研究』25。

山田　實（2001）「あいりん地区の現状と課題——労働を軸に」西成区社会福祉関係人権活動推進協議会人権問題研修資料。
山中豊国（1998）「湾岸産業史」『FUKUOKA　STYLE』別巻1（特集：海辺都市ふくおか）。
梁　愛舜（1998）「在日朝鮮人社会における祭祀儀礼——チェーサの社会学的分析」『立命館産業社会論集』33-4。
―――（2004）『在日朝鮮人社会における祭祀儀礼——チェーサの社会学的分析』晃洋書房。
梁　石日（1999）『アジア的身体』平凡社。
梁　永厚（1975）「在日朝鮮人の集落と生活」『思想の科学』1975年4月臨時増刊号。
湯川洋司（1998）「民俗の生成・変容・消滅」、福田アジオ・小松和彦編『民俗学の方法』（講座日本の民俗学1）、雄山閣出版。
湯田ミノリ（1999）「在日韓国・朝鮮人の居住地移動から見た集住地域の形成・維持過程——福岡市を事例として」『筑波大学地球科学系人文地理学研究グループ地域調査報告』21。
四方田犬彦（2001）『アジアのなかの日本映画』岩波書店。
リム・ボン（2001）「鴨川スクウォッター地区の住環境整備と地域支援活動」、藤巻正己編著『生活世界としてのスラム——外部者の言説・住民の肉声』古今書院。
リャン（ソニア・リャン）・中西恭子訳（2005a）『コリアン・ディアスポラ——在日朝鮮人とアイデンティティ』明石書店。
―――（2005b）「行き止まりのゲットー——玄月の芥川賞受賞作『陰の棲みか』にみる在日朝鮮人のアイデンティティ」『現代の理論』5。
若林幹夫（1995）『地図の想像力』講談社。
―――（2002）「フィールドワークとは——都市社会学の方法論」、田島則行・久野紀光・納村信之編著『都市／建築フィールドワーク・メソッド』INAX出版。
和歌森太郎（1972）「民俗学」、大塚民俗学会編『日本民俗事典』弘文堂。
渡邊欣雄（1990）『民俗知識論の課題——沖縄の知識人類学』凱風社。

あ と が き

　本書は、2008年度に筑波大学大学院人文社会科学研究科に提出した博士学位論文をもとに構成したものである（ただし、紙幅の関係で、かなりの量の削除が行なわれている）。学位論文の審査に当たっていただいた、主査の古家信平筑波大学大学院教授、副査の徳丸亞木筑波大学大学院教授、伊藤純郎筑波大学大学院教授、内山田康筑波大学大学院教授、鳥越皓之早稲田大学人間科学学術院教授にお礼申し上げる。

　筆者が民俗学の研究を開始したのは1986年、大学1年次生のときであった。在学中の上智大学には民俗学の教員がいなかったため、國學院大学民俗学研究会の門をたたき、井之口章次先生（のちに杏林大学教授）のもとで民俗学を学び始めたのである。最初の民俗調査は、研究会の仲間たちと行なった同年夏の岐阜県郡上郡高鷲村でのもので（調査報告は『昭和61年度民俗採訪』國學院大学民俗学研究会、1987年、にまとめられている）、以後、今日に至るまでに47都道府県すべての地で民俗調査を経験した。

　学部での卒業研究では、沖縄県宮古島狩俣に住み込んで村落祭祀と民間巫者の関係についての調査を行ない（島村恭則「民間巫者の神話的世界と村落祭祀体系の改変――宮古島狩俣の事例」『日本民俗学』194号、1994年）、その後、筑波大学大学院へ進学し、故宮田登教授に師事。博士前期課程では沖縄の新宗教についての研究を行なった（島村恭則「沖縄における民俗宗教と新宗教――「龍泉」の事例から」『日本民俗学』204号、1996年）。後期課程に入ってからは、韓国調査を開始し、韓国の現代民話についての比較民俗学的研究を試みた（島村恭則「日本の現代民話再考――韓国・中国との比較から」『心意と信仰の民俗』筑波大学民俗学研究室編、吉川弘文館、2001年）。

　韓国での調査を行なうために日本を離れ、大邱の啓明大学校外国学大学日本学科に赴任したのが1994年で、さらにその後、春川の翰林大学校人文大学日本学科にも勤務し、韓国での滞在は3年になったが、この頃から、既存の民俗学のあり方、とりわけ本質主義的な日本文化論に通じるような思考枠組みに対して疑問を抱くようになり、その問題意識は、1998年の国立歴史

民俗博物館民俗研究部助手着任後、「多文化主義民俗学」の提唱という形でまとめられることとなった（島村恭則「『日本民俗学』から多文化主義民俗学へ」『近代日本の他者像と自画像』篠原徹編、柏書房、2001年）。本書の研究である朝鮮系住民の民俗学的研究は、ちょうどこの歴博時代に着手されたものである。

　この間、現地調査では、多くの話者の方にさまざまなご教示をいただいた。とりわけ、福岡の朝鮮系住民集住地域の調査では、金光培氏と李鳳和氏のお二人にその道を開いていただいた。両氏をはじめ、調査の過程でご教示を賜ったすべての方に心よりお礼を申し上げたい。また、本書を含む筆者の一連の研究における現地調査のかなりの部分は、文部科学省、日本学術振興会の科学研究費補助金によって実施した。それらは筆者自身が研究代表者となったもの（平成19-22年度科学研究費補助金基盤研究Ｂ「地方をフィールドとした朝鮮半島系住民のネットワークと生活世界の多声性に関する研究」）もあるが、研究分担者として共同研究に加えていただくことで調査が可能となったものも含まれている。筆者がこれまで研究分担者として参加した科研の研究代表者である上野和男国立歴史民俗博物館教授、朝倉敏夫国立民族学博物館教授、岡田浩樹神戸大学大学院教授、中西裕二立教大学教授にお礼申し上げる。

　また、本書の研究は、国立歴史民俗博物館民俗研究部（1998年から2002年まで）、秋田大学教育文化学部日本・アジア文化講座（2002年から2008年まで）、関西学院大学社会学部（2008年から）に勤務しながら実施してきた。それぞれの研究機関、大学における先輩、同僚の皆様はじめ、筆者の研究に助言、ご協力を賜ったすべての方に深甚の謝意を表するものである。

　本書の口絵写真には、建築学者の西山夘三氏が撮影した貴重な写真を使用することができた。すでに撤去されて存在しないバラック集落（［Ａ地区］と［Ｂ地区］）と商店街の往時の写真である。写真借用をお認めいただいたＮＰＯ法人西山夘三記念すまい・まちづくり文庫、写真の選定、借用に際して多大なご協力を賜った松本滋兵庫県立大学教授にお礼申し上げる。

　また、本書第5章第1節掲載の住宅断面図・平面図は、清水郁郎芝浦工業大学准教授の作成になるものである。筆者の調査に同行し、調査・作図をし

てくださった同氏に謝意を表したい。

　最後になるが、本書の編集は、関西学院大学出版会の田中直哉氏と浅香雅代氏にしていただいた。両氏をはじめ、関西学院大学出版会の宮原浩二郎理事長、編集スタッフの皆様に心より感謝申し上げる。

　なお、本書は、関西学院大学研究叢書第132編として刊行されるものである。

　　2009年11月

　　　　　　　　　　　　　　　　　　　　　　　　　　　島　村　恭　則

執筆者紹介

島村　恭則（しまむら　たかのり）

関西学院大学社会学部教授・関西学院大学大学院社会学研究科教授。博士（文学）。
1967年、東京都杉並区生まれ。筑波大学大学院博士課程歴史・人類学研究科文化人類学専攻単位取得退学。韓国・啓明大学校客員専任講師（日本学担当）、韓国・翰林大学校客員専任講師（日本学担当）、国立歴史民俗博物館民俗研究部助手、秋田大学教育文化学部准教授を経て、現職。専門は、民俗学。とくに日本列島の文化的多様性に関する研究。沖縄の新宗教に関する研究で、第16回日本民俗学会研究奨励賞を受賞。

主な著書に、『近代日本の他者像と自画像』（共著、柏書房）、『越境』（現代民俗誌の地平1、共著、朝倉書店）、『身体と心性の民俗』（講座日本の民俗学2、共著、雄山閣出版）、『物と人の交流』（日本の民俗3、共著、吉川弘文館）、『日本より怖い韓国の怪談』（河出書房新社）などがある。

関西学院大学研究叢書　第132編

〈生きる方法〉の民俗誌
──朝鮮系住民集住地域の民俗学的研究

2010年3月20日初版第一刷発行

著　者	島村恭則
発行者	宮原浩二郎
発行所	関西学院大学出版会
所在地	〒662-0891
	兵庫県西宮市上ケ原一番町1-155
電　話	0798-53-7002
印　刷	大和出版印刷株式会社

©2010 Takanori shimamura
Printed in Japan by Kwansei Gakuin University Press
ISBN 978-4-86283-055-5
乱丁・落丁本はお取り替えいたします。
本書の全部または一部を無断で複写・複製することを禁じます。
http://www.kwansei.ac.jp/press